Stock
und Stein
Verlag Krefeld

Unseren Eltern † gewidmet
für die unsere Abenteuerreisen stets ein Albtraum waren,
die uns aber dennoch ziehen ließen

ISOLDE PIA FRÖHLICH
KLAUS FRÖHLICH

Mit dem Allradwohnmobil durchs jüngste Land der Erde

ISLAND-ERFAHRUNGEN

Große Reiseeindrücke und kleine Abenteuer

Stock und Stein
Verlag Krefeld

Das Umschlagfoto zeigt eine Furt auf der Piste zur Þorsmörk (Südisland).
Das Bild auf der Buchrückseite entstand auf dem Svalvogavegur in den Westfjorden.

Trotz aller Sorgfalt und intensiver Recherche können wir keine Gewährleistung für die in diesem Buch gemachten Angaben übernehmen.

"Island-Erfahrungen" ist in der Deutschen Nationalbibliothek verzeichnet.

Erstausgabe 2022
Stock und Stein Verlag Krefeld
Raderfeld 30b
47807 Krefeld
www.stockundsteinverlag.de

Fotografien: Isolde Pia Fröhlich, Klaus Fröhlich (sofern nicht anders angegeben).
Die Island-Karte wurde von Klaus Fröhlich erstellt.

Gesetzt aus der Times New Roman, der Avenir und der Toledo.
Layout, Lektorat und Satz: Susanne Goertz, *www.extratour-media.de*

1. Auflage 2022
ISBN 978-3-00-071707-9

Inhalt

Anmerkung: Die Nummern hinter den Überschriften sind identisch mit den Nummern in der Island-Karte (Innenumschlag).

Unterwegs im Hochland

Im Winter

Im Südwesten

Im Südosten

Ein paar (begeisterte) Worte vorweg

Reisen – es macht dich sprachlos.
Dann verwandelt es dich in einen Geschichtenerzähler.
(Ibn Battuta, Weltreisender im 14. Jahrhundert)

„Einmal und nie wieder“ oder „Einmal und immer wieder“. Eigentlich gibt es unter Island-Reisenden nur diese zwei gegensätzlichen Aussagen.

Wer zum ersten Mal nach Island reist, wird entweder abgeschreckt durch das wechselhafte Wetter, durch die teilweise äußerst karge, düstere Landschaft und vielleicht auch durch das hohe isländische Preisniveau.

Oder er wird sich in das Land verlieben und muss unbedingt wiederkommen. Immer wieder.

Islands Landschaften und Naturwunder sind einzigartig. Sie berühren unser Innerstes und lösen Empfindungen aus, die man nie mehr vergisst. Wer so wie wir mit dem Island-Virus infiziert wurde, wird ihn nie mehr los.

Nur an die exorbitanten Preise werden wir uns nie gewöhnen.

Seit 1984 bereise ich, Pia, die Insel in regelmäßigen Abständen, zunächst mit Ehemann Nummer eins und VW-Bus, seit 2004 gemeinsam mit Klaus und seinem VW-MAN 4x4. Zwischenzeitlich ist der „Fennek“, ein IVECO Daily 4x4, unser mobiles Zuhause. Zum Glück hat auch Klaus sich mit dem Island-Virus angesteckt, sonst hätten wir vieles, was wir in diesem Buch erzählen, so nie erlebt, gesehen und erfahren. Es ist ein Potpourri unserer ganz persönlichen isländischen Erlebnisse und Erfahrungen, Abenteuer und Begegnungen, gesammelt in dreieinhalb Jahrzehnten. Dabei haben wir die (für uns) Eindrücklichsten herausgepickt, deshalb legt dieses Buch auch keinen Wert auf Vollständigkeit.

Wegen Klaus‘ Gehbehinderung aufgrund einer Minenexplosion Anfang der 90er-Jahre können wir leider keine längeren Wanderungen oder Bergtouren unternehmen. Zu Fuß kann er maximal ein bis zwei Stunden unterwegs sein. Das ist der Grund, warum wir vieles mit dem Fahrzeug „erfahren“, im doppelten Wortsinn sozusagen.

Was uns als Island-Fans noch wichtig ist: In diesem Buch sagen wir Du zueinander, so wie auf Island üblich. Selbst den Pfarrer, der uns auf Grímsey traute, hatten wir schon bei der ersten Begegnung geduzt.

Den Hauptgrund, warum wir Island lieben und so gerne bereisen, hat Kristof Magnusson in seinem Buch „Gebrauchsanleitung für Island“ treffend in Worte gefasst. Bei einer Reise durch Island „geht es nicht um Opulenz, sondern um Reduktion. Island als kalter, klarer, karger Ort, an dem das Innenleben endlich den Raum bekommt, den es in unserem ablenkungsreichen Alltag nicht einnehmen kann.“

Dem ist nichts hinzuzufügen.

Willkommen auf Island!

Am Anfang steht wie immer der Zoll. Doch heute ist alles anders.

Schon zu Hause hatten wir im Internet das Zolldokument Yfirlýsing, das die zeitweilige Einfuhr unseres Fahrzeugs nach Island gestattet, heruntergeladen, penibel ausgefüllt und mehrmals ausgedruckt.

Nach dem Anlegen der Fähre "Norröna" im Hafen von Seyðisfjörður gehören wir zu den ersten Autos, die von Bord fahren dürfen. Und irgendwie haben wir beide heute ein komisches Gefühl.

Eine Zollbeamtin nimmt uns zunächst das Einfuhrdokument ab, dann weist sie uns ganz vorne in die erste Reihe ein. Unser ungutes Gefühl verstärkt sich.

Nach ein paar Minuten werden wir vor das Tor der großen Zollhalle gewunken, in der bereits einige Fahrzeuge akribisch durchsucht werden. Tollur ist das isländische Wort für Zoll. Aber wir finden das gar nicht so toll. Unsere Vorahnung hat uns nicht getäuscht. Heute sind wir dran.

Schon bei früheren Einreisen nach Island wollte ab und zu ein Zöllner in unser Wohnmobil schauen. Mehr interessehalber. Manchmal hat er auch den nicht vorhandenen Kühlschrankinhalt kontrolliert. Man darf nämlich keine frische Milch und keine Eier, keinen Butter oder Käse sowie keine frischen Wurst- und Fleischwaren einführen. Und daran halten wir uns immer.

Okay, vielleicht haben wir ein paar Bierdosen oder Weinflaschen mehr dabei als erlaubt. Sei's drum. Den Einfuhrzoll darauf bezahlen wir gerne. Aber auf das komplette Ausräumen unseres Fahrzeugs haben wir – ganz ehrlich – überhaupt keine Lust. Jetzt stehen wir also vor der großen Halle und warten.

Nach zehn Minuten öffnet sich das Tor und wir sollen reinfahren. Zwei Zöllner kommen zu uns ans Wohnmobil. Zunächst stellt uns einer der beiden sehr höflich ein paar Fragen.

Wie lange wir in Island bleiben wollen? – Drei Monate.

Ob das unser eigenes Fahrzeug sei? – Ja.

Ob er das Zolldokument fürs Fahrzeug sehen könne? – Das hatten wir zwar vorhin seiner Kollegin gegeben, aber zum Glück haben wir alles doppelt und dreifach dabei.

Ob wir die Rückfahrt bereits gebucht hätten und er unsere Buchungsbestätigung sowie die Pässe sehen könne? – Aber gerne.

Nachdem er alle Dokumente gründlich durchgesehen hat, rückt er mit der Erklärung raus, warum gerade wir „ausgewählt" wurden. Es sei schon häufiger vorgekommen, dass Deutsche ihr Wohnmobil nach Island brächten, um es vor Ort an deutsche Touristen zu vermieten. Dies sei nicht erlaubt, daher wollten sie kontrollieren, was wir mit unserem Wohnmobil vorhaben. Nur aus diesem Grund stünden wir hier in der Halle. Da wir auf der Jungfernfahrt sind und das Wohnmobil noch ziemlich neu ausschaut, ist dies aus Sicht der Zöllner zwar nachvollziehbar, für uns jedoch keine Option.

Nun will der zweite Zöllner einen Blick in die Wohnkabine werfen. Es folgt ein kurzer anerkennender Rundumblick. Der Kühlschrankinhalt interessiert ihn nicht. Ebenso wenig, wie viele Lebensmittel, Alkohol und Diesel wir dabeihaben. Schon zwei Minuten später ist er wieder draußen.

Da wir den Zollbeamten wohl glaubhaft versichert haben, dass wir das Auto garantiert nicht an andere Deutsche vermieten, dürfen wir nach einer Viertelstunde die große Halle verlassen – ohne weitere Fahrzeugkontrolle und ohne Ausräumaktion.

Die Abwicklung war im Übrigen professionell und freundlich. Bevor wir starten, erkundigen sie sich sogar nach unseren Reiseplänen und empfehlen uns, zunächst in den Norden zu fahren, da dort im Moment das Wetter besser sei. Dann machen wir das so!

Erleichtert um zwei große Steine, die von unseren Herzen fallen, verlassen wir das Zollgelände. Endlich kann unsere Reise beginnen.

Velkomin til Íslands!

Fennek trifft Melrakki – mit dem Wüstenfuchs durchs Land des Polarfuchses

(Klaus erzählt)
Vor uns liegt die steile und von Geländewagen stark deformierte Piste zum Sattel eines Bergrückens, der dem Vulkan Hekla vorgelagert ist. Ich lege die Untersetzung 1:3 ein und schalte die Längssperre dazu. Souverän klettert der Fennek im ersten Gang mit drei Stundenkilometern über Geröll und tiefe Kuhlen hinauf zum ersten Hochpunkt. Der Weg führt weiter über einen zweiten Anstieg mit Schräglagen vom Feinsten und endet an einem kleinen Parkplatz. Von dort kommt man nur noch zu Fuß weiter zum Krater der Hekla. Das war die erste Bewährungsprobe für unseren Fennek. Und wir sind sehr zufrieden.

Für die allererste Reise mit unserem neuen Wohnmobil kam nur ein Land infrage: Island. Dort, wo der Polarfuchs (isl. *Melrakki)* zu Hause ist, wollen wir gut drei Monate lang die Vulkaninsel auf Straßen und Pisten erkunden und dabei unser neues Fahrzeug auf Herz und Nieren testen, bevor wir uns mit dem Fennek auf längere Touren durch andere Kontinente begeben.

Bereits in den 1980er-Jahren haben wir uns mit dem Wüstenvirus infiziert und seither hat uns dieser nicht mehr losgelassen. So bereisten wir Traumziele wie die Sahara, Schwarzafrika, die Arabische Halbinsel und Australien. Hab ich was vergessen? Ja, klar: Island, wo wir schon unzählige Male waren und das zu unserer zweiten Heimat wurde. Denn auch Island hat Einöden und Wüsten, wie wir sie lieben.

Unsere Reiseerfahrungen haben die Wahl des mobilen vierradgetriebenen Zuhauses immer beeinflusst. Erst war es ein VW-Bus, dann folgten Hanomag und Magirus, später ein MAN. Und jetzt also ein Iveco Daily 4x4, unser jüngster Reisegefährte, den wir vorsorglich Fennek getauft haben. Schließlich soll er uns sicher und verlässlich durch so manche Wüste bringen.

Unsere „2-Zimmer-Wohnung“ (Wohnraum mit Küche, Schlafzimmer und Bad) ist so geplant, dass auf acht Quadratmetern genug Bewegungsfreiheit für zwei Personen gegeben ist. So ist eine getrennte Nutzung von Schlafraum, den Bereichen Wohnen/Kochen und Bad ohne irgendwelche Umbauarbeiten oder Klimmzüge möglich. Ein fest eingebautes Bett mit 1,60 Metern Breite grenzt schon an Luxus und der Mehrzwecktisch ist so groß, dass wir auch an zwei Computern arbeiten können. Haben wir mal Lust, zu viert Karten zu spielen oder zu frühstücken, bieten die Sitzgelegenheiten auch dafür genug Platz.

So, zum Thema Wohnmobil ist jetzt erst mal genug geschrieben. Nun geht´s los!

Im Nordosten

Dalatangi – Sehnsuchtsort am Ende der Welt ①

Sobald die Fähre „Norröna“ die Färöer-Inseln verlässt und Richtung Island stapft, hält sie Kurs auf Islands östlichsten anfahrbaren Punkt: Dalatangi. Hinter dem Namen verbirgt sich ein sturmgeplagtes Ende der Welt mit Leuchtturm, Wetterstation und Bauernhof. Dalatangi (*tangi* bedeutet "Landspitze") ist die erste menschliche Siedlung, die ein Islandreisender zu Gesicht bekommt, wenn er mit der Fähre anreist. Sie liegt am äußersten Ende der Landzunge, die den Seyðisfjörður vom Mjóifjörður trennt. Ein Leuchtturm in knallig-leuchtendem Orange und ein paar verstreut liegende Gebäude quetschen sich einsam und verloren auf einem knappen Stückchen Erde zwischen Berge und Meer. Weitere Häuser oder sonstige Anzeichen menschlicher Anwesenheit gibt es nicht. Nur trutzig steile Berghänge und tief eingeschnittene Fjorde. Dalatangi – für uns schwingt in diesem Namen jede Menge Sehnsucht mit. Und der Wunsch, diesen Ort wiederzusehen.

Heute ist es endlich so weit. Von Egilsstaðir aus machen wir uns auf den Weg nach Süden. Über uns kämpfen Regen- und Sonnengott heftig miteinander. Wer wohl gewinnen wird? Nach zehn Kilometern biegen wir links ab auf die Straße 953, die hinunter zum Mjóifjörður führt. Dalatangi ist über Land nur auf dieser Straße erreichbar. Wir kennen den Weg von unserem ersten Besuch vor ein paar Jahren. Ruppig, schmal und ausgesetzt folgt er der Nordseite des Mjóifjörðurs hinaus in Richtung Meer. Bei Sturm, Nebel und Regen wird die Strecke zu einer Herausforderung – oder gleich ganz gesperrt und unpassierbar.

Noch ist das Wetter sehr durchwachsen. Und wir wissen vom letzten Mal, dass es bei Sturm im Fjord mehr als ungemütlich sein kann, vor allem draußen am Fjordende. Doch die Wetterprognose für heute liest sich gar nicht so schlecht, deshalb probieren wir es einfach. Als gutes Zeichen werten wir die heutige Laune der vielen Wasserfälle, die mustergültig, nämlich senkrecht, herunter prasseln und nicht vom Wind zerrupft und nach oben weggeweht werden wie bei unserem letzten Besuch.

Gleich nach dem Einbiegen in die 953 bekommen wir eine Schotterpiste unter die Räder, die entlang eines Hochtals Richtung Südosten führt. Nach wenigen Kilometern steigt sie hinauf auf einen Bergrücken. Regen- und Sonnengott tragen noch immer ihren Kampf aus und im Moment scheint leider der Regengott im Vorteil zu sein. Der Pistenzustand wechselt von steinig-löchrig in erdig-braun – und unser Wohnmobil bekommt außen eine neue Farbe. Mit 565 Höhenmetern ist der höchste Punkt auf der Mjóafjarðarheiði erreicht, der Regen geht in leichten Schneefall über. Oh je, der Schneegott mischt sich auch noch ein.

Ab jetzt geht´s bergab. Endlich können wir einen ersten, aber leider getrübten Blick auf den schmalen, engen Meeresarm werfen (*mjói* heißt übersetzt "eng"). Ein Überwurf aus Nebel und feuchter Luft spannt sich quer über den Fjord. Kehre um Kehre folgen wir der nassen Fahrspur vorsichtig hinab Richtung Meer. Von den Bergrücken beidseits des Fjords stürzen unzählige Wasserfälle herab, keiner gleicht dem anderen. Die Hauptrolle unter den vielen Wasserfällen spielt eindeutig der Klifbrekkufossar. In sechs Stufen lässt er sein Wasser 90 Meter in die Tiefe stürzen. Wie es sich für einen Hauptdarsteller geziemt, sticht er deutlich heraus und ist von der Straße aus gut zu sehen. Eigentlich müsste er morgens in der Sonne liegen, kann er aber nicht, da sie im Moment nicht scheint.

Je weiter wir uns der Talsohle nähern, desto größer werden die blauen Löcher im grauen Wolkenteppich. Weit draußen, dort, wo der Fjord im offenen Meer endet, kitzeln bereits erste Sonnenstrahlen Meer und Land. Sollte sich der Sonnengott doch noch durchsetzen?

Bei Fotostopps fällt uns auf, dass sich im Mjóifjörður noch keine Alaska-Lupinen angesiedelt haben, die andernorts bereits alle anderen Pflanzen verdrängen. Stattdessen gedeihen an den steilen Hängen noch typische Isländer: arktische Weide und Erika, Frauenmantel und Heidelbeeren. Hoffentlich bleibt das so.

Nach knapp 20 Kilometern ist die erste Etappe geschafft, wir sind auf Meereshöhe angekommen. Hier, am Beginn des engen Fjords, liegt seit 1966 ein Schiffswrack im Wasser. Es stammt ursprünglich vom amerikanischen Militär, wurde später jedoch zum Heringstransport zwischen den Fjorden genutzt. Schnell stellte sich aber heraus, dass das Schiff aufgrund seiner Form dafür vollkommen ungeeignet war. Seitdem arbeitet der Zahn der Zeit am rostroten Gerippe.

Entlang des Nordufers folgt die Schotterstraße streng der vorgegebenen Küstenlinie. Gemächlich fahren wir fjordauswärts der Sonne entgegen. Mit jedem Kilometer wird das Wetter besser. Gerade herrscht Ebbe und alle paar Meter werden am Ufersaum die Sonnenstrahlen von etwas Hellem, Glibberigem reflektiert. Zwischen Steinen und Tang liegen große, gallertartige Fladen. Es sind Quallen, die das zurückweichende Meer abgelegt hat. Kein schöner Anblick. Da sind uns die wolligen Schafe, die am Strand nach Futter suchen, wesentlich sympathischer, auch wenn sie nur widerwillig ein Fotoshooting über sich ergehen lassen.

Acht Kilometern weiter passieren wir den weitläufigen kleinen Ort Brekka, die einzige Ansiedlung im Fjord. Nur ungefähr 25 Menschen sollen hier leben. Ihre wenigen Häuser und Schuppen liegen weit verstreut. Von einer Anhöhe aus überblickt ein Kirchlein das Geschehen, ein Gästehaus bietet Unterschlupf und im beengten Hafenbecken dümpeln vier Boote still vor sich hin – ein beschauliches Fischerörtchen, urwüchsig und unberührt von den Spuren des isländischen Massentourismus. Ab Spätherbst ist das Dorf über die Straße meist nicht mehr erreichbar. Dann hält eine Schiffsverbindung von Neskaupstaður aus die Versorgung aufrecht.

Hinter den letzten Häusern wird die Fahrt spürbar ungemütlicher und abenteuerlicher, da die Fahrspur nur noch rudimentär instand gehalten wird.

Langsam und bedächtig folgen wir dem einspurigen Weg fjordauswärts.

Drei Kilometer hinter Brekka donnert in der Schlucht Hofsárgljúfur ein Wasserfall kraftvoll herab, dessen Namen wir leider nicht in Erfahrung bringen konnten. Eine abenteuerliche Holzbrücke quert das tosende Wasser. Wir haben Vertrauen, dass die Brücke unseren Fünfeinhalb-Tonner aushält, schließlich fahren auch die hiesigen Bauern mit ihren Traktoren über diese Konstruktion.

Nach weiteren fünf Kilometern nimmt die Piste Kurs Nordost und steuert auf das Ende der Landspitze zu. Neben uns ragen die Bergwände über 900 Meter auf, unter uns wirft sich das Meer lärmend und krachend an die Steilküste.

Drei Bergrücken schieben sich hier draußen vor bis ans Meer. Wie ein zu eng angelegtes Band hat sich die Fahrspur in deren Flanken geschnitten – schmal, ungesichert, allen Wettern ausgesetzt. In den engen Tälern dazwischen wird jeder Quadratmeter zum Heumachen genutzt. Immer wieder müssen wir größeren Steinbrocken ausweichen, die der letzte Regenguss herabstürzen ließ. Jetzt bloß nicht anhalten, denn schon wieder setzt leichter Regen ein. Sonne, wo bist Du?

Kurz nach zwölf Uhr und nach weiteren 13 mühsamen Kilometern sind wir am Ziel angekommen. Ein handgemaltes Ortsschild grüßt die Besucher mit einem herzlichen *Velkomin til Dalatanga*. Unser Sehnsuchtsort, Islands östlichster anfahrbarer Punkt, ist erreicht. Zunächst passieren wir das Bauerngehöft mit Haus und Scheunen, mit Pferden und Schafen. Gut 100 Meter weiter sind wir wirklich am Ende. Ein Leuchtturm in strahlendem Orange steht als massive Trutzburg auf dem letzten Felsen – elf Meter über dem tosenden Meer. Wettergegerbt. Sturmumtost.

Daneben gedrungen, grau und unscheinbar der alte, nicht mehr genutzte aus dem Jahr 1895. Er war der erste Leuchtturm Islands, doch seine Arbeit als Wegweiser durfte er nicht lange verrichten. Seit über 100 Jahren ist er außer Dienst. Bereits 1908 wurde der heute Genutzte gebaut, der inzwischen auch als Wetterstation dient und mit seinem kräftigen Orange eine heitere Gelassenheit verströmt.

Da der Sonnengott derzeit wohl in der Mittagspause ist, machen wir im Windschatten des Leuchtturms erst einmal dasselbe. Weit und breit ist niemand zu sehen. Wie viele Menschen wohl hier draußen leben? Wie hält man diese Einsamkeit aus? Und wie lebt es sich in dieser Abgeschiedenheit im Winter? Denn hier ist die Welt wirklich zu Ende, hier ist *finis terrae*. Um so ausgesetzt leben zu können, muss man es wirklich wollen und sich in einem einsam gelegenen Winkel wohlfühlen. Allein zur nächsten Ansiedlung, dem kleinen Ort Brekka, sind es 20 anstrengende Kilometer. Dort fährt man nicht mal kurz hin, wenn man eine Tüte Milch vergessen hat.

Wir haben unsere mittägliche Tasse Kaffee noch nicht ganz geleert, als plötzlich wieder die Sonne durchbricht. Jetzt hält uns nichts mehr, wir müssen raus zum Fotografieren. Glücklicherweise ist es heute bei Weitem nicht so stürmisch wie beim letzten Besuch, als wir uns kaum auf den Beinen halten konnten.

Wir wagen uns vor auf die Felsen, wo wir das Meeresspektakel hautnah erleben. Unter uns tobt und schäumt die Brandung, wirft mit Wucht die Wellen an die zerklüfteten Felsen. Gischt bäumt sich auf und spritzt senkrecht nach oben. Der Nordatlantik tobt, donnert und rumort gewaltig, mächtig, monströs. Hier draußen an der Landspitze ist das Meer nicht blau, sondern weißschäumend, als würde sein Wasser brodeln und kochen. Es spielt für uns eine klanggewaltige Symphonie aus dumpfen Schlägen, hellen Klängen und lauten Akkorden.

Beeindruckt und fasziniert lauschen wir für kurze Zeit dem Meereskonzert. Freuen uns, dass der Sonnengott den Regengott in seine Schranken wies und wir Dalatangi wiedersehen konnten.

Die Fahrt hierher gehört zu unseren schönsten Island-Erfahrungen, auch wenn sie (vor allem für den Fahrer) anstrengend und Nerven aufreibend ist. Denn nach Dalatangi fährt man nicht einfach so, Dalatangi will erobert sein. Vielleicht ein Grund, warum es uns hier so gut gefällt. Eine gute Stunde später treten wir den Rückweg an und fahren auf demselben Weg zurück, den wir gekommen sind. Mit einem Lächeln im Gesicht und gesättigt von den lautstarken, aufwühlenden Eindrücken.

Der Loðmundarfjarðarvegur – wo die Götter ihren Zweitwohnsitz haben ②

Am grünen Ende des Loðmundarfjörðurs wohnt niemand mehr. Dort, weit hinten im Tal, liegen die Überreste des Hofes Klyppsstaður, der schon vor langer Zeit aufgegeben wurde. Daneben ruht die noch intakte kleine Kirche, die bereits 1895 erbaut wurde. Wir stehen direkt davor, doch die Tür ist leider verschlossen. Durch ein Fenster sehen wir, dass drinnen allerlei Gerümpel lagert. Hinter den verstümmelten Mauerteilen des alten Bauernhofes rauscht das Flüsschen Kirkjuá als Wasserfall von den Bergen herab. Dessen Hochwasser hatte einst den Hof zerstört und nur noch Grundmauern übrig gelassen. Wir sehen uns an diesem stillen Ort ein wenig um und machen uns dabei bewusst, dass hier einmal eine Familie ihr Dasein fristete. Was veranlasste jene Menschen, gerade hier ihr Auskommen zu suchen und wie kamen sie in dieser Abgeschiedenheit zurecht? Wir sind zwar gerne irgendwo im Nirgendwo. Aber es ist etwas anderes, ein paar Tage und Nächte in der Einsamkeit zu verbringen – oder auf Dauer dort zu leben. Auf dem Friedhof beim Kirchlein entdecken wir zwei Gräber, eines davon datiert vom Januar 2019. Hier hat wohl jemand seine letzte Ruhe gefunden, der dieses Fleckchen am Ende der Welt liebte.

Entlang des Fjords standen früher acht oder neun Bauernhöfe, einer davon wurde noch bis Mitte der Siebzigerjahre bewirtschaftet. Heute ist diese Region verlassen, allerdings wurde aus so manchem Bauernhof inzwischen eine Ferienhütte. So kommt zumindest in den Sommermonaten ein wenig Leben zurück in den Fjord.

Der ungefähr acht Kilometer tiefe Loðmundarfjörður ist auf dem Landweg nur von Norden her erreichbar, auf einem gut 35 Kilometer langen beschwerlichen Weg durch die Berge, der in Bakkagerði seinen Anfang nimmt.

Über Berg und Tal, durch Furten und Wasserlöcher, über Steine und durch Schlamm sind wir gestern zu diesem einsamen, idyllischen Fjord gerumpelt, auf dem sogenannten Loðmundarfjarðarvegur mit der Nummer F946. Das „F" deutet es an: Die Strecke ist als *illfær vegur* gekennzeichnet – als eine schwer passierbare Straße, die nur mit Geländewagen befahren werden kann.

Bei unserer gestrigen Fahrt prasselte Regen auf uns herab, Nebeldunst verhüllte die Berge, mit braunem Wasser gefüllte Schlaglöcher zierten die Fahrspur. Kurz gesagt: Nässe attackierte uns von allen Seiten. Berge und Fjord erahnten wir mehr, als dass wir sie sahen.

Die Nacht verbrachten wir wenige Hundert Meter vor Klyppsstaður auf einer nassen Wiese, direkt bei drei grün-weiß gestrichenen Wanderhütten, die vom Wanderverein Fljótsdalshérað betrieben und derzeit von einem isländischen Ehepaar betreut werden. Da wir mit den sprunghaften Launen des Islandwetters bestens vertraut sind, hofften wir auf Wetterbesserung für den heutigen Tag – und siehe da, unser Wunsch wurde von höherer Stelle erfüllt.

Schon beim Aufstehen sehen wir wesentlich mehr als gestern. Der Nebel hat sich verzogen, wir erkennen die Berge um uns herum und in der Wolkendecke tun sich erste blaue Löcher auf. Wer auch immer für das heutige Wetter im Loðmundarfjörður verantwortlich ist, scheint es gut mit uns zu meinen. Für wie lange wird sich zeigen.

Nach dem Abstecher zum Kirchlein von Klyppsstaður nutzen wir die gute Laune des Wetters und machen uns auf die Rückfahrt. Zunächst führt der Weg entlang des Flusses Fjarðará fjordauswärts. An seinem feuchten Ufer blühen Engelwurz, blaue Glockenblumen, Frauenmantel und Erika, auf den steinigen Hügeln gedeihen Blau- und Krähenbeeren. Beim alten Gehöft Sævarendi mündet der Fluss schließlich ins Meer, hier wechselt die Fahrspur hinüber zum nördlichen Fjordufer.

Nach wenigen Kilometern passieren wir die Ferienhütte Stakkahlið, deren Besitzer gerade ankommt und uns freundlich winkend grüßt. Kurz zuvor haben wir die Meereshöhe verlassen und bewegen uns nun auf einer Anhöhe ostwärts. Unter uns rollt das Meerwasser sanft an eine sandige Landzunge heran, die vom gegenüberliegenden Ufer bis zu uns herüber reicht und eine Lagune schuf.

Bevor die Piste nach Norden und Richtung Berge abbiegt, führt sie am Fuße der Hrafnatindar, der Rabenspitzen, entlang. Deren höchste Erhebung ist der 804 Meter hohe Skælingur. Seine dunklen, senkrechten Felswände ragen wie eine uneinnehmbare Festung hoch über uns auf, als habe ein nordischer Gott einen wehrhaften Vorposten geschaffen.

Über steinige Hügel rumpeln wir auf einen Passaufstieg zu. Nachdem wir den ersten Sattel erklommen haben, fordert Pia vehement einen Fotostopp ein und Klaus bleibt nichts anderes übrig, als anzuhalten. Als er aussteigt, wird ihm klar, warum: Die Aussicht ist einfach grandios. Wir blicken nicht nur hinein in den Loðmundarfjörður, sondern auch über das leicht zerknitterte Meer hinweg zu der Landzunge, hinter der sich der Seyðisfjörður verbirgt. Und als sei sie auf Überholkurs, schiebt sich dahinter die übernächste Landspitze wie ein Schiffsbug weit ins Meer hinaus. An ihrem Ende liegt unser Sehnsuchtsort Dalatangi, an dem wir vor Kurzem standen. Schmale Wolkenbänder umschmeicheln die beiden schroffen nach Osten weisenden Landzungen. Und die Sonne erfüllt momentan ihren Dienst als Beleuchterin. Der isländischen Natur gelingt es immer wieder, Augenblicke des Innehaltens und des Staunens zu schaffen. Es sind jene Momente, in denen wir uns glücklich schätzen, diesen Ausblick sehen zu dürfen. Auch der Wettergott scheint sich mit uns zu freuen, denn seine Stimmung ist um einiges besser als gestern. Zumindest hier und jetzt.

Durch enge Kehren, über Steine und durch tiefe Auswaschungen holpern wir gemächlich weiter bergauf. Linker Hand schaut der trutzige Skælingur auf uns herab und schickt ein paar kräftige Windböen herunter, damit wir bemerken, dass es ihn gibt. Schließlich erreichen wir eine erste Passhöhe in 432 Metern Höhe. Hier oben scheint die himmlisch-gute Wetterlaune zu kippen. Über den Taleinschnitt vor uns schiebt sich behäbig und langsam eine löchrige Nebelwand.

Kurz darauf wechselt die Piste Zustand und Farbe: roter, erdiger Schlamm verpasst Fahrzeug und Reifen eine weitere Farbnuance. Zum dezenten Schlammbraun gesellt sich ein angenehmer Rot-Ton. Wir konzentrieren uns ganz auf die tiefen Löcher in der Fahrspur, sodass wir das Schauspiel vor uns beinahe verpassen. In einem Nebelloch taucht plötzlich eine bunte Pyramide auf, die sich als farbenprächtiger Berg entpuppt. Irgendjemand hat sich anscheinend an einem weißen, grünen und roten Farbtopf bedient und den Berg ungewöhnlich bunt angemalt. Der kurze Augenblick reicht kaum, um ein Foto zu schießen. In Sekundenschnelle verschwindet der farbenfrohe Berg wieder hinter dem dünnen Nebelvorhang, der wie von Geisterhand zugezogen wurde. Jetzt ärgert sich die Fotografin grün und blau, um bei den Farben zu bleiben.

Nach der Passhöhe schlängelt sich die Piste steil und kurvenreich hinunter zu den Wanderhütten von Húsavik. Noch während Klaus den Fennek vorsichtig bergab lenkt, zieht jene Geisterhand den Nebelvorhang zur Seite und gibt den Blick auf den bunten Berg überraschend wieder frei. Unsere Landkarte verrät seinen Namen: Er heißt Hvítserkur („Weißkittel") und überragt als eindrucksvolle Schönheit die Nachbarberge. Sein steiler, uns zugewandter Südhang ist glatt geschliffen und fast vollständig kahl, sein breiter Fuß mit grünen Moosflächen übersät. Darüber wird sein Antlitz von einem weißen Mantel umgürtet – rührt daher vielleicht sein Name "Weißkittel"? Den vermeintlichen Mantel zieren kreuz und quer verlaufende schwarze Streifen und ein paar willkürlich verteilte grüne Flecken. Sein Haupt leuchtet kräftig rot, als sei der Berg erzürnt.

Unterhalb der Hütten von Húsavik und mit direktem Blick auf den außergewöhnlichen Hvítserkur machen wir eine Kaffeepause. Ständig schauen wir hinüber, ob sich der Berg wohl wieder abregt und das Rot verschwindet. Tut es aber nicht.

Noch während wir unseren Kaffee schlürfen, findet vor unseren Augen ein weiteres mystisch-mythisches Schauspiel statt. Im Westen schiebt sich ein schmales Wolkenband vor die dunklen Berge, lässt nur noch ihre gezackten Spitzen herausschauen. Die höchsten Gipfel schweben abgehoben über der Erde wie trutzige Götterburgen. Unwillkürlich stellt man sich die Frage, ob hier im Nordosten Odin, Thor und wie die nordischen Götter alle heißen, wohl ein Feriendomizil haben? Einen Berg stufen wir eindeutig als Odins Zweitwohnsitz ein, denn auch ein Hochsitz, von dem aus der Göttervater die ganze Welt überblicken kann, ist deutlich zu erkennen. Bei dieser mythischen Stimmung wäre es nicht verwunderlich, wenn Odin plötzlich auf seinem achtbeinigen Pferd Sleipnir an uns vorbeigaloppiert. Ein weiteres Mal verzaubert uns heute Islands Natur mit ihren unerwartet auftauchenden magischen Stimmungen, die alles um uns herum in ein anderes Licht rücken und unwirkliche, fast überirdisch scheinende Szenen erschaffen.

Von den Göttern und ihrem Zweitwohnsitz geht's zurück auf die Piste. Hinter dem Taleinschnitt bei Húsavik steigt der Weg wieder erdig-braun und feucht hinauf zum zweiten Sattel. Viele mit Wasser gefüllte Löcher verhindern ein zügiges Vorwärtskommen. Zum Glück, denn wir fahren direkt auf den markanten Hvítserkur zu, kommen immer näher an ihn heran. Endlich haben wir Gelegenheit, ihn genauer anzuschauen. Von all diesen Bergen und Götterburgen hatten wir gestern überhaupt nichts gesehen. Sie lagen allesamt nebelumwabert im Verborgenen.

Auf der Passhöhe angekommen, halten wir direkt vor Hvítserkurs breitem Fuß. Wie ein aufgeregtes Huhn hüpft Pia mit dem Fotoapparat in der Hand zu seinen Füßen herum, schließlich steht man einem solch ungewöhnlichen Berg nicht alle Tage gegenüber.

Die außergewöhnliche Farbigkeit ist auf Rhyolithgestein (magmatisches Gestein, das bei einer Eruption entsteht) zurückzuführen, denn vor Millionen von Jahren spielte der Hvítserkur als Zentralvulkan eine gewichtige Rolle. Was wir heute sehen, sind nur die Überreste des Spektakels. An seinem Fuß stehend wirkt sein rot eingefärbter Hitzkopf alles andere als bedrohlich, eher überirdisch und surreal.

Wenig später fängt Klaus sein aufgeregtes Huhn wieder ein, damit es weitergeht. Die vor uns liegende grüne Hügellandschaft fällt nun in elegantem Schwung hinab bis zum Einschnitt des Borgarfjörðurs. Weit im Westen ragen die von Eiszeitgletschern sanft gerundeten Berge des Dýrfjöll-Massivs auf.

Inzwischen ist die Sonne hinter Wolken verschwunden und ein heftiger Wind aufgekommen – typisches Island-Wetter: kapriziös und eigenwillig wie eine Primadonna.

Schließlich wendet sich die Piste dem Borgarfjord zu. Auf den letzten Kilometern begleiten uns rechter Hand noch weitere Rhyolith-Berge wie zum Beispiel der Hvituhnjukar, der „Weißgipfel“, wahrscheinlich der vulkanische Bruder des "Weißkittels". Hinter ihm blitzt ein dunkler, gezackter Bergrücken hervor. Vielleicht noch ein nordisch-göttlicher Zweitwohnsitz? Die Familie um Göttervater Odin ist ja recht groß ...

Acht Kilometer vor Bakkagerði verliert der Loðmundarfjarðarvegur sein „F“ und geht in die mit Löchern übersäte Straße 946 über. Dann erreichen wir den Ort und stellen uns für kommende Nacht auf den weitläufigen Campingplatz, um in aller Ruhe die heutigen Erfahrungen sowohl im Kopf als auch am Computer zu verarbeiten.

Der Standort des Platzes ist gut gewählt, denn er liegt direkt neben dem Álfasteinn, dem Wohnsitz der Elfenkönigin und ihrer guten Geister. Aber das ist eine eigene Geschichte.

Bakkagerði – Heimat der Elfenkönigin ③

Hinter dem Elfenhügel geht die Sonne auf. Die gut 40 Meter hohe steinerne Anhöhe reckt uns ihren langen Schatten entgegen, er berührt uns aber nicht. Die Erhebung wird *Álfasteinn* genannt und ist der Wohnsitz der Elfenkönigin und ihrer guten Geister.

Seit gestern stehen wir auf dem Campingplatz von Bakkagerði, um uns die ungewöhnlichen Sehenswürdigkeiten dieses Ortes anzuschauen. Eigentlich heißt er Borgarfjörður eystri. Zur besseren Unterscheidung von weiteren Landstrichen gleichen Namens wird er jedoch auch Bakkagerði genannt. Sein ursprünglicher Name Borgarfjörður stammt von Álfaborg ab, dem Palast der Elfen, Sitz der isländischen Elfenkönigin Borghildur.

Wer durch Island reist, begegnet ihnen auf Schritt und Tritt. Vergangene Nacht haben wir sogar neben ihnen geschlafen. Mit „ihnen“ meinen wir Elfen, die (wie auch die Trolle) zum isländischen Huldufólk, dem verborgenen Volk, gehören.

Bakkagerði gilt schon lange als eine Art „Elfen-Hauptstadt“, denn hier sollen besonders viele dieser verborgenen Wesen ihr Zuhause haben. Kaum 80 Einwohner hat die Ansiedlung, Elfen nicht mitgerechnet. Sie liegt noch immer etwas im Abseits, doch seit dem Bau der Straße 94 in den 1950er-Jahren fristen die Bewohner kein einsames und unzugängliches Dasein mehr. Im Gegenteil. Immer mehr Naturliebhaber zieht es für Wander- und Trekkingtouren hierher. Aber noch darf man die Gegend im Nordosten Islands als Geheimtipp einstufen.

Der einzige Weg nach Bakkagerði führt über die 431 Meter hoch gelegene zugige Passhöhe Vatnsskarð. Derzeit ist die Passstraße grob geschottert, doch am weiteren Ausbau wird kräftig gearbeitet. Kaum hat die Straße auf ihrem weiteren Weg das Kap Landsendi umrundet, erreicht sie den ungefähr fünf Kilometer langen Borgarfjord. In der Ferne tauchen erste bunte Tupfer auf, die sich nach vier Kilometern als Häuser von Bakkagerði entpuppen. Sie stehen in gebührendem Abstand voneinander auf der weiten Ebene, geschützt vom Dyrfjöll-Massiv im Westen und von bunten Rhyolith-Bergen im Süden und Osten. Ein aus Holz und Torf gebautes Haus sticht besonders heraus. Es trägt den Namen *Lindarbakki* und ist dekorativ in kräftigem Rot gestrichen. Allerdings befindet es sich in Privatbesitz und kann nur von außen angeschaut werden.

Die Hauptattraktion Bakkagerðis ist *Álfasteinn*, ein Basalthügel, der südwestlich des Ortes nahe bei den letzten Häusern liegt. Vom Campingplatz sind es nur wenige Schritte bis zur Anhöhe. Sie ist unser erstes Ziel heute, denn wir wollen hinaufsteigen, bevor der erste Bus ankommt und seinen Inhalt ausspuckt. Eine Info-Tafel lässt interessierte Besucher wissen, dass man unbesorgt auf den Hügel klettern kann. Die Elfen hätten überhaupt nichts dagegen, wenn man ihnen aufs Dach steige. Sie selbst wohnen ja mitten ihm Felsen, und solange wir Besucher respektvoll mit ihrer Residenz umgehen, solange tun sie dies auch mit uns.

Über steinerne Stufen und Felsbrocken steigen wir in wenigen Minuten hinauf auf den flachen Gipfel. Noch ist weit und breit keine Menschen- oder Elfenseele auszumachen. In diesem steinernen Haufen sollen Elfen leben? Wir spähen in Klüfte und Spalten, doch vom verborgenen Volk lässt sich heute Morgen niemand blicken.

Trotzdem lohnt der Aufstieg, schon allein wegen des 360-Grad-Panoramas. Ungehindert schweift der Blick über die Häuser des Ortes bis weit hinaus in den Fjord, folgt den sanft geschwungenen Bergrücken oder verharrt an bunten Rhyolith-Bergen, die teilweise schroff und spitz emporragen. Ja, die Elfen haben sich wirklich den perfekten Platz für ihren Palast ausgesucht. Als einzige Erhebung weit und breit ruht ihre Steinburg mit steil aufragenden Wänden und flachem Dach in der Ebene. „Ihre Wohnungen in den Felsen“, so haben wir unten auf der Hinweistafel gelesen, “sind ähnlich ausgestattet wie die des neunzehnten Jahrhunderts. Nur etwas hübscher.“ Woher weiß man dies bloß? Uns bleibt jedenfalls der Blick in eine Elfen-Wohnung verwehrt.

Als der erste Bus auf den Parkplatz einbiegt, steigen wir ab. Die Besucher kommen uns jedoch ganz gelegen. Kaum sind alle Businsassen oben angekommen, schießen wir ein paar Fotos, um den Größenvergleich zwischen Mensch und Elfenpalast bildlich festzuhalten.

Nur 200 Meter sind es vom Elfenhügel bis zum örtlichen Kirchlein. Das grau-weiß gestrichene Gotteshaus beherbergt einen Schatz, den wir unbedingt sehen wollen, denn *Álfaborg*, die Elfenburg, findet sich auch in der christlichen Kirche wieder. Über dem Altar hängt ein Gemälde des berühmten und hier in Bakkagerði geborenen Künstlers Jóhannes Sveinsson Kjarval (1885 – 1972). Im Jahr 1914 schuf er für seinen Heimatort ein Gemälde, das etwas äußerst Ungewöhnliches zeigt. Kjarval entwarf eine isländische Version der Bergpredigt: Jesus steht auf der *Álfaborg* und segnet die Menschen, unverkennbar ragt im Hintergrund das Dyrfjöll-Massiv auf. So nahe beieinander liegen in Island christlicher Glaube und der Glaube an Elfen und Trolle. Und es bestätigt einmal mehr, dass die Isländer ein sehr tolerantes Volk sind.

Wo es *Álfasteinn* und *Álfaborg* gibt, fehlt nur noch ein Álfa-Café. Und ja, auch das gibt es hier im Ort. Das Lokal ist vom Elfenhügel nur einen Steinwurf entfernt. Von außen verströmt es einen herben Wellblech-Charme, innen wurde das Café jedoch mit allerlei Handgefertigtem aus Holz und Stein liebevoll dekoriert. Manches davon kann käuflich erworben werden. Die Gäste sitzen an steinernen Tischen und genießen die hausgemachte Fischsuppe oder eine leckere Waffel mit Sahne. Jeder Tisch ist einem isländischen Troll gewidmet, unserer dem Trollweib Gríður aus Gríðarnes.

Elfen und Trolle nennt man auch deshalb das verborgene Volk, weil es sehr schwierig ist, sie zu sehen. Das mussten auch wir heute wieder erfahren. Die isländische Volkskunde besagt, dass Elfen größer, gerechter und schöner seien als wir Menschen. Aber bestätigen können wir dies nicht. Obwohl wir schon viele Wohnstätten von Elfen und Trollen in Island aufgesucht haben, blieben uns diese Wesen bis jetzt verborgen. Wahrscheinlich muss man an ihre Existenz wirklich glauben.

Möðrudalur – die Schönheit der Ödnis ④

(Pia erzählt)

„Vollkommenheit“, schrieb Antoine de St. Exupéry in seinem Buch „Wind, Sand und Sterne“, „entsteht offensichtlich nicht dann, wenn man nichts mehr hinzuzufügen hat, sondern wenn man nichts mehr wegnehmen kann.“

An diesen Satz muss ich auf unserer Fahrt nach Möðrudalur unwillkürlich denken, denn um uns herum kann man wahrlich nichts mehr wegnehmen. Die Landschaft der wüstenhaften Einöde Möðrudalsöræfi ist vollkommen in ihrer üppigen Kargheit und düsteren Schönheit.

Dieses wunderbare Stückchen Island liegt im Osten der Insel, ungefähr auf halber Strecke zwischen Egilsstaðir und dem Mývatn.

Es war im Jahr 1984, als ich das erste Mal auf diese eindrucksvolle Ödnis hinab sah. Damals nahm die Ringstraße noch einen anderen Verlauf als heutzutage und brachte uns auf einer dunklen, steinigen Piste über die beiden Bergketten Möðrudalsfjallgarður eystri und vestari hinweg bis hinunter nach Möðrudalur. Ein altes Foto zeigt eine wüstenhafte Einöde mit rot-braunen Kegelbergen, die unter einem wolkenverhangenen Himmel aus der kargen Ebene aufragen. Seit dem Jahr 2000 macht die isländische Hauptverkehrsader jedoch einen weiten nordöstlichen Bogen um das Tal und den Bauernhof. Schade eigentlich. Oder vielleicht doch nicht?

Inmitten der Möðrudalsöræfi (das isländische Wort *Öræfi* bedeutet Einöde, Wüste) steht ein Bauernhof mit langer Geschichte. Der Hof Möðrudalur wird seit der Besiedlung Islands bewirtschaftet – trotz seiner abgeschiedenen Lage und der damit verbundenen eher ungünstigen Superlative: Mit 469 Metern ist er zum einen der höchstgelegene Hof Islands, darüber hinaus wurde er in einer der kältesten Ecken des Landes errichtet. Zu Beginn des Jahres 1918 soll hier mit minus 38 Grad die niedrigste Temperatur in Island gemessen worden sein.

Ein Wiedersehen mit Möðrudalur ist schon lange überfällig. Deshalb biegen wir 62 Kilometer hinter Egilsstaðir links ab auf die ehemalige Ringstraße, die jetzt die Nummer 901 trägt. Es ist stark bewölkt und ziemlich windig, aber trocken. Die geschotterte Piste führt zunächst nach Westen. Bereits nach acht Kilometern mündet die Hochlandpiste F907 von Süden kommend ein. Kurzentschlossen folgen wir dieser erdig-braunen Piste bis zur Südspitze des Sees Sænautavatn. Der heftige Wind pfeift ungebremst über die weite Hochfläche. Nach fünf Kilometern taucht in der Abgeschiedenheit ein altes Torfgehöft auf. Sænautasel heißt dieses einsam gelegene Stück Land. Obwohl die Geschichte dieses Bauernhofs nicht so weit zurückreicht wie die von Möðrudalur, lohnt ein Besuch. Der kleine Hof wurde bereits 1992 als Museum rekonstruiert. Er ruht inmitten buckeliger Wiesen am Ufer eines Baches, der in den nahen See Sænautavatn mündet. Mit seinem grasbewachsenen Dach, den Grassoden-Wänden und hellbraunen Holzgiebeln wirkt das Gehöft wie ein natürlicher Teil der Landschaft, als sei es den Wiesen entwachsen.

Leider sind wir viel zu spät dran, denn jetzt, Anfang Oktober, ist sowohl das Museum als auch das kleine Café bereits geschlossen und winterfest eingemottet. Keine Menschenseele zeigt sich weit und breit – nur eine siebenköpfige Schwanenfamilie bewacht das Anwesen. Die gefiederten Aufseher nehmen laut schimpfend Reißaus, als wir uns ihnen nähern, beobachten aber mit gebührendem Abstand jede unserer Bewegungen.

Zumindest von außen schauen wir uns das mit viel Liebe restaurierte Gebäude an, werfen neugierige Blicke durch kleine Fensterscheiben ins Innere. Auch der zugehörige Campingplatz ist geschlossen, dabei lädt dieser abgeschiedene Platz geradezu zum Verweilen ein. „Selbst schuld“, stichelt meine innere Stimme. Das nächste Mal müssen wir einfach früher, das heißt zwischen Mitte Juni und Mitte September, vorbeischauen.

Das Torfgehöft Sænautasel stammt aus dem Jahre 1843 und war knapp 100 Jahre lang bewohnt. Bekanntheit erlangte es auch durch Halldór Laxness‘ Roman „Sein eigener Herr“. Im November 1926 suchten der Autor und seine Begleiter Schutz auf dem kleinen Hof, als sie bei einer ihrer Wanderungen in ein heftiges Unwetter gerieten. Sie wurden sehr freundlich aufgenommen, obwohl die Bauersleute in ärmlichsten Verhältnissen lebten. Das muss den damals Vierundzwanzigjährigen und späteren Literatur-Nobelpreisträger so tief beeindruckt haben, dass er das Erlebte in seinem Roman thematisierte.

Auch heute herrscht nicht das beste Wetter. Der äußerst stramme Wind bläst uns gründlich durch, am Himmel hängen Unheil verkündende Regenwolken in sämtlichen Grau-Schattierungen. Daher suchen wir schnell wieder Schutz in unserer warmen Bleibe auf vier Rädern und lassen das Gehöft in der Obhut der Schwanenfamilie zurück. Noch einige Zeit lang beschäftigt uns erneut die Frage, wie man so abgeschieden und einsam in der rauen, kargen Natur leben und überleben konnte.

Zurück auf der 901 steuern wir direkt auf die lang gestreckte östliche Bergkette Möðrudalsfjallgarður eystri zu. In regelmäßigen Abständen markieren alte, teils verfallene Steinhaufen den Verlauf der Schotterstraße. Es sind allesamt isländische Wächter der Straße, sogenannte Vörður, die einst als analoge Navigationshilfe die Orientierung erleichterten. Dann geht´s in zwei Serpentinen und mit zwölf Prozent Steigung bergauf. Eine erste Passhöhe liegt auf ungefähr 685 Metern Höhe.

Nach einer kurzen Talfahrt steigt der Fahrweg noch einmal hinauf bis auf 630 Höhenmeter. Bei dem inzwischen mehr als stürmischen Wind ist die Auffahrt auf den Sattel mühsam. Oben angekommen stoppen wir neben einem riesigen Steinhaufen, einem steinernen Wächter neueren Datums. Ich packe Fotoapparat und Stativ aus und starte den Versuch, diesen erhabenen Ausblick abzulichten. Es ist aussichtslos. Der Sturm pfeift dermaßen zornig und böse, dass ans Fotografieren nicht zu denken ist. Mein recht stabiles Stativ wackelt wie ein Kuhschwanz.

Dabei ist es gerade jener Ausblick auf die düstere und wüstenhafte Landschaft des Möðrudalurs, den ich 1984 zum ersten Mal sah und der mich nicht abschreckte, sondern eher anzog. Und ich frage mich, warum ich eigentlich so lange nicht mehr hier oben stand. Wahrscheinlich, weil wir stets dem neuen Verlauf der Ringstraße folgten, anstatt auch mal den alten Weg zu nehmen.

Was man von dem sturmgebeutelten Platz aus sieht, scheint nicht von dieser Welt zu sein, erinnert eher an eine Mondlandschaft als an irdische Gefilde. Kahle, spitze Kegelberge und sanft geschwungene Bergrücken umrahmen eine karge Ebene aus dunklem Sand und grauen Steinen. Zusammen erschaffen sie das Bild einer vollkommenen Ödnis. Nur das helle Pistenband, das die Ebene akkurat durchtrennt, und eine kleine Ansiedlung in der Ferne erinnern daran, dass hier Menschen leben. Die Grasflächen um das Dorf Möðrudalur, die dem Ort im Sommer einen grünen Gürtel verpassen, sind nun braun und vertrocknet. Die einzig grünen Lichtblicke bilden hie und da ein paar moosbewachsene Stellen.

Wir folgen der Schotterstraße hinab bis nach Möðrudalur. Gerade noch fuhren wir durch die Einöde, jetzt erreichen wir einen reizvollen Ort, der eine wohltuende Gastlichkeit ausstrahlt.

War dieser abseits gelegene Bauernhof früher ein einsames Fleckchen, so hat sich das Dorf heutzutage richtiggehend herausgeputzt. Es setzt auf Ökotourismus und auch die neueren Häuser wurden nach alter isländischer Tradition aus Torf und Holz errichtet. Magisch angezogen werden wir vom mitten im Ort stehenden charmanten Fjallakaffi („Berg-Café") mit seinen vier zur Straße weisenden Giebeln, das ebenfalls im traditionellen isländischen Stil gebaut wurde. Wir können nicht anders und müssen eintreten, zu groß ist unsere Neugier und die Lust auf etwas Süßes am Nachmittag. Wer kann zu einer Tasse heißer Schokolade mit viel Sahne und Waffeln mit Blaubeermarmelade schon Nein sagen? Da wir uns hier vom ersten Moment an wohlfühlen, reservieren wir einen Tisch fürs Abendessen und buchen den Campingplatz nebenan gleich für zwei Nächte.

Auf einer tiefer gelegenen Stelle des Platzes richten wir uns häuslich ein, damit wir dem stürmischen Wind etwas weniger ausgeliefert sind. Dabei fühlen wir uns zurückversetzt ins Island vor 100 Jahren, denn alle Gebäude des Campingplatzes bestehen aus schlichten Grassoden-Häuschen. Im Aufenthalts- und Kochgebäude logiert im Moment die Fjallakaffi-Katze, die herzerweichend maunzt und gestreichelt werden will.

Die Besitzer des Fjallakaffis betreiben nicht nur den örtlichen Campingplatz, sondern auch einen Touristen-Service mit Namen *Fjalladýrð* – Bergpracht, der unter anderem geführte Tagestouren anbietet. Warum der Service gerade diesen Namen trägt, kann man bei schönem Wetter wunderbar sehen. An solchen Tagen reicht der Blick bis zum Bergmassiv Kverkfjöll und zum Gletscher Vatnajökull. Unübersehbar und nur dreißig Kilometer Luftlinie entfernt erhebt sich im Südwesten trutzig und würdevoll der Herðubreið und zeigt dem Betrachter sein unverwechselbares Profil. Wenn er nicht gerade eine dicke Wolkenmütze trägt wie heute.

Obwohl von den Bergen kaum etwas zu sehen ist, herrscht eine magische Lichtstimmung. In mehreren Schichten liegen Wolken übereinander. Zuunterst schweben weiße Haufenwölkchen langsam vorüber, darüber dehnen sich lang gezogene graue Wolkenbänder aus. Mittendrin, wo sonst blaue Himmelslöcher klaffen, hinterlässt das Farbenspiel der untergehenden Sonne zarte, gelb leuchtende Flecken. Die Landschaft ist in ein diffuses Licht getaucht und über allem liegt die heitere Melancholie des isländischen Abendhimmels.

Beim Abendspaziergang durch den Ort verweilen wir kurz bei der kleinen Kirche, die der Bauer Jón A. Stefánsson im Jahr 1949 im Gedenken an seine

Frau eigenhändig errichtet hat. Dann geht's zum Abendessen ins Fjallakaffi. Uns erwarten ein liebevoll gedeckter Tisch sowie ein leckeres kalt-warmes Büffet. Da unsere Wohnmobilküche eine solche Menüauswahl nicht hergibt, schlemmen wir uns durch die Speisenvielfalt und gönnen uns dazu zwei Flaschen Wein. Wobei von Flaschen zu sprechen leicht übertrieben ist, handelt es sich doch eher um Mini-Fläschchen, von denen jedes nur 0,1875 Liter enthält – weniger als ein schwäbisches Viertele!

Trotzdem gehen wir später leicht schwankend runter zum Fennek, da wir so viel Alkohol inzwischen nicht mehr gewohnt sind. Die isländischen Preise für Wein und Bier haben uns zu Interims-Abstinenzlern werden lassen. Dafür schlafen wir heute Nacht wie zwei Murmeltiere.

In Grunde genommen sind wir froh, dass die Ringstraße inzwischen einen weiten Bogen um Möðrudalur macht. Sonst wäre das abgeschiedene Fleckchen Island bestimmt noch überlaufener als es in der Hochsaison ohnehin schon ist.

Für jeden, dessen Geist und Seele in Kargheit und Einsamkeit in Einklang kommen, ist das Möðrudalur eine Offenbarung. So mancher mag diese Landschaft als öde, trostlos und deprimierend empfinden. Doch wer solche Gegenden liebt, wird sich hier wohlfühlen. Und die Vollkommenheit, Schönheit und Magie der Wüste verspüren.

Unser Tipp: Die isländische Camping-Card

Wer mit Wohnmobil oder Zelt durch Island reist, für den gibt es ein lukratives Angebot: ***Mit der isländischen Campingcard kann man 28 Mal umsonst auf ca. 35 ausgewählten Campingplätzen übernachten.*** *Bezahlen muss man nur die isländische Zeltplatzsteuer (333 ISK pro Nacht = ca. 2,25 EUR). Außerdem erhält man beim Kauf eine Rabattkarte von ORKAN, die an fast allen ORKAN-Tankstellen gilt. Die Camping-Card gilt zum Beispiel auch auf dem Campingplatz von Möðrudalur.*
Näheres erfährst Du in der Info-Box am Ende des Buches.

Verflixte Reifenpanne – uns geht die Luft aus!

Es ist kurz nach ein Uhr in der Nacht, als wir beide wach werden. Irgendetwas stimmt hier nicht!

Zum Übernachten hatten wir gestern einen kleinen Parkplatz in der Gegend um Grímsstaðir angesteuert, ungefähr sechs oder sieben Kilometer von der nächsten Ansiedlung entfernt. Vor einigen Stunden wurden wir schon einmal aufgeschreckt, als am späteren Abend plötzlich jemand an unsere Haustüre klopfte. Draußen stand ein Isländer. Er sei gerade hier vorbeigefahren, habe unser Auto gesehen und musste daher unbedingt anhalten. „Euer Wohnmobil gefällt mir sehr gut“, erklärte er auf Englisch. Ob er ein paar Fotos machen dürfe? Ja, sehr gerne – außerdem waren wir ziemlich erleichtert, dass er nur fotografieren, uns aber nicht vertreiben wollte. Kurz darauf war er schon wieder weg.

Dann, mitten in der Nacht, haben wir beide irgendwie das Gefühl, mit den Füßen nach oben zu liegen. Ziemlich merkwürdig. Wir stehen auf. Unsere Wahrnehmung hat uns nicht getäuscht, dass unser Wohnmobil Schlagseite bekommen hat. Ein Blick nach draußen reicht: Schuld ist unser rechter Hinterreifen, er ist vollkommen platt.

In so einer blöden Position wollen wir auf keinen Fall weiterschlafen. Also schnell etwas überziehen, raus in die Kälte, Motor starten, Luftdruck aufbauen, Druckluftleitung anschließen und Reifen wieder füllen. Vorsorglich legen wir ein paar Holzklötze unter die Hinterachse, falls dem Reifen erneut die Luft ausgehen sollte. Dann geht´s zurück ins Bett. Das Problem und seine Lösung vertagen wir auf den nächsten Tag.

Dass die Idee mit den Holzklötzen unter der Hinterachse gar nicht so schlecht war, zeigt sich frühmorgens. Aus dem Hinterreifen ist schon wieder sämtliche Luft entwichen, aber zumindest konnten wir die restliche Nacht in der Horizontalen verbringen.

Beim Frühstück gehen wir das Problem an und kommen zum Ergebnis, dass wir eigentlich nur zwei Möglichkeiten haben: Entweder montieren wir gleich hier (und im Regen) das Ersatzrad. Oder wir versuchen, irgendwie in die nächstgelegene Reifenwerkstatt zu kommen. Und die wäre im knapp 150 Kilometer entfernten Egilsstaðir. Letztere Lösung gefällt uns wesentlich besser, weil wir damit die mühsame Arbeit des Radwechselns den Profis überlassen würden.

Gesagt, getan. Nach dem Frühstück füllen wir den platten Reifen bis zum Anschlag, dann können wir los. Mann fährt und Frau konzentriert sich auf die Reifendruckanzeige. Wie eine Lottofee verkündet sie die neuesten Zahlen, mit jedem Kilometer werden sie niedriger.

30 Kilometer hält der Reifen durch, dann liegt der Reifendruck bei nur noch knapp zwei bar. Also anhalten, Druckluftleitung anschließen, Reifen füllen, weiterfahren. Schon keimt Hoffnung auf, dass wir es vielleicht bis zur Werkstatt schaffen könnten. Lange währt sie nicht, die Hoffnung – schon nach acht Kilometer ist es erneut so weit. Die Prozedur wiederholt sich: anhalten, Druckluftleitung anschließen, Reifen füllen, weiterfahren. Kaum sind wir nochmals fünf Kilometer gefahren, ruft die vermeintliche Lottofee: „Nur noch 1,8 bar!“

Uns wird klar, dass wir so das Problem nicht lösen werden. Wenn wir in diesem Affenzahn weiterfahren, erreichen wir Egilsstaðir vielleicht übermorgen.

Es hilft alles nichts: Wir müssen in den sauren Apfel beißen und selbst ran. Zum Glück liegt in Sichtweite ein großer Kieshaufen neben der Straße. Den steuern wir vorsichtig an und stellen uns in seinen Windschatten. Kurz danach mündet die Straße vom Möðrudalur ein. Will heißen, wenn wir schon mühevoll ein Rad wechseln müssen, dann wenigstens in einer der kältesten Ecken Islands. Und bei ordentlichem Schietwetter, denn zu allem Überfluss meint nämlich der Wettergott, unsere Leidensfähigkeit zusätzlich testen zu müssen. Aber da hat er sich geschnitten! Unerschütterlich ignorieren wir Nieselregen und Wind.

Über eine Stunde arbeiten wir eisern und konzentriert, ertragen alle Wetterkapriolen mit der stoischen Gelassenheit eines Islandpferdes. Zugegeben, ab und zu kommt uns ein klitzekleiner Fluch über die Lippen. Aber jeder Handgriff sitzt: MAN aufbocken (relativ einfach). Ersatzrad am Heck lösen und herablassen (schon etwas anstrengender). Defektes Rad demontieren (Schwerstarbeit, die Muttern sitzen verdammt fest). Ersatzrad mit allen verfügbaren Kräften auf die Nabe hebeln und verschrauben (Ersteres schwer, Letzteres leicht). Luft ins montierte Rad pumpen (fast erholsam). Defektes Rad auf die Halterung am Heck hieven und verzurren (mühelos dank Seilwinde). Werkzeug verstauen. Durchatmen. Weiterfahren.

Es ist kurz vor zwölf Uhr, als der MAN endlich weiter Richtung Egilsstaðir rollt. Ab jetzt sind wir recht flott unterwegs, schließlich ist heute Freitag und wir wissen nicht, wie lange die Reifenwerkstatt geöffnet hat.

Weil wir notgedrungen auf eine Mittagspause verzichten, schaffen wir es, schon um halb zwei Uhr dort zu sein. Man hilft uns zwar nicht sofort, aber eine Stunde später. In der Zwischenzeit bekommen zumindest unsere hungrigen Mägen eine Füllung.

Als Ursache für den Luftverlust stellt sich ein defekter Schlauch heraus. Zwar hatten wir vor der Reise neue Schläuche einziehen lassen, aber bei unserem deutschen Reifenhändler hat wohl irgendeiner der Jungs einen älteren, porösen erwischt und sich gedacht: „Wird schon gut gehen". Ging es aber nicht. Okay, so hatten wir zumindest mal einen Anlass, Radwechsel zu üben. Und Übung macht bekanntlich den Meister.

Seither kommt immer, wenn wir an der Stelle nahe des Möðrudalurs vorbeifahren, die Erinnerung an jene unfreiwillige Übungsstunde im Räderwechseln hoch. Jedes Mal werfen wir dann reflexartig einen Blick auf unsere Reifendruckanzeige. 4,5 bar – alles im grünen Bereich!

Dettifoss – eine Liebeserklärung an Islands mächtigsten Wasserfall ⑤

(Pia erzählt)

Bald 40 Jahre ist es her, dass ich ihn zum ersten Mal sah. Bereits am zweiten Tag meiner ersten Islandreise saß ich ehrfürchtig an seinem Ostufer und blickte auf die gewaltige Energie, lauschte dem dröhnenden Donnern der Wassermassen und konnte mich von diesem dramatischen Naturschauspiel kaum mehr losreißen.

Seit jenem Tag ist der Dettifoss, der „stürzende Wasserfall", mein Lieblingswasserfall auf Island. Und seit damals muss ich ihn auf jeder Islandtour zumindest einmal besuchen.

Er zählt zu den mächtigsten und wasserreichsten Wasserfällen Europas. Seine Stärke und Wildheit sind tief beeindruckend. Mit diesem Wasserfall zeigt der Fluss Jökulsá á Fjöllum, der Gletscherfluss aus den Bergen, die ganze Kraft, die in ihm steckt. Man spürt die Energie, die er auf seiner gut 200 Kilometer langen Reise vom Nordrand des Gletschers Vatnajökull bis zur Mündung in den Nordatlantik sammelt.

Das Gletscherwasser transportiert große Mengen an Geröll. Die mitgeführte Fracht aus Sand, Steinen und Schlamm sorgt Tag für Tag dafür, dass sich der Fluss immer tiefer eingräbt und dass die Kanten, über die seine Wasserfälle stürzen, erodieren und flussaufwärts wandern. Gut einen halben Meter pro Jahr. Auf dem Weg zum Nordatlantik, etwa 160 Kilometer vom Gletscher entfernt, schufen die Wassermassen einen 25 Kilometer langen, 500 Meter breiten und etwa 100 Meter tiefen Canyon. Auf diesem Streckenabschnitt werden fünf Wasserfälle wie auf einer riesigen Theaterbühne regelrecht in Szene gesetzt.

Zunächst stürzt der Selfoss zwölf Meter in die Tiefe. Einen Kilometer weiter flussaufwärts donnert der Dettifoss herab. Nach weiteren zwei Kilometern bildet der Hafragilsfoss mit 27 Metern die nächste Fallstufe. Hier hat das Wasser mühevoll, aber ziemlich erfolgreich einen etwa 6.000 Jahre alten Kraterkegel durchschnitten und dabei den Förderkanal des Vulkans freigelegt. Etliche Kilometer weiter folgen die beiden kleinen "Brüder" Réttarfoss und Vígabjargfoss. Doch der Star unter den fünfen ist eindeutig der Dettifoss.

Sein gewaltiger Fall ist von beiden Uferseiten aus zugänglich. Daher muss man sich vor jedem Besuch erst einmal entscheiden: Ost- oder Westufer? Rumpelpiste oder Teerstraße? Letztendlich hängt die Entscheidung von drei Faktoren ab: vom fahrbaren Untersatz, vom Wetter und von der Tageszeit. Denn bei Sonnenschein spielt der Wasserfall seine Trumpfkarte aus. Dann zaubert die Sonne den typischen Dettifoss-Regenbogen hervor und lässt in seiner Gischtwolke eine mystisch-bunte Verbindung zwischen Himmel und Wasser aufleuchten. Vormittags ist diese Erscheinung von der Westseite und nachmittags von der Ostseite aus zu sehen. Das, liebe Leserin, lieber Leser, solltest Du bei Deiner Entscheidung berücksichtigen.

Um zum Dettifoss und seinen Geschwistern zu gelangen, bieten sich folglich zwei Möglichkeiten an: Gut 130 Kilometer hinter Egilsstaðir zweigt zunächst die Straße 864 zum Ostufer des Flusses ab. Diese Variante ist etwas beschwerlicher, da man auf einer Schotterpiste weitere 30 Kilometer zurücklegen muss, bis man den Parkplatz am Dettifoss erreicht. Die raue Piste ist auch der Grund, warum man sich den Anblick mit weniger Touristen teilen muss als vom gegenüber liegenden Ufer aus. Jenes erreicht man bequem auf einer Teerstraße, die mit der Nummer 862 ebenfalls von der Ringstraße abzweigt. Nach ungefähr 23 Kilometern trifft man auf einen großen, recht neuen Parkplatz.

Egal, welche der beiden Strecken man wählt – bei der Anreise ist von den stürzenden Wassern und der gewaltigen Schlucht Jökulsárgljúfur noch nichts zu sehen. Die Landschaft ist unspektakulär flach und mittendurch strömt mäandernd und behäbig der Fluss Jökulsá á Fjöllum dahin. Als ob er Kraft sammle für die bevorstehende Etappe.

Auf unserer heutigen Fahrt pfeift allerdings ein strammer Wind über die weite, lehmig-sandige Ebene. Er nimmt mit, was er an Staub kriegen kann, um daraus eine gelbe Wolke zu bilden, die er dann vor sich her treibt und uns auf Sand beißen lässt. Er bearbeitet alles, was ihm eine Angriffsfläche bietet, jedes ungeschützte Fleckchen Erde ist willkommene Nahrung für ihn. Der staubgeschwängerte Sturm begleitet uns, seit wir heute Vormittag das Möðrudalur verlassen haben.

Zunächst fahren wir auf die Sandwand zu, die sich knapp über dem Erdboden entlang zieht. Dann tauchen wir hinein und durchqueren das stürmische Gelb. Einzelne Böen reißen Fetzen aus der staubigen Front heraus und wirbeln das Gemisch nach oben. Ein Anblick, wie man ihn eher in der Sahara vermutet.

Wir haben uns heute für die leicht erreichbare Westseite des Wasserfalls entschieden. Keine gute Entscheidung, wie sich ziemlich bald herausstellt. Denn gleichzeitig mit uns kommen auch mehrere Reisebusse an.

Von Parkplatz aus trennen uns nur noch ein paar Hundert Meter Fußmarsch von unserem heutigen Ziel, eine zarte weiße Gischtwolke über der steinigen Ebene kündigt es bereits an. Auf halber Strecke teilt sich der Weg, ein Schild weist nach rechts zum Selfoss, das andere nach links zum Dettifoss. Die meisten Bus-Touristen wählen natürlich den linken Weg. Wir auch.

Wohl oder übel müssen wir uns den Pfad mit Leuten teilen, die die großartige Landschaft regelrecht zutexten. Es ist nicht zu überhören, dass fast alle Besucher aus Ländern stammen, in denen es nicht so wortkarg zugeht wie bei uns in Schwaben. Wobei sich der gut markierte Weg bestimmt auch mit weniger Mitteilungsbedürfnis bewältigen ließe – was wir vergeblich zu beweisen versuchen. Keiner bemerkt es. Naja, wir hoffen, dass den redseligen Urlaubern beim Anblick des gewaltigen Naturspektakels die Worte ausgehen.

Dann erreichen wir den oberen Rand der Schlucht Jökulsárgljúfur. Unter uns donnert der Dettifoss kraftvoll und tosend über seine Fallkante. Unsere Hoffnung, dass der Anblick und das Tosen des Wasserfalls die Urlauber verstummen lassen, löst sich in Luft auf – sie reden einfach noch lauter.

Über in den Fels gehauene Stufen steigen wir hinab zum Flussufer. Auf dieser Seite des Canyons ist sowohl der erdige Trampelpfad als auch der Bereich des Wasserfalls mit Seilen abgesperrt, damit wir alle auf dem rechten Weg bleiben und ja niemand auf die dumme Idee kommt, in die senkrechte Wand hinuntersteigen zu wollen. Drüben auf der Ostseite gibt es noch keine Absperrungen. Und viel weniger Besucher.

Wir wagen uns so weit vor, wie es die Absperrungen zulassen und blicken direkt auf die Naturgewalt des tosenden Dettifoss. Seine Fallkante verläuft diagonal zur Flussrichtung, was ihn noch mächtiger, noch größer erscheinen lässt. Wie ein dicker, flauschiger Schleier, wie ein monströser, undurchdringlicher Bühnenvorhang fallen die schmutzig-grauen Wassermassen herab. Beladen mit Schutt und Sand stürzen im Sommer bis zu 700 Kubikmeter Wasser pro Sekunde in die Schlucht. Theoretisch ließen sich damit 4.500 Badewannen füllen. Pro Sekunde wohlgemerkt.

Hier auf der Westseite ist der Uferbereich dicht bewachsen mit blassem Grün aus Moos, Gras und verkrüppelten Polarweiden. Ein deutliches Zeichen dafür, dass die Gischt meist auf diese Seite geweht wird. Drüben auf der Ostseite ist fast kein Bewuchs zu sehen, dort überwiegt das helle Grau des Basaltgesteins und man muss über Basaltblöcke steigen, um dem Dettifoss nahezukommen. Ein kräftiger Wind bläst den Canyon entlang, treibt die Gischt zu uns herüber und überzieht Landschaft und Besucher mit feinem Sprühnebel. Der wolkenverhangene Himmel betont das bleierne Grau der steinigen Schlucht und die trübe Stimmung passt zu unserer heutigen Laune. Denn aufgrund der vielen Besucher ist es unmöglich, eine ruhige Stelle zu finden, wo man sich hinsetzen kann, um das Schauspiel ungestört in sich aufzunehmen. Die meisten tummeln sich entlang der Absperrung und halten das unentbehrliche, ja überlebenswichtige Accessoire des modernen Reisenden am ausgestreckten Arm: ihr Smartphone. Trotz oder aufgrund der Smartphone- und Selfie-Mania scheinen sie blind für die Schönheit des Ortes zu sein, taub für den Klang des Wassers. Nur eines sind sie eben nicht: sprachlos. Jedes geschossene Selfie muss prompt allen Mitreisenden gezeigt, kommentiert und umgehend gepostet werden.

Okay, vielleicht liegt mein Unverständnis für diese Art von Sightseeing auch daran, dass wir zwei einer schrulligen Minderheit angehören. Weil wir die Schönheiten der Welt auch mit unseren eigenen Augen sehen wollen anstatt auf dem Display eines Smartphones. Weil wir uns in kein dicht gedrängtes Reiseprogramm einzwängen lassen und uns Zeit nehmen. Und wie es sich für verschrobene Individuen gehört, halten wir die Social-Media-Plattformen noch für entbehrlich. Mal sehen, wie lange noch.

Auf einem schmalen Pfad laufen wir ein Stück flussabwärts bis zu einer neu errichteten Aussichtsplattform hoch über der Schlucht. Von hier aus reicht der Blick vom Wasserfall bis weit in den Canyon hinein. Was sich heute allerdings als recht anstrengend erweist, denn im Moment bläst der Wind dermaßen heftig, dass man sich kaum auf den Beinen halten kann.

Plötzlich blitzen ein, zwei Sonnenstrahlen durch einen Riss im Wolkenhimmel und lassen in der Gischt den mystischen Dettifoss-Regenbogen aufleuchten.

Ein windgebeutelter Klaus fordert mich wiederholt zur Umkehr auf, läuft schließlich alleine los. Widerstrebend und mit Trennungsschmerz im Herzen stolpere ich ihm hinterher. Aber ich weiß ja, dass wir irgendwann wiederkommen werden.

Noch während wir schweigend – das Reden übernehmen wieder andere – zurück zum Fennek laufen, übermannt mich die Begeisterung und Leidenschaft für meinen Lieblingswasserfall. Im Geiste formuliere ich beim Gehen – Schritt für Schritt – eine Liebeserklärung an Islands mächtigsten Wasserfall.

Kaum sitzen wir wieder im Wohnmobil, muss ich meine Gedanken sofort zu Papier bringen. Und auch wenn dem Wasserfall meine Gefühlsausbrüche schnurzpiepegal sein dürften, hier sind sie:

> *Lieber Dettifoss! Du bist wild, kraftvoll, ungestüm und kennst keine Sanftheit. Dein herber Charme ist eher Ehrfurcht gebietend als betörend. Du besitzt nicht die Leichtigkeit eines Skógafoss, nicht die Schönheit eines Gullfoss, nicht die Eleganz eines Svartifoss. Doch Du stellst alle anderen Wasserfälle in den Schatten, auch Deine kleineren Brüder.*
> *Schon sehr oft saß ich andächtig, bewundernd und gedankenverloren an Deiner starken Seite und habe Dir zugeschaut. Habe Minute um Minute Deinen Anstrengungen gelauscht. Und kam mir dabei winzig vor. Doch ich spürte die energiegeladene Kraft, die in Dir steckt und die mich stärkt und belebt. Deshalb freue ich mich schon jetzt auf das nächste Wiedersehen und kann es kaum erwarten, auf einem Stein sitzend in Deine stürzenden Wasser zu schauen.*

Krafla – ein Tanz auf dem Vulkan ⑥

Dort, wo das südliche Ende der Straße 87 auf die Ringstraße trifft, liegt ein Parkplatz. Von ihm aus kann man auf die vielleicht größte Wasserwaage der Welt blicken. Sie misst 37 Quadratkilometer und trägt den Namen Mývatn, Mückensee. Der Wasserspiegel des Sees dient als eine Art natürliche Wasserwaage, um vorherzusagen, wann ein Ausbruch des Vulkans Krafla bevorstehen könnte. Durch aufsteigendes Magma wölbt sich die Wasserfläche, was mit bloßem Auge natürlich nicht erkennbar ist. Den Geologen wird damit jedoch angezeigt, dass der Vulkan äußerst unruhig ist.

Der See liegt im Norden Islands nur ungefähr zehn Kilometer vom Krafla-Gebiet entfernt. Dort, in einem der aktivsten Vulkangebiete der Welt, sind wir heute unterwegs. Es dehnt sich etwa 100 Kilometer in Nord-Süd-Richtung aus und entstand vor mehr als 200.000 Jahren. Entlang dieser aktiven Zone liegen Explosionskrater und Eruptionsspalten, Schlamm- und Schwefelquellen und mittendrin ruht als Zentrum der Vulkan Krafla. Wobei von "ruhen" eigentlich nicht die Rede sein kann. Geologen haben erforscht, dass in seinem Herrschaftsgebiet vier Magmakammern liegen, eine davon in nur drei Kilometern Tiefe. Der letzte Ausbruch im Krafla-Gebiet ereignete sich am fünften September 1984. Sechs Tage, nachdem wir Island verlassen hatten. Hätte er zwei Wochen früher stattgefunden, dann hätten wir ihn miterleben können. Das bedauern wir noch heute.

Bei der letzten großen Eruptionsphase, auch „Krafla-Feuer“ genannt, floss von 1975 bis 1984 immer wieder Lava aus der Leirhnjúkur-Vulkanspalte. Dieser erdig-braune Tuffrücken ragt nur ungefähr 50 Meter auf und wird eng umschlungen von seinen dunklen Lavaströmen. An seinen Hängen steigt Dampf aus zerfurchten Narben auf, Schwefelquellen schwären wie offene Wunden. Der Hügel besteht aus Lehm, daher sein Name *Leirhnjúkur*, “Lehmgipfel”, denn die Hitze des Erdinnern ließ das Tuffgestein zu braunem Lehm zerkochen.

Wie Fluch und Segen liegen im Krafla-Gebiet die vulkanische Hexenküche und ein von Menschen gemachtes Kraftwerk dicht beieinander. Es wurde quasi direkt auf dem aktiven Vulkan errichtet, um die Kräfte im Erdinneren unmittelbar zur Stromerzeugung nutzen zu können. Der Bau startete bereits 1975, also zu Beginn der letzten Eruptionsphase. Ein deutlicher Hinweis, dass die Isländer ihre Vulkane schätzen und dementsprechend pragmatisch handeln. Wenn schon solch ungeheure Mengen an Energie vorhanden sind, muss man sie auch nutzen.

Dass dabei auch der skurrile, aber liebenswerte isländische Humor nicht zu kurz kommt, erkennen wir bereits auf dem Weg zum Vulkan. Direkt neben der Straße muss seit vielen Jahren ein unergiebiges Bohrloch für eine außergewöhnliche Installation herhalten. Das nach oben drückende Wasser speist eine Dusche, aus deren Duschkopf ununterbrochen warmes Wasser strömt. Sogar eine Badematte ist vorhanden. Wer eine Freiluftdusche mit 360-Grad-Rundumblick schätzt und die Blicke der Vorbeifahrenden nicht scheut, der kann hier duschen. Bis vor wenigen Jahren stand daneben noch eine gebrauchte Kloschüssel (ohne Spülung). Die gibts nicht mehr, man hat sie durch ein etwas in die Jahre gekommenes Waschbecken ersetzt. Allerdings ohne Wasserleitung, sodass nur eine Trockenhandwäsche möglich ist.

Entlang der Straße ist nicht zu übersehen, dass der Erde Energie entnommen wird. Kreuz und quer verlaufen silbrig glänzende Rohrleitungen über Hügel hinweg bis zum Kraftwerk. Aus unzähligen Löchern steigt Dampf auf, ebenso wie aus den acht markanten Kühltürmen des Kraftwerks. Gleich dahinter fährt man unter drei Rohrleitungen hindurch, die u-förmig über die Straße hinweg geführt wurden und das wahrscheinlich meist fotografierte Bauwerk auf der Strecke sein dürfte.

Nebel und Nieselregen unterstützen unseren Entschluss, zunächst das Kraftwerk zu besuchen. Dazu parken wir direkt vor dem Visitor Center. Drinnen wird man im Warmen und Trockenen ausführlich und kostenlos über das Kraftwerk und die Nutzung der geothermalen Energie zur Stromgewinnung informiert. Bereits während der Bauphase wurde mehrmals darüber nachgedacht, das Projekt wieder einzustellen, da sowohl Erdbeben als auch neuerliche Vulkanausbrüche ab 1975 den Bau verzögerten und einzelne Bohrlöcher ruinierten. Doch allen Widerständen zum Trotz wurde das Kraftwerk fertiggestellt. Die isländische Hartnäckigkeit zahlte sich aus. Seit über 20 Jahren liefert das Werk eine Leistung von inzwischen 60 Megawatt. Ein kurzer Videofilm gibt Einblicke in die Bauphase und den heutigen Betrieb der Anlage. Außerdem informieren Schautafeln und Bilder über diese Art der Energiegewinnung.

Die Fähre "Norröna": im Heimathafen von Torshavn (Färöer-Inseln)

Sehnsuchtsort: Dalatangi von der "Norröna" aus gesehen

Sturmumtost: der Leuchtturm von Dalatangi

Einsamkeit pur: der unbewohnte Loðmundarfjord

Ungewöhnlich bunt: der Berg Hvítserkur an der F946

Álfasteinn: Wohnsitz der Elfenkönigin in Bakkagerði

Torfgehöft Sænautasel: heute Museum mit Campingplatz

Karg und schön: die wüstenhafte Einöde des Möðrudalurs

Oase im Abseits: das Fjallakafi und der Campingplatz

Unfreiwillige Übung: Reifenpanne am Rande des Möðrudalurs

Atemberaubend: der Dettifoss, Islands mächtigster Wasserfall

Riskant: das Kraftwerk am Vulkan Krafla

Kunst oder Komik? Ein altes Bohrloch mit Freiluftdusche

Mystische Hexenküche: Wanderung durch eine Welt aus Lava

Eindrucksvoll: der erkaltete Lavastrom von 1984

Weiß-blaue Hölle: der Víti-Krater des Vulkans Krafla

Da wir alles unglaublich spannend finden, fragen wir vorsichtig nach, ob man auch mal einen Blick „hinter die Kulissen“ werfen könnte. „Eigentlich nicht“, lautet die Antwort. Wir müssen sehr enttäuschte Gesichter machen, denn ein Mitarbeiter des Besucherzentrums nimmt uns zur Seite und meint, dass Interessierte zumindest in die Turbinenhalle schauen dürfen.

Dort herrscht ein Höllenlärm. Zwei Turbinen mit je 30 Megawatt Leistung wandeln unermüdlich Wasserdampf in elektrische Energie um. Der Dampf wird derzeit 18 Bohrlöchern entnommen, wobei das tiefste 2.700 Meter misst. Die Temperatur in den Bohrlöchern beträgt gewaltige 240 bis 450 Grad Celsius. In Island werden über 99 Prozent der benötigten Energie für Strom und Heizung aus Wasserkraft beziehungsweise geothermaler Energie erzeugt. Ein weltweit unschlagbarer Wert!

Aufgewärmt und vollgestopft mit Informationen stellen wir unser Wohnmobil anschließend drei Kilometer hinter dem Kraftwerk auf einem Parkplatz ab, in Sichtweite der Leirhnjúkur-Vulkanspalte. Von hier aus startet ein Rundweg durch eine lebensfeindliche, aber außerordentlich faszinierende Landschaft. Wer hier wandert, spürt mit allen Sinnen, dass er im jüngsten Land der Erde unterwegs ist. Das Brodeln und Blubbern der Schlammquellen ist nicht zu überhören. Die Nase riecht stinkenden Schwefel und den Augen wird eine ungewöhnliche Farbenvielfalt geboten: das Blau-grau der Solfataren, das Gelb des Schwefels, das helle Braun der Erde, der weiße Dampf aus dem Erdinnern, das Pechschwarz und Rostrot der Lava. Wer durch diese Hexenküche läuft, der tanzt sprichwörtlich direkt auf dem Vulkan.

Leider hat es den Anschein, als seien Nebel und Nieselregen heute auf Dauerbetrieb eingestellt. Sind wir vielleicht auf dem Weg durch das Nebelreich, durch die Unterwelt der nordischen Mythologie? Die Hölle, das Reich der Totengöttin Hel, soll ja nebelverhüllt ein. Wie passend für die heutige Wanderung durch die Hexenküche am Leirhnjúkur ... Deshalb packen wir uns warm und möglichst wasserdicht ein, bevor wir uns (bei vier Wärmegraden im August) zum Rundgang aufmachen.

Der mit gelben Pflöcken markierte Wanderweg führt zunächst am Hang des lehmbraunen Leirhnjúkur entlang, an dessen Flanken es dampft und stinkt. Solfataren verbreiten ihren typischen Faule-Eier-Geruch. Nach wenigen Hundert Metern geht es über Holzstege und -treppen den lehmigen Bergrücken hinauf. Vorsicht ist beim Gehen angesagt, denn einige der Bretter sind in bedenklichem Zustand, teilweise gebrochen oder locker. Eigentlich kein

Wunder, wird das Holz doch ständig vom schwefelhaltigen Dampf traktiert.

Von oben blicken wir hinab auf unzählige dampfende und stinkende Löcher, in denen der Teufel sein Süpplein zu kochen scheint. Ein Gemisch aus Dampf und Nebel umwabert uns.

Dann führt der Weg direkt hinein in die erstarrte Lava. Wir wandern durch eine vor 35 Jahren entstandene Urlandschaft, vorbei an vielen kleinen Kratern, über aufgeworfene, scharfkantige Lavabrocken hinweg und durch unruhig wabernden Nebel. Die Eindrücke vermitteln dem Wanderer das Gefühl, durch die Hölle zu gehen.

In einem solchen Gebiet und bei diesem Wetter können wir plötzlich verstehen, warum die nordischen Mythen von Odin und Thor, von Flammenburg und Götterdämmerung entstehen konnten. Es herrscht eine düstere, magische, fast mystische Stimmung.

Doch es gibt auch Lichtblicke. Moosbewachsene Lavabrocken und kleine Pflänzchen in der Lava sind bunte Hinweise, dass sich die Natur das verwüstete Territorium langsam, aber stetig zurückerobert.

Nachdem wir den Leirhnjúkur fast umrundet haben, lotst uns der Weg hinaus in die Ebene. Rechter Hand begleitet uns ein schmaler Streifen aus schwarzer Lava. S-förmig hat er sich über die ältere moosbewachsene Lava hinweg geschoben und ist nach gut 250 Metern zum Stillstand gekommen.

Nebelgetränkt und gerade rechtzeitig zum Nachmittagskaffee treffen wir wieder am Fennek ein. Jetzt gibt es als Belohnung erst einmal eine Tasse Kaffee und ein Stück Vínarbrauð (das leckere isländische Plundergebäck mit Vanillepudding und Schokolade). Noch während wir gemütlich beisammen sitzen, scheint etwas den Wettergott aufzuheitern. Wir wissen nicht, was seinen Sinneswandel auslöst, es ist uns auch egal. Hauptsache, er schiebt die grauen Nieselwolken etwas zur Seite und macht der Sonne Platz.

Wir nutzen seine gute Laune und fahren noch einen Kilometer bergauf bis zum nächsten Parkplatz auf ungefähr 600 Metern Höhe. In Sichtweite zur Leirhnjúkur-Vulkanspalte liegt eine weitere „Hölle“: Ein kreisrunder Explosionskrater, der im Jahre 1724 entstand, erhielt denselben Namen wie sein Kollege bei der Askja: Víti.

Wir stapfen hinauf zu seinem Rand und bleiben verblüfft stehen: Diese Hölle ist weiß-blau! Zumindest in ihrem jetzigen Zustand, wenn der Vulkan „außer Betrieb“ ist. Im leuchtend blauen Wasser spiegeln sich die schneebedeckten Kraterwände mustergültig wie in einem Bilderbuch. Kein Windhauch zerknittert die Oberfläche. Gewaltige Kräfte müssen gewütet haben, um einen solchen Vulkantrichter zu schaffen, rund 300 Meter misst sein Durchmesser. Hinter dem perfekten Spiegelbild ragt der Rücken des Vulkans Krafla auf.

Alles wirkt so harmlos und friedlich! Man wähnt sich fast im Himmel anstatt am Rande einer Hölle. Wären da nicht die vielen Bohrlöcher, aus denen ununterbrochen Dampfschwaden aufsteigen und zerpflückt davon schweben. Auch ihr Zischen ist weithin zu hören, doch bis auf die wallenden Dampfsäulen nehmen wir keine Bewegung wahr. Das Vulkangebiet der Krafla ruht still und sonnenbeschienen. Welch ungeheure Kräfte aber unter uns rumoren, wie dünn hier die Erdkruste ist, welch gigantische Energien im Erdinneren für ständige Bewegung sorgen – das alles wollen wir uns hier und jetzt gar nicht vorstellen.

Mehr als deutlich führt uns der Vulkan vor Augen, wie klein und unbedeutend der Mensch angesichts dieser Naturgewalten ist. Und dass sie nicht nur Zerstörung bringen, sondern uns Menschen auch mit wertvoller Energie versorgen. Vorausgesetzt, man bringt den Mut auf, ein Kraftwerk direkt auf einem Vulkan zu errichten.

Núpskatla – viele Tölpel und ein Kerl ⑦

Am nordwestlichen Zipfel der Halbinsel Melrakkaslétta erheben sich schwarz-rot gestreifte Felsen aus dem Meer, auf denen im Sommer geschäftiges Treiben herrscht. Eine riesige Zahl an Vögeln brütet auf allen Etagen. Der Abstecher lohne sich, schreibt unser Wanderführer, und für uns stellt er ein ideales Ziel dar, weil man für die Tour nur ungefähr eineinhalb Stunden Gehzeit einplanen muss.

Auf Melrakkaslétta, die wie ein breiter, ausgefranster Fladen nach Norden weist, ist vom Tourismus nicht viel zu spüren. Außer verstreut liegenden Bauernhöfen gibt es nur zwei kleinere Gemeinden: Kópasker im Westen mit 130 und Raufarhöfn im Osten mit knapp 200 Einwohnern. Beide Städtchen haben ihre Ursprünglichkeit weitgehend bewahrt.

Mit der Landspitze Rifstangi liegt hier oben auf 66°32′11″ nördlicher Breite der nördlichste Punkt des isländischen Festlands, nur knapp einen Kilometer vom Polarkreis entfernt. Rau, herb und einsam präsentiert sich diese Ecke, sehr oft herrscht ungemütliches Wetter. Das hält uns aber nicht davon ab, wieder einmal hierher zu kommen. Denn auf Melrakkaslétta, der Ebene der Polarfüchse, sagen sich wahrhaftig Fuchs und Hase „Gute Nacht". Das mögen wir.

Von Kópasker aus nehmen wir zunächst die Straße 870 Richtung Norden. Seit dem kleinen Ort ist die Straße nur noch geschottert. Nach 18 Kilometern biegen wir links ab und folgen dem Schild Núpskatla weiter nordwärts.

Ab jetzt müssen wir sehr vorsichtig fahren. Wir haben Ende Juli und in den grünen Buckelwiesen neben uns nisten unzählige Küstenseeschwalben. Einige der recht selbstbewussten Vögel verbringen ihre Nachmittagspause direkt auf der Fahrbahn sitzend. Ihre Reviere wurden vorsorglich mit Seilen und bunten Fähnchen markiert. Sobald wir mit dem Auto daran vorbeifahren, fliegen sie ihre üblichen Scheinattacken. Die Größe unseres Fenneks beeindruckt sie dabei nicht im Geringsten.

Nach ungefähr sieben Kilometern endet das Sträßlein am Bauernhof von Núpskatla, der etwas erhöht über dem Meer liegt. Ende des 19. Jahrhunderts wuchs hier Jón Trausti auf, ein in Island bedeutender Autor.

Wir stellen unser Wohnmobil auf dem kleinen Parkplatz neben einer Hinweistafel ab, die über verschiedene hier brütende Vögel informiert. Richtung Westen sehen wir bereits unser Wanderziel, die markanten schwarz-roten Klippen Rauðinúpur. Sie ragen in knapp zwei Kilometern Entfernung jenseits der Bucht Kötluvik auf. Jetzt, am Nachmittag, liegen die Felsen im Gegenlicht, sodass ihre Farbigkeit nur schwer zu erkennen ist. Am Vormittag hätten wir dagegen die Sonne im Rücken – eigentlich ein überzeugendes Argument, um die Wanderung auf den nächsten Tag zu verschieben. Vorsorglich fragen wir auf dem Bauernhof nach, ob wir auf dem Parkplatz eventuell über Nacht stehen bleiben können? Wir können! Eine gute Entscheidung, denn kurz darauf beginnt es zu regen.

Und am nächsten Morgen? Da scheint wieder die Sonne bei angenehmen zwölf Grad. Prima, das Warten hat sich gelohnt. Schon beim Frühstück beobachten wir das Spiel der Morgensonne auf den Felsklippen. Deutlich zu sehen sind die waagrechten roten und schwarzen Gesteinsschichten. Abgetrennt vom Festland stehen zwei Steinsäulen im Meer, aber nur eine können wir von hier aus sehen. Sie trägt den isländischen Namen Karl, ein echter Kerl also. Ihre abgeflachte Spitze und die senkrechten Wände sind weiß verziert. Der Felsen erinnert uns an eine riesige, nicht ganz gelungene Schwarzwälder Kirschtorte. Vom Probieren wird aber abgeraten. Denn die schwarze Kuchenschicht besteht aus hartem Basalt, das Rote ist keine Kirschfüllung, sondern eisenhaltiges Auswurfmaterial eines Vulkans. Und das Weiß? Nun, das Weiß ist Guano oder auf Deutsch: Vogelkacke. Die 73 Meter hohen Klippen gehören zu einer kaum mehr sichtbaren Vulkanruine, aber man muss schon Vulkanologe sein, um Form und Größe des ehemals feuerspeienden Berges zu erkennen.

Jetzt ist aber Schluss mit trockenen Informationen. Rüsten wir uns zur Wanderung! Zunächst führt uns der Weg über eine eingezäunte Wiese hinunter zum Strand. Küstenseeschwalben begleiten uns ein Stück und fliegen ihre Attacken. Aus Erfahrung wissen wir, dass sie uns eigentlich nichts tun, auch wenn sie knapp über unseren Köpfen vorbeisausen, deshalb ignorieren wir ihr Geschimpfe. Wer sich jedoch unsicher ist, sollte einen Wanderstecken mitnehmen, damit er die Vögel in ihre Schranken weisen kann.

Um zu den Vogelfelsen zu gelangen, muss am Strand ein längeres und sehr grobes Kieselgeröllfeld durchquert werden. Dieser aufgeschüttete Damm trennt den kleinen See Kötluvatn vom Meer. Die eindrucksvollen Kirschtorte-Felsen haben wir beim Gehen immer fest im Blick. Nach einem Balanceakt über teils recht große Kieselsteine lotst uns ein Trampelpfad hinauf auf eine flache Anhöhe, rechter Hand entschwinden die Felsnadeln langsam aus unserem Blickfeld. Der schmale Wanderweg schlängelt sich durch grüne Wiesen hindurch, die einen zartwürzigen Duft verströmen. Unter uns prallen die Wellen gegen den steilen Abhang. Im Gras kann man hie und da zarte Blumen entdecken, wie das weiße Sumpfherzblatt oder den klitzekleinen blauen Schnee-Enzian. Beide wirken so anmutig, zierlich und elfenhaft, als wollten sie durch ihr Dasein ein wenig Liebreiz in die herbe Landschaft bringen. Unsere isländische Freundin Helga hat uns einmal verraten, dass dort, wo der blaue Enzian wächst, Elfen leben sollen. Natürlich lassen sich diese Wesen uns gegenüber nicht blicken – falls hier überhaupt welche wohnen.

Endlich kommt voraus der orangefarbene Leuchtturm Rauðanúpsviti in Sicht. Von den beiden frei stehenden schwarz-roten Vogelfelsen ist aber immer noch nichts zu sehen, deshalb stapfen wir durch die buckelige Wiese, als plötzlich die Kuppen der beiden Felsen vor uns auftauchen. Mit jedem weiteren Schritt nehmen sie langsam Gestalt an, bis wir ihnen an der Abbruchkante direkt gegenüberstehen.

Abgetrennt vom Festland, aber fast zum Greifen nahe, ragen *Sölvanöf* und *Karl* aus dem unruhigen Nordatlantik empor. Bis ganz an die Kante sollte man sich lieber nicht vorwagen, da der felsige Untergrund locker und brüchig ist.

Karl, der Kerl, ist der Stattlichere von beiden. Auf ihm tobt ein lautstarkes Spektakel. Im obersten Stockwerk, auf seiner Dachterrasse sozusagen, sind Hunderte von Basstölpeln gerade mit der Aufzucht und Verköstigung ihres Nachwuchses beschäftigt. Ihre Nester liegen dicht an dicht. In den Etagen weiter unten nisten ihre gefiederten Kollegen wie Trottellummen, Dickschnabellummen und Dreizehenmöwen. Alle Elternvögel sind gerade im Dauerstress, um ihren nimmersatten Nachwuchs zufriedenzustellen, wobei die Jungtiere ein lautstarkes Vogelkonzert veranstalten, sobald ein Elternteil mit Nachschub im Anflug ist. Zum Glück legt Ehepaar Basstölpel nur ein Ei pro Saison, wie es bei Seevögeln, die ein längeres Leben führen, üblich ist. Daher kann sich Mama oder Papa Tölpel zwischendurch auch einmal erlauben, eine entspannte Runde über dem Geschehen zu drehen, um die Thermik für eine ausgiebige Segelflugrunde zu nutzen.

Wir suchen uns eine sichere Stelle, schauen dem wilden Treiben zu und erfreuen uns daran, von diesem Logenplatz aus alles in Ruhe beobachten zu können, sitzen wir doch ungefähr auf derselben Höhe wie die brütenden Basstölpel. Und das Tollste ist: Über uns scheint die Sonne.

Auch wenn es uns schwerfällt, treten wir nach einer Stunde den Rückweg an. Dabei ist dies ein Platz, an dem man am liebsten sitzenbleiben möchte, um das Geschehen noch länger zu verfolgen. Es hilft aber nichts, irgendwann müssen wir zurück, denn diese Naturdoku stehen wir nicht bis zum Ende durch. Dazu müssten wir noch ein paar Wochen ausharren, bis die Basstölpelfamilien Mitte August ihren Sommerwohnsitz verlassen.

Haben wir schon erwähnt, dass wir heute Vormittag die einzigen Besucher hier sind? Dabei gibt es auf Island nur zwei Plätze, an denen Basstölpel brüten, und dieser hier ist einer davon. Ein Grund, um Núpskatla zu besuchen. Vorausgesetzt, dass das Interesse groß genug ist, um viele Tölpel und einen Kerl zu beobachten.

Dass diese eleganten Flugkünstler den Namen Tölpel tragen, halten wir im Übrigen für äußerst unfair. Warum ihnen gerade dieser Name verpasst wurde, liegt einzig und allein an ihrem, nun ja, eher linkischen Gang an Land. Doch wenn die weißen Vögel mit ihren zart beigefarbenen Köpfen in der Luft schwebend ihre Runden drehen, wirken sie alles andere als unbeholfen oder plump. Im Gegenteil. Vornehm und aristokratisch gleiten sie über uns hinweg. Mit ihren lang gestreckten weißen Körpern und ihren schwarzen Flügelspitzen wirken sie auf uns eher wie virtuose Flugartisten. Deshalb sind sie hier und heute zu unseren Lieblingsvögeln aufgerückt – neben den drolligen Papageitauchern.

Nebenbei gesagt haben wir die Erfahrung gemacht, dass es Lebewesen gibt, die den Namen Tölpel viel mehr verdienen als diese majestätischen Vögel.

Grímsey – und die Hochzeit am Polarkreis ⑧

In wenigen Minuten werden wir auf Grímsey landen. Heute ist der 8. August 2007 und ein ganz besonderer Tag für uns, denn wir wollen heiraten – in der nördlichsten Kirche Islands.

Hingen am frühen Morgen noch dicke, graue Wolken über Reykjavik, so wird das Wetter immer schöner, je weiter wir nach Norden fliegen. Über Grímsey, 40 Kilometer nördlich von Island gelegen, strahlt die Sonne vom beinahe wolkenlosen Himmel.

Aufgeregt beobachten wir beim Landeanflug, wie sich plötzlich eine riesige weiße Wolke auf uns zubewegt. Aufgeschreckt durch den Lärm unseres kleinen Flugzeugs fliegen Hunderte von Küstenseeschwalben und Möwen auf. Wir Passagiere ziehen die Köpfe ein, während die beiden Piloten die Maschine routiniert um die aufgebrachte Vogelmeute herum steuern.

Die Insel Grímsey ist nur ungefähr fünf Quadratkilometer groß und als lang gezogenes, grünes Stückchen Erde allen Wetterkapriolen des Nordatlantiks ausgesetzt. Selbst im Hochsommer schwimmen manchmal Eisberge vorbei. Wie ein ausgestreckter Zeigefinger ragt die Nordspitze Grímseys ins Nordmeer. Die östliche Seite der Insel erhebt sich bis zu 105 Meter, die Westseite nur ungefähr 65 Meter. Dort liegen die Landebahn, der Hafen, das Dorf und die Miðgarða-Kirche, unser heutiges Ziel.

Oberhalb der rundlichen "Taille" durchschneidet eine unsichtbare Linie das Eiland: der Heimskautsbaugur – oder auf Deutsch: der Polarkreis.

Benannt wurde „Grims Insel“ nach *Grím*, dem ersten Siedler, der schon vor 1.000 Jahren im isländischen Landnámabók Erwähnung fand. Heute wohnen noch ungefähr 60 oder 70 Menschen auf dem Inselchen, fast alle leben vom Fischfang. Nach Grímsey gelangt man entweder (so wie wir heute) mit einem kleinen Flugzeug oder mit der Fähre "Sæfari", die von Dalvík aus mehrmals pro Woche die Insel ansteuert. Ungefähr drei Stunden ist das Schiff unterwegs, bei schlechtem Wetter oder Sturm allerdings erheblich länger. Da die “Sæfari” bei fast jedem Wetter fährt, kann die Überfahrt für nicht Seefeste wie uns zur Tortur werden, wie wir ein paar Jahre später erfahren durften. Damals verteilte das Schiffspersonal bereits im Hafen von Dalvík großzügig Spuckbeutel an alle Passagiere, was sich als äußerst nützlich erwies. Als wir

Grímsey vor vielen Jahren das erste Mal besuchten, haben wir uns sofort verliebt in dieses wilde und raue Stück Erde. Deshalb wollen wir hier und heute den Bund fürs Leben schließen.

Unsere kleine Hochzeitsgesellschaft umfasst zehn Personen aus zwei Nationen: unsere beiden deutschen Trauzeuginnen, zwei isländische Ehepaare, mit denen wir befreundet sind sowie die beiden Piloten. Obwohl die Isländer kein Deutsch und wir kein Isländisch sprechen, klappt die Verständigung hervorragend. Wir reden, plaudern und quatschen in drei Sprachen und zwei Dialekten: isländisch, deutsch, englisch, bayrisch und schwäbisch.

So rauh und karg dieses Eiland ist, so herzlich sind die Menschen. Nach der knapp zweistündigen Anreise empfangen uns zwei junge Frauen vom Restaurant Krían direkt am Flugplatz und umarmen uns zur Begrüßung wie alte Freunde. Sogleich dirigieren sie uns ein paar Schritte weiter zur wichtigsten Attraktion der Insel, dem Polarkreis. Er markiert jene erdumspannende Linie, an der die Sonne ab dem Tag der Sonnenwende im Sommer nicht mehr unter- und im Winter nicht mehr aufgeht. Hier bei 66° 33‘ 55“ nördlicher Breite wurde diese unsichtbare Linie sichtbar gemacht: mit einem simplen Metallrohr und einem stattlichen Wegweiser, der Grímsey ins Zentrum der großen, weiten Welt rückt. Zumindest könnte man dies anhand der angegebenen Weltmetropolen wie New York, Sydney, Tokio vermuten. Doch mit dieser standfesten Installation ist auch ein Problem verbunden. Da sich die Neigung der Erdachse stetig verändert, ändert sich auch die Lage des Polarkreises. Er wandert immer weiter nach Norden, sodass Grímsey seine wichtigste Attraktion voraussichtlich im Jahre 2047 endgültig verlieren wird. Bis es so weit ist, will man diese bedeutsame Linie und ihre Wanderung sichtbar machen. Sieger eines entsprechenden Wettbewerbs im Jahr 2013 ist der Künstler Kristinn E. Hrafnsson. Er entwarf ein mobiles Kunstwerk, das mitwandern kann. Eine acht Tonnen schwere Steinkugel mit einem Durchmesser von drei Metern, die er *Hringur og kúla* ("Kreis und Kugel") betitelte, markiert seit 2017 den Heimskautsbaugur. Das Kunstwerk wird seither jedes Jahr zur Sommersonnenwende in seine neue Position gerollt.

Frühestens in 20.000 Jahren soll der Polarkreis wieder auf die Insel zurückkommen. Falls es Grímsey dann noch gibt.

Da an unserem Hochzeitstag die wandernde Kugel noch nicht existiert, begnügen wir uns mit dem vorhandenen Polarkreis-Monument für das Erinnerungsfoto.

Das Straßennetz der Insel umfasst stolze drei Kilometer. Deshalb haben sich die beiden jungen Frauen mit ihren Autos als Fahrerinnen zur Verfügung gestellt. Und da Reisen hungrig macht, bringen sie uns nun ins Lokal. Dort gibt es isländisches Fast Food als letzte Stärkung vor unserem großen Schritt.

Schon während des Essens steigt bei uns beiden die Spannung von Minute zu Minute, denn der Pfarrer Magnus ist noch nicht eingetroffen. Er sollte um 12:30 Uhr mit dem (damals) knallgelben Fährschiff vom Festland ankommen. Doch das Schiff hat Verspätung und wir beide werden zusehends nervöser. Was, wenn der Pfarrer die Fähre verpasst hat? Oder plötzlich krank geworden ist? Während uns diese Möglichkeiten durch den Kopf gehen, sehen wir weit draußen endlich etwas Gelbes auf die Insel zuhalten. Mit einer halben Stunde Verspätung tuckert das Schiff gemütlich in den Hafen – völlig unbeeindruckt davon, dass am Hafen zwei aufgeregte Heiratswillige stehen, die unruhig auf den Pfarrer warten. Erleichtert atmen wir auf, als wir ihn schließlich unter den Passagieren entdecken.

Für 14 Uhr ist unsere Trauung angesetzt. Und unsere beiden Fahrerinnen stehen schon bereit, damit wir die gut 500 Meter bis zur Kirche auf vier Rädern zurücklegen können.

Die Miðgarðakirkja liegt erhaben auf einer Anhöhe im südwestlichen Teil der Insel und scheint ruhig und gefasst auf die unruhigen Weiten des Nordatlantiks zu blicken. Sie wurde bereits 1867 zu großen Teilen aus Treibholz erbaut. Das schlichte, kleine Gotteshaus strahlt eine zurückhaltende Fröhlichkeit und Gelassenheit aus. Außen wie innen. Das liegt auch am rustikalen Holzboden, an den weißen Holzwänden, dem himmelblauen Deckengewölbe und den rot gepolsterten Sitzbänken. *Midgard* bezeichnet in der nordischen Mythologie den Wohnsitz der Menschen in der Mitte der Welt. Ein weiterer Beweis, dass Grímsey im Zentrum beziehungsweise in der Mitte der Welt liegt? Wir sind viel zu aufgeregt, um darüber nachzudenken.

Da Schnittblumen in Island furchtbar teuer sind, haben wir bewusst auf einen Brautstrauß verzichtet. Kurz bevor wir jedoch zu den ersten Orgelklängen die Kirche betreten, öffnet unsere Trauzeugin Juliane eine Tüte und holt einen kleinen Blumenstrauß hervor. Sie hat in der letzten halben Stunde klammheimlich ein paar Vorgärten auf Grímsey geplündert und aus Arnika, Tagetes und Schachtelhalm ein hübsches Brautsträußlein zusammengestellt. „Ohne Brautstrauß“, meint sie schwäbisch-resolut, „kann man ned heiraten!“ Sie drückt der Braut die bunten Blumen in die Hand, die sie sprachlos und mit feuchten Augen entgegennimmt. Zu den Klängen von Bachs *Allemande* schreiten wir zum Altar. Barbara, unsere Pianistin und zweite Trauzeugin, spornt die einfache Orgel dabei zu Höchstleistungen an. Dann beginnt die Zeremonie. Pfarrer Magnus hält den Traugottesdienst zu unserer großen Freude in deutscher Sprache. Er hatte uns bereits beim ersten E-Mail-Kontakt geschrieben, dass er wesentlich besser deutsch als englisch spräche. Somit kann sich keiner von uns beiden später herausreden, er habe in der Kirche irgendetwas missverstanden ...

Nach einer knappen halben Stunde und etlichen vergossenen Tränen der frischgebackenen Frau Fröhlich ist der Gottesdienst vorüber und wir treten als Mann und Frau in die Nachmittagssonne. Dort geht es wetterbedingt inzwischen etwas stürmischer zu.

Zurück im Restaurant Krian wollen wir die Eheschließung mit einem Glas Sekt begießen. Was wir aber nicht wissen: Die beiden Mädels vom Lokal haben eine Überraschung vorbereitet. Neben einem festlichen eingedeckten Tisch ist ein Büffet mit kunterbunten Kuchen aufgebaut, die die junge Küchenchefin extra für uns gebacken hat. Sogar eine Hochzeitstorte, auf der unsere Namen und das Datum stehen, fehlt nicht. Sprachlos und gerührt stehen wir davor. Damit haben wir an diesem Ende Europas wirklich nicht gerechnet. Schon muss unsere junge Ehe den ersten Test bestehen: das gemeinsame Anschneiden der Hochzeitstorte. In der nächsten halben Stunde strengen wir uns alle beim Kuchenessen gewaltig an. Auch die beiden Piloten und Pfarrer Magnus müssen ran. Aber bei sechs Kuchen für elf Leute sind wir mengenmäßig einfach überfordert.

Jetzt müsste nur noch Pfarrer Magnus die Heirat auf dem isländischen Eheschließungsformular *Hjónavígsluskýrsla* bestätigen. Unglücklicherweise hat er seinen Stempel zu Hause vergessen, denn auch er war heute Morgen ziemlich nervös, wie er uns gesteht. Aber er verspricht uns, das abgestempelte Dokument gleich morgen an die Meldebehörde in Reykjavik zu faxen, damit wir die internationale Heiratsurkunde beantragen können.

Während Pfarrer Magnus am späteren Nachmittag auf dem knallgelben Boot zum Festland zurücktuckert, treten wir – randvoll mit Kuchen – den Rückflug nach Reykjavik an.

Allerdings nicht, ohne vorher mit den beiden Mädels vom Lokal noch eine Inselrundfahrt zu machen. Das heißt, Rundfahrt kann man eigentlich nicht sagen, denn die drei Kilometer lange Straße führt beinahe schnurgerade vom

Flughafen durch den Ort hindurch bis zum Leuchtturm am südlichen Ende der Insel.

Die Fahrt währt daher nur kurz – trotz erheblicher Verkehrsbehinderungen, verursacht nicht etwa durch die zehn Autos, die es hier gibt. Nein. Auf dem sonnenwarmen Asphalt sitzen Hunderte von Jungvögeln und halten einen verspäteten Mittagsschlaf. Nur widerstrebend und unter lautstarkem Protest verlassen sie ihr gemütliches Plätzchen. Ruhiger geht es an den steilen Basaltklippen auf der Westseite der Insel zu. Dort brüten Papageitaucher, die bei Weitem nicht so gesprächig sind wie die Möwen und schon gar nicht so aggressiv wie die Küstenseeschwalben. Sie lassen sich wie immer bereitwillig fotografieren.

Auf Grímsey wohnt übrigens so manches Multitalent. Die Leiterin des Gästehauses Solberg ist zum Beispiel gleichzeitig so etwas wie die Pressereferentin der Insel. „*Komu frá Þyskalandi til að gifta sig á heimskautsbaug*" (Aus Deutschland gekommen, um am Polarkreis zu heiraten) steht über dem Artikel, den sie prompt am nächsten Tag mit Fotos ins Internet stellt.

Gegen halb fünf heißt es für uns endgültig Abschiednehmen von Grímsey, vom Polarkreis, vom Kirchlein, von herzlichen Menschen und von zuckersüßen, rosaroten Kuchenresten.

Viele Jahre später, genauer gesagt am 22. September 2021, erreicht uns aus Island eine E-Mail von unserem Freund Kiddi mit der traurigen Nachricht: „No good news! Your church in Grímsey burned to the ground last night. It is a big shock." (Keine guten Nachrichten! Eure Kirche in Grímsey brannte letzte Nacht bis auf die Grundmauern nieder. Ein großer Schock.) Die Ursache war wohl ein Kurzschluss in einem alten Stromkasten. Aber die Insulaner wollen alles daran setzen, die Kirche wieder aufzubauen.

Auf einer der nächsten Islandreisen werden wir nachschauen, wie weit sie sind.

Islands Schafe – die scheuen Wollknäuel

Gemütlich bummeln wir im Herzen von Akureyri durch die Fußgängerzone in der Hafnarstræti. Kaufen wollen wir eigentlich nichts. Eigentlich. Denn kurz darauf entdecken wir im Schaufenster einer Kunstgalerie etwas, das uns beide sofort elektrisiert. Schmunzelnd stehen wir da, sind total begeistert.

Eine isländische Künstlerin schuf ein Bild voll feinem Humor. Auf dem Gemälde stehen vier Schafe in Reih und Glied nebeneinander. Es zeigt die Tiere so, wie wir sie in Island meistens sehen: von hinten. Aus den kugelrunden Fellknäueln ragen staksige Beinchen hervor und alle vier strecken uns ihren Allerwertesten entgegen. Ihre Blicke sind in die Ferne gerichtet auf den wohlgeformten Herðubreið.

Vor dem Bild stehend, denken wir beide das Gleiche: „Das MÜSSEN wir haben". Zehn Minuten später gehört es uns. Seither hängt es in unserem Wohnzimmer und verbreitet gute Laune.

Das Gemälde stammt von der Künstlerin Jóhanna Bára Þórisdóttir, die eine Reihe mit dem Titel *Rassar í sveit* schuf, auf Deutsch: „Popos auf dem Lande". Das Bild misst nur sechzehn mal sechsunddreißig Zentimeter, doch immer wenn wir es anschauen, amüsiert es uns. Ein Blick auf die „Popos" und den Herðubreið, und die Stimmung hebt sich.

Islandschafe sind drollige Wesen – stur, neugierig und sehr auf Abstand bedacht. Sie sind wie die Islandpferde untrennbar mit der Insel verbunden. Ohne Pferde und Schafe wäre eine Besiedlung nicht möglich gewesen. Alle Schafe entstammen einer Rasse, die die Wikinger mit nach Island brachten. Die Tiere sind äußerst robust, anspruchslos, eigenwillig und an das Leben im hohen Norden angepasst.

Mit gut 400.000 Individuen gibt es auf Island mehr Schafe als Einwohner. Wenn man durch das Land reist, begegnet man ihnen, außer in Städten und Ortschaften, fast ständig, denn im Sommer dürfen sie sich frei bewegen. Meist tun sie dies außerhalb der bewohnten Gebiete. Selten trifft man auf eine größere Gruppe, höchstens auf eine lockere Gemeinschaft von mehreren Muttertieren mit ihren je ein oder zwei Lämmern, die sich zusammen auf Nahrungssuche begeben.

Die überwiegende Zahl der Schafe trägt ein kuschelig-weißes Fell, wenige Tiere sind braun oder schwarz gekleidet. Ihre Wolle ist einzigartig, denn sie besteht aus unterschiedlichen Fasersorten: aus Deckhaaren, die in Island Tog heißen, und aus der Unterwolle, die Þel genannt wird. Ersteres wird für robuste Kleidungsstücke verwendet, Letzteres für Teile, die auf der Haut getragen werden. Aus beiden zusammen wird das sogenannte *Lopi* (ein gedrehtes Garn) hergestellt, wozu nur die Wolle von Islandschafen geeignet ist. Aus *Lopi* wird auch der traditionelle Islandpullover gestrickt, der *Lopapeysa* – ein Pullover (peysa) aus *Lopi*-Wolle.

Wie gesagt, trifft man beinahe überall auf Schafe: im kargen Hochland oder einsamen Tälern umherstreunend, am Meeresstrand liegend, neben der Straße oder Piste grasend. Will man sich ihnen für ein Foto nähern, nehmen sie meist Reißaus, sobald man das Fahrzeug verlässt. Dann sieht man sie nur noch von hinten als typische *Rassar í sveit*. Im Schafsgalopp geht´s über die Straße, hinein in unwegsames Gelände, bis ein genügend großer Sicherheitsabstand zwischen Schaf und Mensch hergestellt ist.

Immer wieder versuchen wir, sie mit gezückter Kamera zu verfolgen, in den meisten Fällen sind die Schafe jedoch schneller. Dann sieht es aus, als galoppierten riesige Wollknäuel auf vier dünnen Beinchen auf und davon. Wir haben mehr Fotos von ihrer Rückseite geschossen als von vorn. Ein halbwegs gelungenes Schafsporträt glückt nur dann, wenn sich die Schafe andächtig und gedankenverloren dem Fressen hingeben, man sich unbemerkt anschleichen kann und wenn möglichst noch Gegenwind herrscht. Schon nach dem ersten „Klick“ schrecken sie auf, schauen Dich vorwurfsvoll-überrascht an und suchen mit wehendem Fell das Weite. Sie haben an uns Menschen einfach kein Interesse.

Für uns sind sie inzwischen ein beliebtes „Fernsehprogramm“ am Abend geworden. Denn immer dann, wenn wir irgendwo im Nirgendwo stehen, kommen garantiert ein paar Schafe vorbei. Zunächst beäugen sie unser großes, blechernes Ungetüm eher skeptisch, stand doch dieser Fremdkörper gestern noch nicht hier. Sobald sie sich genug gewundert haben, geben sie sich wieder dem Gras- und Kräuterrupfen hin. Manchmal parken wir mit dem Wohnmobil auch in der Nähe eines „Schaf-Schlafzimmers“, einer halbrunden, erdigen Mulde, die durch eine überhängende Grasnarbe etwas geschützt wird. Solche Aushöhlungen sind meist ein Gemeinschaftswerk von Erosion und Schafen. Dann schauen wir dabei zu, wie Mutterschafe und Lämmer in der Mulde gemütlich vor sich hin dösen oder sinnierend-wiederkäuend in die Ferne blicken. Ein Naturfilm, der den Zuschauer ungemein entspannt.

Auch wenn die Schafe manchmal etwas unschlüssig oder gar einfältig wirken, so sind sie keineswegs dumm. Als wir eines Abends in der Nähe eines Bauernhofes im Miðdalir stehen, beobachten wir durchs Wohnmobilfenster live diese lustige Sitcom (Mitwirkende: drei listige Schafe, ein erzürnter Bauer): Direkt neben uns liegt eine große, grüne Wiese, die der Bauer eingezäunt hat, um Heu für den Winter machen zu können. Einen solch reich gedeckten Tisch kann sich ein Mutterschaf mit zwei Lämmern natürlich nicht entgehen lassen. Zielsicher hat das Mama-Schaf ein unscheinbares Loch im Zaun entdeckt, durch das sich alle drei hindurchzwängen. Kaum zwei Minuten später stehen sie verzückt auf der grünen Wiese und lassen es sich schmecken. Bald bemerkt der Bauer die Eindringlinge. Schnell eilt er herbei und treibt die ungebetenen Gäste brüllend und gestikulierend durch ein Behelfstor wieder hinaus. Worauf die drei Fellbündel unschuldig dreinblickend außen am Zaun entlang stapfen und immer wieder verstohlen zurückschauen, ob der Bauer noch da ist. Kaum ist er im Haus verschwunden, drehen alle drei um und zwängen sich erneut durch das Zaunloch, das der Bauer zur Freude der Schafe übersehen hat. Schon stehen sie wieder auf der saftigen Wiese und mampfen das frische Grün genüsslich weiter. Hartnäckigkeit wird auch bei Schafen belohnt.

So nett die Schafe anzuschauen sind, so lecker ist auch ihr Fleisch. Nach dem Schafabtrieb im Herbst werden viele der Lämmer geschlachtet. Sie hatten zwar nur ein kurzes Leben, konnten dieses aber in Freiheit und in der weiten Natur Islands verbringen. Ab Anfang September werden alle Tiere beim sogenannten *Fjárréttir*, dem alljährlichen Schafabtrieb, wieder mühevoll eingesammelt, in Pferchen (dem *Rétt*) nach Zugehörigkeit sortiert und in ihre Winterquartiere auf den Bauernhöfen gebracht. Ein lautstarkes Spektakel mit Volksfestcharakter, das jeder hartgesottene Island-Fan einmal erleben sollte.

Ob dabei auch das, was uns eine Isländerin erzählte, tatsächlich so gehandhabt wird, wissen wir nicht. Sie meinte, dass gerade diejenigen Schafe bevorzugt geschlachtet werden, die allzu freiheitsliebend seien und sich im Herbst nur schwer einfangen ließen. Man will nicht, dass sich deren Gene, sprich deren Freiheitsliebe weitervererbt. Klingt zumindest plausibel.

Unbestritten aber ist: Die allermeisten Islandschafe dienen als wertvolle Fleisch- und Wolllieferanten. Ein paar besonders kluge Tiere bekommen jedoch eine andere Aufgabe. Sie werden ganz bewusst als Führschafe gezüchtet, damit sie ihre Gruppe bei schlechtem Wetter oder in schwierigem Gelände sicher führen können.

So gesehen ist es im Schafleben eigentlich genauso wie bei uns Menschen. Es gibt solche, die sagen wo's lang geht. Und solche, die folgen.

Im Nordwesten

Kulinarische Erfahrungen – Heitar pylsur und Plokkfiskur ⑨

Mitten im Tunnel Vestfjarðagöng entscheiden wir uns spontan, links abzubiegen. Ja, das geht schon, denn wir haben gerade eine Straßengabelung im Berg erreicht: Rechts führt der Weg nach Isafjörður und links nach Suðureyri. In dem beschaulichen Fischerdorf waren wir noch nie. Heute Morgen hatten wir im Reiseführer noch gelesen, dass das in den Westfjorden gelegene Suðureyri eher auf sanften Tourismus setzt.

Es liegt an der Spitze des 13 Kilometer langen Súgandafjörður. Der Ort ist isländisch-bunt und hat gerade mal um die 250 Einwohner. Geschützt durch hohe Berge führte das Dorf lange Zeit ein recht isoliertes Dasein, bis 1996 der Tunnel gebaut wurde.

Wir parken mitten im Ort, direkt bei etlichen Hinweistafeln, die ausführlich erläutern, wie Suðureyris sanfter Tourismus ausschaut: „Das Fischerdorf ist ökologisch ausgerichtet. Von hier aus gehen zahlreiche kleine Fischerboote in den nahen Fischgründen auf Fang. Gefischt wird entweder an der Leine oder mit der Meeresangel. Die fangfrische Verarbeitung erfolgt direkt nach der Anlandung. Dabei wird nichts vergeudet, denn es wird viel Wert darauf gelegt, dass der angelandete Fang so umfassend wie möglich genutzt wird. Für Besucher des Fischerdorfes besteht die Möglichkeit, auf einem Fischerboot mit hinauszufahren, um einmal hautnah beim Fischfang mit dabei zu sein." Für Letzteres sind wir heute leider zu spät dran – der Nachteil unseres spontanen Entschlusses. Während eines Spazierganges entlang der Hauptstraße stoßen wir jedoch auf etwas anderes, das uns beim Blick durch seine großen Fenster gut gefällt: auf das Restaurant Fisherman. Wieder sind wir spontan und beschließen, hier zu Mittag zu essen.

Von außen konnten wir sehen, dass im Lokal nur drei Tische besetzt sind. Zunächst fragen wir jedoch die Bedienung, ob wir hier denn ein Mittagessen bekommen könnten. Die junge Dame zögert ein wenig mit der Antwort, weist uns dann jedoch einen Tisch zu. Überaus nett und freundlich erklärt sie uns, dass es nur ein sehr kleines Büffet gäbe mit paniertem Fisch, Kartoffelstampf, Kraut- und Gurkensalat sowie einer Sauce Tartar. Das stört uns nicht – Hauptsache Pia muss mal nicht kochen. Das Essen mag zwar einfach sein, schmeckt aber wirklich gut. Vom Fisch verstehen die Isländer was. Besonders lecker ist die hausgemachte Sauce Tartar, die es auch im Glas zu kaufen gibt.

Beim Bezahlen rückt die Bedienung schließlich mit der Wahrheit heraus, warum sie kurz zögerte, als wir nach einem freien Tisch fragten. Das Lokal sei derzeit eigentlich geschlossen, im Moment würden hier nur die Angestellten des Hotels verköstigt. Aber sie habe es nicht übers Herz gebracht, uns abzuweisen. Was hatten wir für ein Glück.

Nebenbei bemerkt kochen wir beide nicht sehr gern. Zwar muss Pia das notgedrungen täglich übernehmen, macht es aber eher widerwillig. Und Klaus' Kochkünste beschränken sich auf perfekt zubereitete Frühstückseier. Daher gönnen wir uns ab und zu einen Restaurantbesuch, obwohl dies auf Island eine recht teure Angelegenheit ist.

Wenn wir den Geldbeutel mal etwas weniger strapazieren wollen, dann entscheiden wir uns für *Heitar Pylsur*. Was das ist? Auf Deutsch sagen wir Hot Dog dazu. In den meisten größeren Städten gibt es Pylsur-Stände wie der beliebte Stand in der Fußgängerzone von Akureyri. Aber Hot Dogs bekommt man auch an vielen Tankstellen. Vermiest uns Schlechtwetter die gute Laune, dann gibt es gleich fünf Stück davon (nur zur Klarstellung: insgesamt fünf, nicht für jeden von uns). Isländische Hot Dogs bestehen teilweise aus Lammfleisch, vielleicht ist deshalb ihr Geschmack ein wenig anders. Am besten schmecken sie *með öllu*, mit allem, also mit Senf, Ketchup, Remoulade, rohen und frittierten Zwiebeln. Und wenn wir schon beim Essen sind: Natürlich haben wir auch ein Lieblingsrestaurant in Island. Es liegt in den

Westfjorden im Hafen von Isafjörður und heißt "Tjöruhusið". Seit unserem ersten Besuch in 2004 dient uns das Lokal als Messlatte, an der wir alle anderen Lokale Islands messen, was die Qualität, den Geschmack und das Preis-Leistungs-Verhältnis der Speisen betrifft. Im Tjöruhusið sind Fischsuppe und Fischgerichte legendär! Das heimelige Ambiente rundet das Erlebnis ab, denn das Restaurant ist sinnigerweise in einem über 200 Jahre alten Lagerhaus für Fisch untergebracht und man sitzt sowohl drinnen wie draußen rustikal auf Holzbänken und an Holztischen.

Statt À-la-carte-Essen wird in der Hauptsaison inzwischen ein Büffet angeboten, mit einer unglaublich guten Fischsuppe, mit verschiedenen Fischsorten aus der Pfanne (was der Fang des Tages hergab) und mit einem sehr leckeren *Plokkfiskur*.

Plokkfiskur – noch nie gehört? Dieses traditionelle isländische Gericht ist ursprünglich ein Resteessen aus übrig gebliebenem gekochtem Fisch und Kartoffeln, die zu einem eher stückigen Brei vermengt werden. Aber keine Sorge, heutzutage wird der Fisch frisch zubereitet. Zum *Plokkfiskur* wird Brot und Butter gereicht, üblicherweise *Rugbrauð*, das kastenförmige, dunkle und gekochte Brot. Besonders lecker schmeckt das leicht süßliche Brot (alle Gesundheitsbewussten bitte weghören!) dick mit Butter bestrichen.

Um es kurz zu sagen: Wir wurden dort noch nie enttäuscht. Für uns ist der Besuch des Tjöruhusið jedes Mal der kulinarische Höhepunkt in den Westfjorden. Und tausendmal besser als jeder Hot Dog. Versprochen!

Unser Tipp:

Die beste Hummersuppe Islands bekommt man unserer Meinung nach in Stokkseyri an der Südküste im

Restaurant Fjöruborðið
Eyrarbraut 3a, 825 Stokkseyri
fjorubordid.is

Dort essen zu gehen ist zwar alles andere als günstig. Gemessen an unserer Benchmark in Isafjörður bekommt das Fjöruborðið aber die seltene Auszeichnung „genauso gut" – zumindest was den Geschmack anbelangt. Nicht jedoch den Preis!

Svalvogavegur – ein ganz schön schräges Abenteuer ⑩

(Pia erzählt)

Mir rutscht das Herz in die Hose im selben Moment, als Klaus mit dem MAN ins Rutschen kommt. Bei mir geschah die „Rutschpartie“ ungewollt, bei Klaus dagegen war sie wohlkalkuliert.

Aber gehen wir zurück an den Anfang.

Wir wollen heute den Svalvogavegur unter die Räder nehmen. Es soll die abenteuerlichste Strecke in den Westfjorden sein, aber gleichzeitig auch die schönste. Für die gut 35 Kilometer braucht man nicht nur ein robustes Allradfahrzeug und großes fahrerisches Können, sondern auch ziemlich gute Nerven. Das gilt für Fahrer und Beifahrer. Das Allerwichtigste ist jedoch, dass man sich vorher nach den Gezeiten erkundigt, denn der Weg ist nur bei Ebbe passierbar. Alles zusammen ergibt ein ordentliches „Abenteuer-Paket“ und jeder sollte sich gut überlegen, ob er sich das wirklich antun will. Wir sind uns einig: Wir wollen das!

Der Svalvogavegur umrundet den Mittelfinger der Westfjorde und damit die höchsten Berge in dieser Ecke Islands, die sich als Westfjord-Alpen bis zu 1.000 Meter auftürmen. Da wir die Strecke im Uhrzeigersinn befahren werden, ist unser Ausgangspunkt Hrafnseyri am Arnarfjord. Dort haben wir uns zunächst nach dem aktuellen Stand von Ebbe und Flut erkundigt – und im Moment herrscht Ebbe. Volltreffer!

Eigentlich hatten wir noch die Besichtigung des örtlichen Museumshofes eingeplant, auf dem der isländische Freiheitskämpfer Jón Sigurðsson zu Beginn des 19. Jahrhunderts aufwuchs. Aber nun fällt der Geschichtsunterricht für heute aus, denn wir müssen los und das Niedrigwasser nutzen. Sorry, Jón, wir holen den Besuch nach.

Von der Straße mit der Nummer 60 biegen wir links ein in einen unscheinbaren Feldweg ab und folgen der Fahrspur durch kümmerliche Wiesen hindurch, auf denen uns Schafe ihre Hinterteile entgegenstrecken. Ihr Interesse an uns tendiert wie gewöhnlich gegen null, was derzeit auf Gegenseitigkeit beruht. Wir halten zwar an – aber nicht wegen der Schafe. Statt nach isländischen Wolllieferanten halten wir Ausschau nach Säugern ohne Fell. Denn in Hrafnseyri sagte man uns, dass sich derzeit Wale im Fjord aufhalten. Tatsächlich sehen wir auch ein paar Walleiber vor sich hin dümpeln. Aber leider tauchen sie kurz darauf ab – und nicht wieder auf. Notgedrungen fotografiere ich ersatzweise die Allerwertesten der Schafe.

Nun geht´s leicht bergauf und die Piste quert einen steinigen Abhang. Trotz Schotter und kurzer Wellblechpassagen kommen wir flott voran. Auch Ausweichstellen wären vorhanden, käme uns jemand entgegen. Nach neun gefahrenen Kilometer führt die Strecke hinunter Richtung Meer. Vor einem einsam stehenden gelben Haus parken Autos. Ein Ferienhaus? Oder wohnt hier draußen etwa dauerhaft jemand? Zumindest ist jetzt klar, warum die Piste bis hierher in recht gutem Zustand ist.

Aber wo beginnt eigentlich das Abenteuer? Zwei Kilometer weiter. In einer S-Kurve holpern wir hinab zum Strand. Das hört sich ganz nach Sommer, Sonne, Sand an. Was aber leider so nicht stimmt. Okay, wir haben Sommer, aber die Sonne will nichts von uns wissen. Und Sand? Welcher Sand? Der äußerst schmale Küstensaum ist mit klobigen Kieselsteinen übersät, durch die ein Fahrweg geschoben wurde. Hier warnt uns ein Verkehrsschild (das mit dem schwarzen Ausrufezeichen). Wovor wird allerdings nicht erläutert, aber wir ahnen, was auf uns zukommt. Ab jetzt wird es langsam spannend.

Wir nähern uns einem frei stehenden kuppelförmigen Felsen, der die Fahrbahn zu blockieren scheint. Tatsächlich kommt man aber weiter. Zwischen *Stapi*, dem Felsklotz, und den senkrechten Klippen rechts von uns hat – wer auch immer – einen Durchschlupf geschaffen. Ob es das Meer war? Menschengemacht schaut er jedenfalls nicht aus. Natürlich müssen wir für ein Foto anhalten. Eigentlich empfinden wir unseren MAN als groß, aber zwischen den senkrechten Felswänden schrumpft er auf Spielzeuggröße. Da die Fahrspur ziemlich schmal ist, blockieren wir kurzzeitig die Piste. Macht aber nichts, wir sind weit und breit alleine unterwegs. Meinen wir.

Das relativiert sich beim Aussteigen. Ein markerschütterndes Geschrei setzt ein. Über uns brüten Hunderte von Möwen und beschweren sich lautstark, dass wir umherlaufen und ihre Ruhe stören. Frechheit, denn die Schreihälse machen einen viel größeren Lärm als wir.

Nur ungefähr 250 Meter weiter erreichen wir die Stelle, vor der wir gewarnt wurden: die Klippen von Skútabjörg. Zwischen den senkrechten Felswänden und dem Meer ist nur Platz für eine kaum erkennbare und verdammt schmale Fahrspur. Wobei von Fahren nicht die Rede sein kann. Eher von Holpern oder Rumpeln über grobe Kieselsteine hinweg. Und das eben auch nur bei Ebbe. Bei Flut geht hier gar nichts, dann ist ein Durchkommen unmöglich, weil die Brandung bis an die steilen Klippen schlägt und dabei das Steinearrangement neu sortiert.

Irgendwie müssen wir ja weiter, deshalb schauen wir uns das Ganze genauer an. Nach rechts können wir nicht ausweichen, da ragt die Felswand auf. Nach links Richtung Meer aber auch nicht, denn dort liegen noch größere Kieselsteine wild durcheinander gewürfelt. Hier ist definitiv Schluss mit lustig, diese Stelle ist wirklich nur bei Niedrigwasser passierbar.

Klaus steigt wieder ein und ich bleibe draußen, denn in einer solchen Situation sind wir ein eingespieltes Team: Er fährt – und ich zeige ihm, wo es eng wird. Und wo nicht. Außerdem will ich diese spannende Szene unbedingt fotografieren. So viel Pistendramatik hat man schließlich nicht alle Tage.

Langsam steuert Klaus den MAN über die glatten Steine hinweg, knapp an der senkrechten Felswand entlang. Dann tritt jene Schrecksekunde ein, in der mir das Herz in die Hose rutscht.

Gerade hat er unser Wohnmobil vorsichtig von einem größeren Stein herabgleiten lassen, da neigt sich das Fahrzeug bedenklich zur Seite. Zum Glück Richtung Meer und nicht Richtung Felswand. Was von außen schon ziemlich abenteuerlich ausschaut, muss sich von innen noch ein paar Grad heftiger anfühlen. Aber dann gibt Klaus ein wenig Gas und ich atme entspannt auf. Der MAN schaukelt allmählich in die Senkrechte zurück und unsere Adrenalinspiegel pendeln sich wieder auf Normalniveau ein. Okay, die riskanteste Stelle auf dem Svalvogavegur haben wir erfolgreich hinter uns gebracht. Aber nur nicht zu früh gefreut, es gibt noch eine weitere.

Gleich nach dieser Aufregung geht´s recht steil bergauf, aber bei Weitem nicht mehr so steinig und schräg. Über mehrere Kilometer folgen wir der Fahrspur an felsigen Hängen entlang, bis wir bei Lokinhamrar auf grüne Wiesen treffen. Abgeschieden und einsam stehen hier zwei ehemalige Bauernhöfe. Bei dem Namen Lokinhamrar klingelt was bei mir. Vor einigen Jahren hatten wir im Fernsehen einen Dokumentarfilm mit dem Titel „Islands letzter Einsiedler – der Schäfer von Lokinhamrar“ angeschaut.

Ein stiller, eindrucksvoller Film über einen Bauern namens Sigurjón Jonasson, der den Hof jahrzehntelang alleine bewirtschaftete. Als Schafbauer führte er ein äußerst einfaches und entbehrungsreiches Leben. Vor allem die

Wintermonate müssen hart gewesen sein, wenn er, abgeschnitten vom restlichen Island, mit sich und seinen Schafen alleine durchkommen musste.

Und jetzt stehen wir tatsächlich hier und schauen hinab auf den Schauplatz des Films. Ich versuche, mir zumindest ansatzweise vorzustellen, wie man in dieser Abgeschiedenheit ganz alleine sein Leben meistern kann. Es gelingt mir nicht wirklich.

Der Hof wirkt nicht verlassen, ein Geländewagen steht davor. Sigurjón, sein letzter Bewohner, lebt zwar nicht mehr, aber irgendjemand hat den Hof inzwischen renoviert. Als wir vor fünf Jahren hier vorbeikamen, war das Haus noch in einem miserablen Zustand. Schön, dass es in Lokinhamrar weitergeht.

Entlang steiniger Abhänge umrunden wir die äußerste Spitze dieses Westfjord-Fingers und eine wildromantische Fjordlandschaft zieht an unseren Fenstern vorbei. Zehn Kilometer weiter taucht ein fröhlicher Farbtupfer auf: der orangefarbene Leuchtturm Svalvogaviti. Malerisch steht er wie ein Fels über der Brandung. Kurz dahinter schmiegen sich zwei idyllische kleine Buchten an den steilen Hang. Wäre das Wetter besser, würden wir in den Klippen ein wenig umhersteigen. So verschieben wir die Kraxelpartie lieber auf nächstes Mal. Der Himmel meint es heute Nachmittag nämlich nicht gut mit uns, inzwischen sieht es nach Regen aus. Und da noch ein kühner und ausgesetzter Streckenabschnitt auf uns wartet, wollen wir unseren Schutzengel nicht überstrapazieren. Er hat vorhin schon gute Arbeit geleistet, aber ob er auch Lust auf Überstunden hat? In knapp zwei Kilometern wären sie definitiv fällig, sollte Regen einsetzen.

Auf den letzten Kilometern wird es noch einmal abenteuerlich. Hoch über dem Meer haben die Pistenbauer dem Steilhang eine schmale Fahrspur abgetrotzt. Die beeindruckend-dramatische Engstelle wird *Hrafnholur*, das Rabenloch, genannt. Vielleicht heißt sie so, weil der Abhang kaum bewachsen ist und das dunkle Gestein die Dramatik noch erhöht.

Ungefähr 200 Meter weit schlängelt sich die Passage über dem Abgrund, allen Wettern ausgesetzt und gerade so breit, dass ein Fahrzeug entlangfahren kann. Nicht unbedingt etwas für Leute mit Höhenangst. Setzt Regen ein, verwandelt sich die lehmige Piste in eine gefährliche Rutschbahn. Nun, eine kleine Rutschpartie hatten wir heute schon. Doch an dieser Stelle brauchen wir das auf gar keinen Fall!

Im Moment ist die Fahrspur so gut wie trocken und nur mit ein paar harmlosen Pfützen gespickt. Was die aufgeregten Nerven ein wenig beruhigt: Dieser Pistenabschnitt ist weithin überschaubar, sodass man vom Gegenverkehr rechtzeitig gesehen wird und niemand zurücksetzen muss. Vorausgesetzt, alle denken mit.

Uns kommt momentan keiner entgegen, also packen wir's an. Klaus, mein Held am Lenkrad, bewältigt auch diese Passage mit Ruhe und Gelassenheit, während seine Angetraute draußen mit dem Fotoapparat in der Hand umherspringt.

Noch zwei Kilometer, dann ist der Svalvogavegur mitsamt seinen Herausforderungen zu Ende. Dort steht wieder das Warnhinweisschild mit dem schwarzen Ausrufezeichen. Aber dieses Mal mit ziemlich viel isländischem Text, der übersetzt etwa so lautet: „Achtung: Informiere Dich über den Pistenzustand, bevor Du die Fahrt wagst. Nur bei Ebbe passierbar. Nur für 4x4-Geländewagen".

Wir können an alles beruhigt einen Haken machen.

Ein paar Jahre später soll auch unser neues Wohnmobil, der Fennek, in den Genuss des Svalvogavegurs kommen. Wieder starten wir bei Hrafnseyri. Aber kaum sind wir ein paar Meter auf der Piste gefahren, werden wir ausgebremst. Eine Weiterfahrt ist jetzt Anfang Juli nicht erlaubt, weil in diesem Gebiet Eiderenten brüten. Das akzeptieren wir gerne. Die Tiere sollen in aller Ruhe ihrer Arbeit nachgehen können.

Also kein schräges Abenteuer heute? Unser Schutzengel lehnt sich entspannt zurück und freut sich über den unerwartet freien Tag.

Látrabjarg – und seine drolligen Stars ⑪

„Guck‘ mal, Klaus“, seine bessere Hälfte deutet mit dem Finger nach links, „den kostenlosen Campingplatz gibt es noch!“ Die eingezäunte Wiese liegt direkt gegenüber der Ruinen von Brunnaverstöð, einer uralten Fischersiedlung. Inzwischen steht auf dem Platz sogar ein kleines Klohäuschen mit Waschbecken. Bei näherem Inspizieren müssen wir aber feststellen, dass die Toiletten in ihrem derzeitigen Zustand keinen Hygienepreis gewinnen. Aber zumindest wissen wir jetzt sicher, wo wir heute übernachten werden. Unser Tagesziel liegt allerdings noch sechs Kilometer weiter.

Es ist kurz nach 13 Uhr, als wir die Parkmöglichkeiten am Kap Bjargtangar ansteuern. Problemlos bekommen wir noch einen Parkplatz. Noch! Eine Viertelstunde später hätten wir dumm aus der Wäsche geschaut, denn da herrscht Stau auf der Piste. Die Mittagessenszeit ist vorüber und wie aus dem Nichts taucht Fahrzeug um Fahrzeug auf – Wohnmobile, Pkws und Kleinbusse. Im Nu ist jedes Eckchen zugeparkt und Menschen aller Nationen wuseln umher. Darunter auch ein paar Isländer, sie sind aber eindeutig in der Minderheit.

Warum hier so viel Andrang herrscht? Das liegt unter anderem an den drolligen Bewohnern, die die Sommermonate in den Klippen verbringen. Jeder, der hierher kommt, will sie sehen.

Wir stehen am westlichsten Punkt Islands. Hier endet die Insel ziemlich abrupt und ziemlich spektakulär. Steile Klippen, stellenweise über 400 Meter hoch und oben nur mit einer dünnen Grasnarbe bedeckt, fallen senkrecht hinab ins Meer. Sie werden *Látrabjarg* genannt und ziehen sich etwa 14 Kilometer von West nach Ost. Eindrucksvoll bieten sie dem Nordatlantik die Stirn, treten dem oft stürmischen Meer furchtlos entgegen.

Vom Kap Bjargtangar reicht der Blick endlos über die weite Grönlandsee und nach Süden zum gut 80 Kilometer entfernten Snæfellsjökull, dessen markante Silhouette heute deutlich zu sehen ist. Von Grönland sieht man nichts, bis dahin müsste man noch gute 350 Kilometer schwimmen.

Oft liest man, dass dies der westlichste Punkt Europas sei, was aber so nicht stimmt. Denn die zu Portugal gehörenden Azoren liegen tatsächlich noch ein Fitzelchen weiter westlich. Wollten wir nur mal gesagt haben.

Balanceakt: über den Damm zu den schwarz-weiß-roten Klippen Rauðinúpur

Karl und Sölvanöf: Felsen als Nistplatz unzähliger Vögel

Gedrängel: Basstölpel bei der Aufzucht des Nachwuchses

Am Polarkreis: unsere deutsch-isländische Hochzeitsgesellschaft auf Grimsey (Foto: Helga Hjaltadóttir)

Bewährungsprobe: das Anschneiden der Hochzeitstorte (Foto: Juliane Freund)

Frisch verheiratet: nach der Trauung wird's stürmisch (Foto: Juliane Freund)

Lustig: Popos auf dem Lande

Unsere Benchmark: das Restaurant Tjöruhusið in Isafjörður

Köstlich: Hummervariationen im „Fjöruborðið“ in Stokkseyri

Ziemlich hoch: Schlucht am Svalvogavegur

Ziemlich abgründig: die letzten Meter auf dem Svalvogavegur

Ziemlich schräg: die Schlüsselstelle auf dem Svalvogavegur

Absturzgefahr: die Felsen von Látrabjarg

Lauerstellung: Guck mal, wer da guckt

Ohne Starallüren: ein Papageitaucher setzt sich in Szene

In allen Stockwerken der steilen Felsen nisten Seevögel, es sind Abertausende von Trottellummen, Tordalken, Dreizehenmöwen und Eissturmvögel. Und natürlich die drolligsten Vögel des Nordatlantiks, die Papageitaucher (isl. *Lundi*). Manche nennen sie auch die „Clowns der Lüfte“.

Die Vögel heißen offiziell übrigens Papageitaucher und nicht Papageientaucher. Schließlich tauchen die putzigen Vögel nicht nach Papageien, sondern nach Sandaalen. Den Papagei im Namen verdanken sie ihrem bunten Aussehen: Mit ihrem schwarz-weißen Gefieder, den orangefarbenen Patschfüßchen, ihrem leuchtend-roten Schnabel und einem gelben Hautlappen im Mundwinkel sind sie die charmantesten Vögel in den Klippen. Sie gelten als meisterhafte Schwimmer, aber mittelprächtige Flieger. Ihre etwas unbeholfen wirkenden Landungen in den Felsen sind meist verbesserungswürdig. Aber gerade das macht sie so liebenswert.

Wie alle Touristen, so hoffen auch wir darauf, die zutraulichen Vögel vor die Kameralinse zu bekommen. Oft genug waren wir bei Schietwetter hier, aber heute herrscht bayrisches Kaiserwetter. Man darf auch mal Glück haben.

Zunächst warten wir knapp zwei Stunden, bis ein Großteil der Touristenschar wieder abgezogen ist. Diese Trumpfkarte des ungebundenen Camperlebens spielen wir öfters aus. Erst nach 15 Uhr packen wir Kameras und Stativ, um zu den Klippen von Látrabjarg hochzusteigen.

An einem Tag wie heute, wenn das Meer nur sanft vor sich hin plätschert und die Sonne zuverlässig ihrer Arbeit nachgeht, macht eine Wanderung an dieser exponierten Stelle richtig Spaß.

Vorbei am kleinen weißen Leuchtturm bringt uns der Weg hinauf auf die Klippen. Er wurde touristengerecht präpariert, sprich: Die Abbruchkante ist auf den ersten Metern mit Seilen abgesperrt. Warnschilder weisen darauf hin, sich ja nicht zu nahe an den Klippenrand zu wagen. Absturzgefahr! Senkrecht in die Tiefe!

Etwas enttäuscht steigen wir bergan, denn noch haben wir keinen der possierlichen Papageitaucher entdeckt. Dabei herrscht in den steilen Klippen hektisches Treiben. Unmengen an Möwen, Lummen und Tordalken brüten in allen Stockwerken der Steilwand und sorgen für einen ordentlichen Lärmpegel. Nur Papageitaucher entdecken wir keine.

Doch halt, da vorne sitzt ein erster ganz exponiert auf einem kleinen Felsvorsprung und schaut gelangweilt in die Ferne. Jetzt schnell die Kamera zücken, hinlegen und vorsichtig ranrobben an den ersten Filmstar. Geduldig bleibt er sitzen und lässt sich von uns ablichten. Den Rummel um seine Person ist er seit Wochen gewohnt.

Papageitaucher kommen nur zum Brüten und zur Aufzucht für ungefähr vier Monate an Land. Sie bewohnen dabei das oberste Stockwerk der steilen Felsen. Unterhalb der Grasnarbe graben sie lange Bruthöhlen in die Erde, in die das Weibchen dann ihr Ei legt. Dies sollte man unbedingt beachten, wenn man umherläuft. Die ausgehöhlte Grasnarbe trägt zwar problemlos einen leichten Vogel, aber nicht unbedingt einen gewichtigen Menschen. Also Vorsicht: Absturzgefahr, wenn die Erde nachgibt!

Je weiter wir nach oben steigen, desto mehr dieser putzigen Vögel entdecken wir. Sie haben den Tag auf dem Meer verbracht und kommen jetzt am Nachmittag zurück in ihre Bruthöhle, um ihre Jungen zu versorgen. Leider brüten bei Weitem nicht mehr so viele Tiere auf Island wie vor zehn oder zwanzig Jahren.

Die besten Plätze, an denen Papageitaucher zu sehen sind, erkennt man daran, wie viele Besucher auf dem Boden liegen, mit Handy oder einer Kamera in der Hand. Dabei sind die Touristen eindeutig in der Überzahl. Auf einen Papageitaucher dürften fünf bis sieben Menschen kommen. Vor 20 Jahren war das Verhältnis noch umgekehrt.

Zum Glück sind die Vögel weder kamerascheu noch verschreckt und lassen uns bis auf einen Meter an sich herankommen. Wahrscheinlich schütteln sie insgeheim den Kopf über so viele flachliegende und knipsende Zweibeiner. Ganz ohne Starallüren posieren sie vor den Kameras. Drehen die Köpfchen nach links, nach rechts. Setzen sich gekonnt in Szene, als sei Fotoshooting ihr täglich Brot. Die Papageitaucher sind eindeutig die Stars hier draußen. Die anderen Vögel wie Möwen, Trottellummen oder Tordalken bekommen viel weniger Aufmerksamkeit. Vielleicht müssten sie sich nur etwas modischer einkleiden, damit sie von uns Touristen-Paparazzi wahrgenommen werden?

Rund zwei Millionen Papageitaucher sollen jedes Jahr an Islands Küsten nisten. Ob es tatsächlich noch so viele sind, sei dahingestellt, denn die Population ging in den letzten zehn, fünfzehn Jahren kontinuierlich zurück. Schuld sei, so sagte man uns in einer Touristinformation, der Rückgang der Sandaale, der Hauptnahrung der Tiere.

Nachdem wir von so ziemlich jedem Papageitaucher gefühlte hundert Fotos gemacht haben, wandern wir zurück zum Fennek – mit roten, von der

Sonne verbrannten Nasen. In der kühlen Brise hoch über dem Nordatlantik haben wir gar nicht bemerkt, wie heftig die Sonne heute vom Himmel knallt.

Geologisch betrachtet sind die Westfjorde Islands ältester Landesteil. Und beinahe wäre aus ihnen eine eigene Insel geworden. Wobei nicht geologische Prozesse ihre Hand im Spiel hatten, sondern, wie so oft auf Island, drei Trolle. Genauer gesagt Riesentrolle.

Sie hatten die verrückte Idee, aus den Westfjorden ihre eigene Trollinsel zu machen. Daher begannen sie eines Nachts damit, einen tiefen Graben zwischen Island und den Westfjorden auszubuddeln. Und wie so oft hatten sie bei der Arbeit die Zeit vergessen. Die aufgehende Sonne überraschte die Drei, und als der erste Sonnenstrahl sie traf, erstarrten sie zu Stein. Das kennt man, wenn man durch Island reist. Die isländische Landschaft ist regelrecht übersät mit unvorsichtigen Trollen.

Zu sehen sind die drei versteinerten Buddelmeister immer noch, einer davon ist ein Felsen in Drangsnes (das Trollweib *Kerling*). Von ihrem misslungenen Versuch soll angeblich sogar noch der Aushub vorhanden sein – in Form der vielen Inseln im Breiðafjörður.

Sollen wir das wirklich glauben? Klingt doch total verrückt! Typisch isländisch eben.

Snæfellsnes – und über allem thront der Gletscher ⑫

Er ist ein Mythos, ein Mysterium, und das schon seit vielen Jahrhunderten. Bereits in den Isländer-Sagas wird von der großen Anziehungskraft berichtet, die vom Snæfellsjökull ausgehen soll.

Obwohl es auf Island einige vergletscherte Vulkane gibt, spielt er eine besondere Rolle. Ganz im Westen der Halbinsel Snæfellsnes gelegen, überragt er mit seinen knapp 1.450 Metern alles um ihn herum. Selbst von Reykjavik aus ist er bei schönem Wetter zu sehen. Scheinbar schwerelos schwebt der von einer Gletscherkappe bedeckte Vulkan in der Luft. Weiß und makellos. Man muss schon zweimal hinschauen, um zu erkennen, dass er unten über dunkle, schneefreie Abhänge erdverbunden ist. Typisch sind seine beiden Gipfel, die wie krumme Stummelfinger steil gen Himmel weisen. Als wolle er alles, was sich ihm nähert, packen und verschlingen.

Einige Schriftsteller haben ihm ein Denkmal gesetzt, allen voran Jules Verne mit seinem fiktiven Roman „Die Reise zum Mittelpunkt der Erde", der 1864 erstmals veröffentlicht wurde. Wer kennt nicht die abenteuerliche Geschichte von Professor Otto Lidenbrock und seinem Neffen Axel, die wagemutig in den Gipfelkrater des Snæfellsjökull hinabsteigen, um zum Mittelpunkt der Erde zu gelangen? Gut 100 Jahre später setzte Halldór Laxness mit seinem Roman „Am Gletscher" dem mystischen Vulkan ein weiteres literarisches Denkmal. Für den Autor und Literatur-Nobelpreisträger ist das ewige Eis ein Symbol für das Geheimnis des Lebens, das sich nicht in Worte fassen lässt. Unergründlich und magisch.

Bevor wir uns dem geheimnisvollen Gletscher nähern, umrunden wir die Snæfellsnes-Halbinsel auf der Straße 574 und steuern zunächst den westlichsten Punkt mit dem Leuchtturm Öndverðarnes an.

Die Zufahrtstraße 579 schlängelt sich durch einen alten moosbewachsenen Lavastrom hindurch. Nach zwei Kilometern wird aus der Teerstraße eine heftige Rumpelpiste. Das Geholpere auszuhalten, lohnt sich aber. Man wird mit einem herrlichen Ausblick auf die Bucht Skarðsvik belohnt, wo, umrahmt von schwarzen Steilklippen, ein feiner gelber Sandstrand zum Schwimmen und Planschen verlocken könnte. Könnte! Das ist an dieser Stelle nur etwas für Hartgesottene. Obwohl ein paar Besucher am Strand entlang bummeln, hat niemand Handtuch und Sonnenschirm dabei. Denn Wasser- und Lufttemperatur sprechen eindeutig gegen ein erfrischendes Bad.

Am Ende der Rumpelpiste erhebt sich der Leuchtturm Öndverðarnes in knalligem Orange aus der dunklen Lava. Akkurat verlegte Holzbohlenwege führen uns zu einer Kante, an der die dunklen Lavafelsen senkrecht ins Meer zu stürzen scheinen. Das weichere Gestein wurde längst abgetragen, zurück blieb nur der harte Basalt, glatt geschliffen vom unermüdlich heranrollenden Wasser, das sogar ein Felsentor aus der rauen Lava heraus modelliert hat. Die schwarzen Klippen schmückt ein weißes, zerfranstes Muster. Jeder helle Fleck entpuppt sich tierischen Ursprungs, als Plumpsklo eines Vogelnestes. Wie überall auf Island sind den brütenden Vögeln die exponierte Lage sowie das wilde Toben des anbrandenden Wassers gleichgültig.

Zurück auf der 574 geht´s weiter bis zur südwestlichen Spitze von Snæfellsnes. Dort folgen wir einer kurzen Stichstraße zur Küste. Der Endpunkt ist mit Parkplatz und Café touristisch bestens erschlossen, denn von hier aus lassen sich gleich zwei Sehenswürdigkeiten erwandern: die Vulkanfelsen Lóndrangar und der strahlendweiße Leuchtturm Malarrif. Gertenschlank sticht er in den Himmel, gekrönt von einer roten, gusseisernen Laterne. Ein graziles Orientierungszeichen trotz seiner Höhe von 31 Metern. Auch wenn wir eigentlich Landratten sind, geht es uns wie so vielen: Leuchttürme ziehen uns magisch an. Sie haben etwas Beruhigendes, Tröstliches an sich, weil sie Orientierung geben und wie ein Fels in der Brandung allen Wettern trotzen.

Für isländische Verhältnisse ist es inzwischen angenehm warm und sonnig geworden, deshalb schlendern wir gemütlich ostwärts. Einen guten Kilometer vom Leuchtturm entfernt und von Weitem sichtbar ragen die Vulkanfelsen Lóndrangar auf. Auf einem schmalen Trampelpfad nähern wir uns diesen bizarren Gebilden. Der Weg ist mit glatt geschliffenen, dunklen Kieselsteinen geschottert, die in der Sonne um die Wette strahlen – jeder Stein ein Handschmeichler. Einen davon stecke ich verstohlen in meine Tasche.

Vorbei an Treibholz und schimpfenden Vögeln, die in den umliegenden Wiesen brüten, laufen wir weiter. Auf dem Weg zu bleiben, ist jetzt oberstes Gebot, um die Tiere nicht zusätzlich zu stressen.

Lóndrangar, die aus der Ferne wie die Ruinen einer Ritterburg aussehen, sind eigentlich alte, zerfallende Vulkanschlote. Bei Nacht und Nebel sind sie ein gespenstisch anmutender Anblick, im gleißenden Sonnenlicht dagegen einfach nur eigenwillig schön.

Am nächsten Morgen heißt unser erstes Ziel Arnarstapi. War der Ort vor 15 Jahren noch ein beschauliches Fischerdorf, wurde er inzwischen touristisch aufgepeppt, mit perfekt angelegten Spazierwegen über den Klippen. Mit hübschen Sitz-, Picknick- und Parkplätzen an den Aussichtspunkten. Mit Restaurants, die Allerweltsessen wie *Fish'n'Chips* oder Pizza anbieten.

Eine echte Augenweide ist der kleine, geschützt liegende Hafen mit Blick auf den Hausberg Stapafell, hinter dem bei klarem Wetter der Snæfellsjökull hervorlugt.

Rund um Arnarstapi ragen steinerne Gebilde aus dem Wasser, zu Türmen und Säulen geformt. Noch hat das Wasser es nicht geschafft, diese widerstandsfähigen Felsen abzutragen.

Jetzt am frühen Morgen ist noch kaum etwas los, sodass wir eigentlich in Ruhe fotografieren könnten. Wäre da nicht der heftige Wind, der uns fast von den Klippen bläst. So macht ein Spaziergang und erst recht das Fotografieren an dieser exponierten Stelle überhaupt keinen Spaß.

Deshalb lassen wir heute auch Arnarstapis weitere Sehenswürdigkeit links liegen: eine klobige, aus Lavasteinen errichtete Statue. Sie stellt Bárður Snæfellsás dar, der als erster Siedler dieser Gegend gilt und (wir sind in Island!) halb Mensch, halb Troll gewesen sein soll. Die gleichnamige Isländer-Sage hat ihren Schauplatz rund um den Vulkan Snæfellsjökull. Dessen Blickkontakt suchen wir jetzt, können aber außer seinem höchsten Gipfel nicht viel von ihm sehen. Er hat sich eine flauschige Wolkendecke um die Schultern gelegt, aus der nur einer seiner beiden Stummelfinger hervorlugt. Ist das nun ein gutes oder schlechtes Zeichen? Bläst der Wind den Gletscher frei? Oder verhüllt er sich bald ganz? Wenn man das jetzt wüsste.

Natürlich hoffen wir darauf, dass er sich für uns „oben herum" frei macht, deshalb biegen wir kurz hinter Arnarstapi in die Straße 570 ein. Diese Schotterstraße, die auch für Pkws befahrbar ist, führt Richtung Norden bergauf und soll uns ganz nahe an den Gletscher heranbringen.

Gleich zu Beginn warnt ein Hinweisschild davor, den Gletscher womöglich auf eigene Faust erkunden zu wollen. Man solle sich stattdessen unbedingt einer geführten Tour anschließen. Beides haben wir nicht vor, eigentlich wollen wir dem Gletscher vom Straßenrand aus nur mal „Hallo" sagen. Nach zwei Kilometern auf holprigem Schotter wird die Piste erdiger und damit auch ruhiger. Noch strahlt über uns ein blauer Himmel, aber vor uns taucht die federleichte, weiße Wolkenwand auf, die sich der Gletscher umgehängt hat. Schon nach wenigen Kilometern verschluckt sie uns und raubt uns nicht nur die Sicht, sondern auch die Hoffnung, dass er sich doch noch entkleidet zeigt.

Unser GPS meldet, dass wir bei 723 Höhenmetern die Passhöhe erreicht haben. Und was sehen wir? Nichts. Null. Die Sichtweite beträgt gerade mal 100 Meter. In unserem begrenzten Umfeld erkennen wir nur eine eintönige, grau-braune Vulkanlandschaft und ein paar vereinzelte Schneereste. Der Gletscher will heute wohl keine neugierigen Besucher empfangen. Obendrein schickt er einen heftigen Wind zu uns herab. Als versuche er, uns wie ein lästiges Insekt wegzublasen.

So haben wir uns das Zusammentreffen mit dem Snæfellsjökull nicht vorgestellt. Aber gut, der Gletscher ist nicht nur mysteriös, sondern auch ziemlich kapriziös. Kurz überlegen wir, ob wir das miese Wetter hier oben aussitzen sollen. Doch haben wir nicht wirklich Lust, auf Besserung zu warten.

Zum Glück hat die Halbinsel Snæfellsnes noch viel mehr zu bieten als diesen griesgrämigen Gletscher. Auf unserem weiteren Weg liegt eine weitere eindrucksvolle, aber bei Weitem nicht so launische Naturkulisse.

Nachdem wir auf den nördlichen Teil der Straße 574 eingebogen sind, taucht wenige Kilometer vor Grundarfjörður rechts ein kleiner Parkplatz auf. Wer ungewöhnliche Naturszenen mag, der sollte hier unbedingt anhalten.

Links der Straße ragt Grundarfjörðurs Hausberg Kirkjufell auf. Sein Name rührt wohl daher, dass er aus diesem Blickwinkel an ein lang gestrecktes Kirchenschiff erinnert. Auch wenn der Berg nur 463 Meter hoch ist, zählt er aufgrund seiner ungewöhnlichen Form zu den schönsten Bergen Islands. Für „Game of Thrones“-Fans sei erwähnt, dass der Kirkjufell ein Drehort in der sechsten und siebten Staffel war.

Damit aus diesem Ort ein perfektes Naturschauspiel wird, hat sich die Natur noch eine Zugabe einfallen lassen. Wenige Meter rechts der Straße stürzt das Flüsslein Kirkjufellsá in zwei Stufen als Kirkjufellsfoss herab. Wasserfall und Berg ergeben zusammen eines der reizvollsten und meistfotografierten Motive Islands.

Über einen kurzen Wanderweg sowie eine Brücke über den Fluss erreicht man die perfekte Position für das eindrucksvolle Bild: Im Vordergrund stürzen lautstark die Wasserfälle der Kirkjufellsá herab, im Hintergrund ragt ruhig und gefasst der wohlgeformte Kirkjufell auf. Ein Anblick, der zu jeder Tages-, Nacht- und Jahreszeit fasziniert. Und der uns für die miese Laune des Snæfellsjökulls entschädigt.

Am späteren Nachmittag nehmen wir von Stykkishólmur aus die Fähre „Baldur", um in die Westfjorde überzusetzen.

Typisch Island! Mit jedem Kilometer, den wir uns von Snæfellsnes entfernen, wird das Wetter besser. Als die Fähre Kurs auf die Insel Flatey nimmt, schippert sie unter einem strahlend blauen Himmel und bei ruhiger See dahin. Wir sitzen draußen, beobachten die Möwen und die Inseln, die an uns vorbeiziehen.

Ja, gibts denn so etwas? Bei einem Blick zurück können wir nicht glauben, was wir sehen: Am Horizont erhebt sich ein wolkenloser Snæfellsjökull. Der Schlawiner hat die Wolkendecke abgelegt und zeigt sich in seiner ganzen Pracht. Strahlend schön lacht er uns an. Oder lacht er uns aus?

Unser Tipp:

Wer sich von Süden kommend auf den Weg in die Westfjorde macht und Straßenkilometer sowie Fjordumrundungen sparen möchte (Streckeneinsparung bis nach Látrabjarg ungefähr 270 km), kann auch die Fähre „Baldur" nehmen.
Sie verkehrt zwischen Stykkishólmur auf der Halbinsel Snæfellsnes und dem Fischerdorf Brjánslækur in den Westfjorden mit einem kurzen Zwischenstopp auf der Flatey (Autos sind auf dem Inselchen jedoch nicht erlaubt).
Je nach Saison fährt sie ein- bis zweimal täglich (im Winter jedoch nicht immer), wobei die Überfahrt ungefähr zwei bis drei Stunden dauert. Man sollte die Fähre möglichst im Voraus buchen.
Abhängig von der Saison bezahlen Erwachsene zwischen ca. 35 und 45 EUR, fürs Wohnmobil (bis fünf Meter) ab ca. 55 EUR, jeder weitere Meter kostet extra (Preise Stand 2021).

Weitere Infos unter www.seatours.is.

Hólahólar – Unterschlupf im Krater ⑬

(Pia erzählt)
Wütende Windböen rütteln und schütteln unsere beiden VW-Busse gründlich durch. Wir sind auf der lavaschottrigen Straße 574 am äußersten Zipfel der Halbinsel Snæfellsnes unterwegs und halten Ausschau nach einem windgeschützten Übernachtungsplatz. Noch sind Campingplätze in dieser Ecke Islands Mangelware, denn wir schreiben das Jahr 1984.

Am Straßenrand weist ein unscheinbares Holzschild mit der Aufschrift „Hólahólar" nach rechts. Ob es vielleicht dort eine windstille Ecke gibt?

Wir folgen der schmalen Fahrspur und erreichen kurz darauf den Zugang zu einem lang gestreckten Krater. Das muss die Abflussrinne der flüssigen Lava gewesen sein. Durch die Öffnung hindurch führen Fahrzeugspuren ins Innere des Krater-Ovals. Mit einem flauen Gefühl in der Magengegend steuern wir unsere beiden Fahrzeuge hinein. Langsam und unsicher drehen wir einen Kreis, stellen die Motoren ab und steigen aus. Der Boden des Kraters ist topfeben und mit grobkörniger Vulkanasche gefüllt. Kaum ein Lüftchen regt sich hier drinnen.

Was ich bis jetzt nicht einmal zu denken wagte, spricht unser Reisegefährte Arthur unerschrocken aus: „So ein schöner, windstiller Platz. Hier übernachten wir!" Gesagt, getan. Etwas mulmig ist mir schon zu Mute, als wir uns am Abend schlafen legen. Während der Nacht lausche ich immer wieder, ob aus der Tiefe der Erde nicht ein Grollen zu hören ist, das einen Vulkanausbruch ankündigt. Rational betrachtet ist das zwar mehr als unwahrscheinlich, fand die letzte Eruption doch vor der menschlichen Zeitrechnung statt. Aber weiß dies auch der Vulkan?

Gut drei Jahrzehnte später. Seit zwei Tagen erkunden wir Snæfellsnes. Die Straße mit der Nummer 574 gibt es immer noch, nur ist sie inzwischen geteert. Hier auf der Westseite der Halbinsel beherrscht der Snæfellsjökull, der wohl berühmteste Vulkan Islands, würdevoll und unübersehbar die Landschaft. Wie sein Name schon sagt, verbirgt sich der weithin sichtbare Feuerberg unter einer dicken Gletschereisdecke.

Als alter Zentralvulkan hat er seine Hinterlassenschaften in Form riesiger Lavaströme großzügig um sich herum verteilt. Aus ihnen ragen weitere kleinere Vulkankegel hervor wie der Krater Saxhóll, an dem wir gerade vorbeifahren. Ein gut präparierter Weg aus eisernen Treppenstufen führt hinauf zu seinem Gipfel. Da wir bereits aus der Ferne mehrere Busse parken sehen und uns nicht in das Getümmel stürzen wollen, halten wir erst gar nicht an.

Nach wenigen Kilometern entdecke ich zufällig das Hinweisschild zum Hólahólar. Den Krater hatte ich seit 1984 ganz aus meinem Gedächtnis verbannt, doch plötzlich kommen die Erinnerungen an eine unruhige Nacht wieder hoch.

Doppelt gemoppelt klingt besser, dachten sich wohl die Namensgeber, denn der Name Hólahólar ist, vornehm ausgedrückt, ein Pleonasmus und bedeutet so viel wie „ausgehöhlte Höhle“. Gespannt, ob man immer noch in das Kraterinnere fahren darf, nehmen wir Kurs auf den Vulkankegel.

Außer uns ist kein weiteres Fahrzeug zu sehen. Was auch daran liegen dürfte, dass man den Kraterkegel erst auf den zweiten Blick als solchen erkennt. Denn er ist etwas unförmig und nicht so ebenmäßig ausgebildet wie die meisten seiner Kollegen. Die rechte Kraterseite ist wesentlich höher als die linke. Aber die Abflussrinne, aus der einmal die Lava strömte, heißt Besucher weiterhin wie ein offenes Portal willkommen. Auf meinem Gesicht macht sich ein Lächeln breit: Die Einfahrt ist nicht versperrt, man darf noch immer in den Krater fahren. Nur der hintere Teil ist mit einem Seil abgesperrt. Langsam rollen wir hinein und parken im einzigen „Drive-in-Vulkan“ Islands. Vorsorglich zeigt die Schnauze unseres Fenneks Richtung Ausgang, denn wie schon 1984 fühlt es sich auch heute merkwürdig an, mit dem Auto mitten in einem Krater zu stehen.

Um mehr von dieser ungewöhnlichen Kulisse zu sehen, steigen wir hinauf auf den Kraterrand. Beruhigendes Grün strebt an den Abhängen empor, es hat die rot-braune Lava fast vollständig überwuchert.

Von oben wirkt der Hólahólar wie ein natürliches Amphitheater. Zwar ohne Zuschauer, aber mit einem Darsteller auf der Freiluftbühne: unserem Fennek. Wie ein Fremdkörper steht er da. Allein durch seine Anwesenheit setzt er einen Kontrapunkt, als sei er Teil einer modernen Inszenierung. Die letzte dramatische Aufführung in diesem altehrwürdigen Theater liegt jedoch schon lange zurück und statt brachialem Schauspiel herrscht heute tiefes Schweigen. Der Hólahólar scheint ruhig und friedlich zu schlafen.

Trotz des geschützten Platzes und der angenehmen Stille haben wir nicht vor, hier drinnen zu übernachten. Ob man dies überhaupt noch könnte oder dürfte, wissen wir nicht.

„Nachts hörten wir einige seltsame Geräusche“, hatte ich 1984 am nächsten Morgen in unser Tagebuch geschrieben. Daran kann ich mich allerdings nicht mehr erinnern. Aber irgendwo habe ich gelesen, dass Elfen im Krater ihr Zuhause haben sollen. Und es soll sogar Leute geben, die sie gesehen und die vom Kraterhügel herab Applaus und Jubel vernommen haben. Ob Elfen tatsächlich zum Theaterspielen neigen? Keine Ahnung, aber im magischen Island ist vieles vorstellbar. Andererseits muss der Reisende aber auch damit rechnen, dass ihm seine Sinneseindrücke schlicht und einfach einen Streich spielen. Heulender Wind und bebende Erde, rumorende Vulkane und brüchige Lava sind Gesellen, die unsere Wahrnehmungen zu manipulieren wissen.

So verlassen wir diesen ungewöhnlichen Ort wieder und überlassen ihn den vermeintlichen Elfen. Für die kommende Nacht suchen wir uns lieber einen etwas weniger mystischen Platz.

Askja – Urlandschaft im Hochland ⑭

Beim Aufstehen um kurz vor sieben Uhr zeigt unser Thermometer minus ein Grad Celsius. Keine einzige Wolke ist am Himmel zu sehen, stattdessen strahlt uns die leuchtend weiße Pyramide des Snæfells entgegen, die wie abgehoben über allen anderen Berggipfeln zu schweben scheint. Nebenan im warmen Bach stehen blökend an die zwanzig Schafe. Sie beschweren sich lautstark über die Eiseskälte an diesem Morgen Ende August.

Die Nacht haben wir bei Laugarfell nordöstlich des würdevoll aufragenden Snæfells verbracht. Von hier aus wollen wir weiter nach Westen, ins Dyngjufjöll-Bergmassiv und zum Vulkan Askja. Nur ungefähr 65 Kilometer Luftlinie trennen uns von unserem Ziel. Doch einen direkten Weg dorthin gibt es nicht, stattdessen wird uns die F910 kreuz und quer durch das unbewohnte Hochland nördlich des Vatnajökull lotsen.

Das Vulkangebiet rund um die Askja gehört zu den aufregendsten, geheimnisvollsten und beeindruckendsten Reisezielen Islands – düster und wüstenhaft, magisch und geheimnisvoll. Erreichbar ist dieses atemberaubende Fleckchen Island nur auf abenteuerlichen Pisten und nur mit geländegängigem Allradfahrzeug.

Seit Urzeiten beherrschen und gestalten Vulkane diese Gegend, in der die Entstehungsgeschichte unserer Erde nachempfunden werden kann. Den Reisenden erwartet eine Art Mondlandschaft – lebensfeindlich und faszinierend zugleich.

Der Weg zur Askja hat viele Gesichter: Auf ruppiger, steiniger oder sandiger Piste geht´s mitten hinein in eine vom Vulkanismus geprägte Wüste, über Lavaplatten hinweg, quer durch eine weiße Ebene aus Bimsstein, durch alte Lavaströme und Gletscherflüsse hindurch.

Die beiden mächtigsten Flüsse Kreppá und Jökulsá á Fjöllum wurden überbrückt. Und das ist auch gut so, sie wären sonst an dieser Stelle unpassierbar. Ihr schmutzig-graues Wasser schießt im Eiltempo reißend, gurgelnd und wildschäumend über große Steine hinweg.

Unser steter Begleiter ist der Tafelvulkan Herðubreið. Wie die meisten Vulkane ist er ebenmäßig geformt. Mit seinen 1.682 Metern thront er weithin sichtbar wie eine trutzige Götterburg in der Ódáðahraun, der "Missetäterwüste". Seine steilen Flanken schimmern bläulich und sein Haupt bedeckt eine löchrige Mütze aus Schnee.

Nach 156 Kilometern mühsamer Pistenarbeit erreichen wir die Hütten von Dreki. Sie wurden im Schutz des mächtigen Dyngjufjöll-Gebirges errichtet, direkt an der Schlucht Drekagil, der Drachenschlucht. Ein Bach hat diese tiefe Schlucht gegraben, und mit etwas Fantasie erkennt man den steinernen Drachen, der den Eingang zur Schlucht bewacht und ihr den mythischen Namen gab. Heute sind sämtliche Berge ringsum weiß überzuckert, in den letzten Tagen muss es hier ordentlich geschneit haben.

Als wir vor den Hütten zum Stehen kommen, ist der Nachmittag schon fortgeschritten, trotzdem wollen wir noch weiter bis zum Vulkan Askja. Denn seit heute früh lacht die Augustsonne vom strahlend blauen Himmel – und wer weiß, was sich morgen am Himmel abspielen wird.

Für die letzten acht Kilometer hinauf zum Parkplatz auf gut 1.000 Metern Höhe wurde mitten durch den erstarrten Lavastrom ein Fahrweg geschoben. Links und rechts türmt sich teils pechschwarze, teils rostrote Lava auf. Sie trägt den Namen Vikrahraun, stammt aus dem Jahr 1961 und ist das jüngste Lavafeld der Askja.

Je näher wir dem Parkplatz kommen, desto üppiger wird das Schneeweiß in der düsteren Lava. Warum bekommen wir beide plötzlich Lust auf einen Eisbecher? Vielleicht, weil uns das wilde Durcheinander von schwarzer Lava und weißem Schnee an eine Riesenportion Stracciatella-Eis erinnert?

Waren vor vielen Jahren die Parkmöglichkeiten hier oben noch sehr begrenzt, wurde zwischenzeitlich ein Parkplatz angelegt. Sogar ein Toilettenhäuschen fand in einer Ecke Platz. Jetzt am späten Nachmittag ist die Anzahl der Autos überschaubar.

Askja – was nach einem außergewöhnlichen, isländischen Vornamen klingt, heißt übersetzt schlicht und einfach "Schachtel". Denn das Vulkanmassiv besteht aus drei ineinander verschachtelten Calderen. Caldera bezeichnet einen Kraterkessel, der durch den Einsturz der unterirdischen Magmakammer entstand.

Am verschneiten Parkplatz beginnt ein zweieinhalb Kilometer langer Wanderweg durch eine der eindrucksvollsten Vulkanlandschaften Islands. Obwohl wir uns auf gut 1.080 Metern Höhe befinden, zeigt unser Außenthermometer noch zehn Plusgrade an, der isländische Wettergott ist heute ziemlich gut gelaunt. Wir rüsten uns mit Kameras, Wanderstecken, Mützen und Handschuhen aus und folgen dem markierten Wanderweg bergauf, der mit sulzigem Schnee bedeckt ist. An schneefreien Tagen, wenn die Dunkelheit der Lava diesen Naturschauplatz beherrscht, fühlt man sich eher wie ein Reisender durchs All, gestrandet auf einem fremden Planeten. Dann ist nachvollziehbar, warum die NASA in den 1960er-Jahren in diesem Gebiet ihr Mondfahrzeug testete.

Die großartigste Szene in diesem imposanten Schauspiel der Natur liegt noch vor uns. Zunächst ist davon nichts zu sehen. Mühsam stapfen wir durch den Schneematsch vorwärts. In den letzten Tagen müssen mindestens fünfzehn bis zwanzig Zentimeter Schnee gefallen sein. An wenigen Stellen hat die Sonne den Schnee bereits verschwinden lassen und dunkle Lavaflecken freigelegt. Ein Anblick, bei dem wir uns wie Statisten in einem alten Schwarz-Weiß-Film fühlen. Island, Eisland, trägt seinen Namen zu Recht.

Den Weg kann man nicht verfehlen, zum einen ist er mit Holzstecken markiert, zum anderen führen Hunderte von Fußspuren in die gewünschte Richtung. Tritt man beim Wandern kräftig auf, ist manchmal eine Art dumpfer Widerhall zu hören, als ginge man über ein altes Gewölbe. Die Geologie hat eine Erklärung für dieses Phänomen: Als sehr dünnflüssige Lava aus den Kratern der Askja floss, verkrustete diese an der Oberfläche ziemlich schnell. Darunter strömte die Lava jedoch weiter und ließ Höhlen und Gänge entstehen. Die isländische Mythologie liefert dazu noch weitere bemerkenswerte Details. Sie besagt, dass in diesen Höhlen Zwerge wohnen und arbeiten. Ob wohl beide recht haben?

Anstatt einem Zwerg begegnen wir einem anderen Gesellen. Irgendjemand hat einen Schneemann gebaut, mit Lavastücken als Augen und Nase – im August ein ungewohnter, aber fröhlicher Anblick. Vergnügt grüßt er uns Wanderer und wir lachen zurück.

Schnurgerade führt der Weg über die Hochebene auf den Bergrücken Thorvaldstindur zu, der höchsten Erhebung im Dyngjufjöll-Gebirge. Davor erkennen wir einen niederen, dunklen Querriegel. Wegmarkierungen leiten uns hinauf auf die schwarze Anhöhe.

Oben angekommen, tut sich ein überwältigendes Naturschauspiel auf: Wir haben den Rand eines Kraters erklommen und blicken hinab in eine Arena, in der Vulkankrater ihre Kämpfe austragen. Die Aussicht ist schlichtweg atemberaubend.

Im Moment hat der Vulkan Askja jedoch eine Kampfpause eingelegt. Vor uns breitet sich die riesige Caldera des Öskjuvatn aus, des „Askja-Sees", mit 217 Metern der tiefste See Islands. Er ist gut zwölf Quadratkilometer groß und mit eiskaltem Wasser gefüllt. Sein sanftes Blau mildert kaum die Schroffheit und Dramatik des Ausblicks. Rechts unter uns ruht der Víti, ein kreisrunder Krater mit nur 100 Metern im Durchmesser. Grau-grün und milchig-trüb schimmert sein Wasser, das derzeit nur noch 22 Grad warm ist. Ein paar Mutige baden darin.

Schwefelgeruch dringt zu uns herauf, ein Indiz, woher dieser Krater seinen Namen hat. Víti bedeutet "Hölle". Er blickt auf eine ungestüme Entstehung zurück, denn als sogenannter Explosionskrater schleuderte er innerhalb weniger Stunden riesige Mengen an Bimsstein aus. Vor Jahren sind auch wir diesen beinahe senkrechten Hang hinabgestiegen oder besser gesagt gerutscht, um 50 Meter tiefer die Hand ins warme Wasser zu halten. Gebadet haben wir nie darin – unser Respekt vor der Hölle ist einfach zu groß.

Die Caldera des Öskjuvatns und der Víti-Krater entstanden beim Ausbruch des Askja-Vulkans im Jahre 1875. Seither rumort er immer wieder mal.

Obwohl wir schon zum siebten Mal hier stehen, sind wir vom Anblick erneut überwältigt. Es ist ein Kraftort, an dem man spürt, dass die Natur noch das Sagen hat. In dieser Urlandschaft, in dieser üppigen Kargheit könnte man zum Poeten werden, hätte man die Veranlagung dazu.

Rings um den Víti wurden Warnschilder aufgestellt, damit niemand zu dicht an den Kraterrand gelangt, denn der Wind hat brüchige Schneeüberhänge aufgetürmt, die über den Rand hinausragen. Dort, wo die Sonne den Schnee getaut hat, ist der Weg matschig und rutschig. So winterlich-wild haben wir die Askja-Szenerie noch nie erlebt. Bei unseren letzten Besuchen hatten wir stets eine Brotzeit dabei und uns abseits des Pfades hingesetzt, um die Dramatik der Askja auf uns wirken zu lassen. Heute verzichten wir darauf.

Dass diese Landschaft nicht ungefährlich ist und man ihr mit Vorsicht und Demut gegenübertreten sollte, ist auch an einer gewaltigen Pyramide aus Lavasteinen unweit des Sees zu sehen. Sie erinnert an die beiden deutschen Forscher Walther von Knebel (Geologe) und Max Rudloff (Maler). Beide verschwanden unter ungeklärten Umständen im Juli 1907, als sie mit einem Boot auf den Öskjuvatn hinausfuhren und nicht mehr zurückkehrten.

Erst in den Abendstunden fahren wir acht Kilometer zurück, um auf dem Campingplatz bei den Dreki-Hütten zu übernachten. Vor uns am Horizont schwebt die weiße Pyramide des Snæfells erhaben über der kargen Landschaft. Im Nordosten ruht majestätisch und uneinnehmbar der Herðubreið, weithin sichtbar aufragend wie eine wehrhafte Burg. Schöner und ergreifender kann Island nicht sein.

Später nutzen wir das aussichtsreiche „Fernseh"-Programm unseres Wohnmobilfensters und schauen eine Zeit lang dem Herðubreið bei der Nachtruhe zu. Dieses Live-Bild finden wir beeindruckender als jeden Film.

Dass unsere Entscheidung richtig war, gleich zur Askja zu fahren, zeigt sich am nächsten Morgen. Tiefe Wolken hängen über dem Hochland. Vom Herðubreið ist nur noch sein Fuß zu erahnen und der Snæfell ist gleich ganz verschwunden. Auch das gewaltige Naturschauspiel der Askja liegt heute im Nebel verborgen.

Wieder einmal hat sich gezeigt: Wer durch Island reist, muss spontan und flexibel sein, denn schönes Wetter muss man ausnutzen. Sofort.

Durch die Útbruni – auf einer echten Mörderpiste ⑮

Eine Staubfahne hinter sich herziehend arbeitet sich unser MAN durch die trockene Erdpiste Richtung Süden. Die tief in die Landschaft eingeschnittene Fahrspur erfordert ständige Aufmerksamkeit, sind es doch nur wenige Zentimeter links und rechts bis zur Grasnarbe. Umkippen kann unser Wohnmobil trotz spürbarer Schräglagen schon mal nicht. Dazu sind die Spurrillen zu tief und die Böschung zu hoch. Dank großer Bodenfreiheit kommt der Spaßfaktor bei einer solchen Schaukelpartie aber nicht zu kurz. Unsere heutige Route durch die Útbruni haben wir in den letzten Tagen sorgfältig und mit zunehmender

Spannung vorbereitet. Diese landschaftlich eindrucksvolle, wilde und unzugängliche Bergwelt zieht uns magisch an. Und was man darüber liest, verspricht Abenteuer pur: Ein Fluss, der nie gefriert. Eine raue Piste durch die "Missetäterwüste". Und mittendrin der riesige Schild eines Trolles – Beschreibungen, die unsere Neugier geweckt haben.

Um Wasser kann es sich bei einem Fluss, der nie gefriert, wohl kaum handeln. Nein, es ist ein Lavastrom, der sich mitten durch eine mystische Berglandschaft wälzt. Útbruni ist sein Name. „In Islands Vulkanzone gibt es Ströme, die kein Wasser führen, Ströme aus Lava, die auf verblüffende Weise wie erstarrte Flüsse aussehen“, lesen wir in Walter Hansens Abenteuerbuch „Asgard“, das uns nicht zum ersten Mal als Reiseführer dient.

Und warum "Missetäterwüste"? Die bizarre Gegend ist so einsam und abgelegen, dass in den vergangenen Jahrhunderten verurteilte Straftäter in diese bedrohliche Einöde flüchteten. Auf Island wurden in früheren Zeiten manche Verbrecher nicht mit dem Tode bestraft, sondern geächtet, quasi in die Wüste geschickt. Sie galten als vogelfrei und konnten von jedermann getötet werden. Da war ein so abgelegenes Versteck oft die letzte Rettung. Nur in der wüstenhaften Einsamkeit waren sie relativ sicher, ihr Überlebenskampf jedoch äußerst hart. *Ódáðahraun*, die isländische Bezeichnung, bedeutet übersetzt eigentlich "Missetäterlava", aufgrund ihrer Größe ist das Wort "Wüste" aber treffender. Mit nahezu 5.000 Quadratkilometer ist sie in etwa so groß wie alle Balearen-Inseln zusammen.

Sich auf den Weg durch die "Missetäterwüste" und den Lavastrom Útbruni zu machen, ist auch heute noch ein Abenteuer und trotz technischer Hilfsmittel eine echte Herausforderung für Fahrzeug und Pilot.

Bereits auf dem Campingplatz von Akureyri haben wir unser Fahrzeug heute früh startklar gemacht: Abwassertank und Toilette entleert, Frischwasser für mehrere Tage aufgefüllt, Reifendruck geprüft und Diesel aufgetankt, was zu einer lieb gewonnenen Routine vor jeder Fahrt in unbewohnte Gegenden wurde.

Endlich können wir starten. Voller Erwartung und recht flott geht´s zunächst auf der Ringstraße bis zum Wasserfall Goðafoss, wo wir auf die Straße 844 Richtung Süden abbiegen. Na ja, die Bezeichnung "Straße" verdient die Schotterpiste schon bald nicht mehr, denn ab jetzt beginnt die Gravelroad.

Gleich zu Beginn informiert ein Schild über das maximal zulässige Fahrzeuggewicht: zwölf Tonnen. So viel bringt uns MAN nicht auf die Waage.

Noch wissen wir nicht genau, was auf uns zukommt, denn die Strecke ist Neuland für uns.

Die eigentliche Piste durch die Útbruni beginnt nach einem Gatter beim Bauernhof Svartakot. Pia öffnet das Tor und gibt den Weg frei für die nächsten 100 Kilometer durch menschenleeres Gebiet.

Und schon beginnt das Abenteuer, denn kurz darauf schlängelt sich die tief ausgefahrene Erdpiste entlang der Ostseite des Flüsschens Suðurá. Der strahlend blaue Himmel spiegelt sich darin und verleiht dem Wasser die Farbe von dunkelblauer Tinte. Moospolster, Krüppelweiden und Blaubeerbüsche gedeihen entlang seines Ufers, setzen letzte freundliche Akzente in der beginnenden Einöde.

Eine Stunde sind wir schaukelnd und schwankend unterwegs, als eine erste Schutzhütte mit kleinem Schafsammelgatter auftaucht. Hier überholt uns ein Landy, den wir später noch einmal sehen werden. Ganz allein sind wir also nicht auf dieser Piste unterwegs.

Auf dem weiteren Weg nach Süden dürfen wir ein paar gutmütige Furten durchqueren – keine wirkliche Herausforderung für den MAN, aber ein weiterer Spaßfaktor für uns.

Schließlich erreichen wir die ersten Ausläufer der Útbruni. Sie zwingen uns jetzt öfter zum Abbremsen, bis eine im wahrsten Sinne des Wortes „mörderische“ Piste direkt durch den Lavastrom beginnt. Nun heißt es Luft aus den Reifen ablassen, Differenzialsperren zuschalten und ersten Gang einlegen.

Über Lavabruchstücke und -platten hinweg kommen wir fast nur noch im Schritttempo voran. Engstellen und Kurven zwingen zum Zurücksetzen, der MAN verwindet sich haarsträubend, schwankt wie bei heftigem Seegang. Wen wundert‘s, wir befinden uns ja mitten in einem (Lava-)Fluss.

Irre Schräglagen um Lavablöcke herum erfordern Millimeterarbeit, will man keine Kratzer riskieren. Mit fünf bis sieben Stundenkilometern erobert sich der MAN Meter für Meter.

Zwischendurch entdecken wir im Lava-Wirrwarr großflächige, wunderschöne Stricklavaplatten. Komisch, irgendwie erinnern sie uns an etwas Selbstgestricktes. Oder an einen grob gefilzten Teppich. Was ein Vulkan so alles zustande bringt! Uns bringen sie eine willkommene Fotopause von der Quälerei über Stock und Stein.

Dann nähern wir uns der Schutzhütte Botni, die einsamen Wanderern und Radfahrern Zuflucht bei plötzlich auftretenden Wetterkapriolen bietet. Kurz davor kommt uns ein sichtlich genervter Franzose mit einem Geländewagen entgegen. Als wir anhalten und er aussteigt, lautet seine erste Frage, ob wir Diesel hätten. Wir erklären ihm, dass wir zwar sehr viel Treibstoff mitführen, allerdings nur im Tank und nicht in einem Kanister. Bevor wir weiterreden können, macht er auf dem Absatz kehrt, läuft zurück zum Auto und fährt wie ein Besessener an uns vorbei. Er hat wohl unterschätzt, wie spritfressend und nervenaufreibend eine Tour durchs Nichts sein kann.

Nun wird die Orientierung etwas schwieriger und unübersichtlicher. Inmitten des Lavastroms ist die Fahrspur oftmals kaum mehr zu erkennen. Ab und zu geben uns Steinmännchen die Orientierung zurück, doch einmal verlieren wir die Piste völlig aus den Augen. Auf den rauen Lavaplatten ist der weitere Weg kaum auszumachen, deshalb laufen wir mit dem Fernglas umher, bis wir endlich wieder Spuren entdecken.

Von Beginn an begleitet uns am südlichen Horizont das Dyngjufjöll-Massiv, in dessen Zentrum die Askja mit dem See Öskjuvatn ruht. Rechts daneben erhebt sich breit und behäbig der Trölladyngja, der Schild des Riesen, Islands größter Schildvulkan. Für seine flache, ebenmäßige Form ist sehr dünnflüssige Lava verantwortlich, die gleichmäßig nach allen Seiten abfloss. Sein letzter Ausbruch fand vor gut 6.000 Jahren statt und noch immer scheint er tief und fest zu schlafen. Recht so!

Langsam steigt der Track an, zunächst moderat, bald aber geht´s steil bergauf. Auf 700 Höhenmetern passieren wir die dritte Schutzhütte Dyngjufell. Dort rastet gerade der Landy, der vor einiger Zeit an uns vorbei fuhr.

Hier beginnt der landschaftlich schönste Teil der Strecke: das äußerst eindrucksvolle Dyngjufalladalur, das sich zwischen zwei Bergrücken in Nord-Süd-Richtung erstreckt. In dem engen Tal haben die vereinten Naturkräfte kuriose Gestalten und bizarre Formationen geschaffen. Vom Vulkanismus geformt und vom Sandstrahlgebläse des Windes modelliert, scheinen die aufragenden Berge eher Burgen oder Festungen zu gleichen.

Dass diese Landschaft die Altvorderen zu wilden Spekulationen über gefährliche Riesen und Trolle sowie deren trutzige Behausungen anregte, können wir angesichts der ungewöhnlichen, ja mystischen Formen und Gebilde sehr gut nachempfinden. Allerdings wissen wir heute um die Gestaltungskraft der Vulkane. Für die von Urängsten geplagten Menschen in früherer Zeit waren sie jedoch ein Rätsel. Sie empfanden die Szenerie als mysteriös und äußerst bedrohlich.

Wir folgen steilen, engen Passagen über Lavaplatten und Geröll hinweg, bis wir am Westhang des Dyngjufjöll-Gebirges mit 900 Höhenmetern den höchsten Punkt erreichen. Von hier ab ist der Weg mit gelb-roten Pflöcken markiert und der Untergrund sandiger. In dieser Einöde wächst so gut wie kein Pflanzen mehr, stattdessen herrscht Kargheit und Einsamkeit – Wüste pur, wie wir es lieben.

Ein letztes optisches Highlight fasziniert uns kurz vor dem Ende dieser abenteuerreichen Tour. Kattbekingur, ein lehmfarbener Bergrücken, hebt sich kontrastreich vom schwarzen Lavafeld ab. Zu seinen Füßen stehen regungslos mehrere braune Gestalten. Sahen sie von Weitem noch wie Wachposten aus, entpuppen sie sich beim Näherkommen als reine Steingebilde. Ja, auch unsere Fantasie geht manchmal mit uns durch.

Zwischenzeitlich ist uns klar geworden, warum die Piste auf zwölf Tonnen begrenzt wurde. Größere Fahrzeuge hätten an manchen Stellen echte Probleme damit weiterzukommen, sogar für unseren MAN war es zwischendurch verdammt eng.

Ab hier ist es nur noch ein Katzensprung, bis wir auf die F910, die Piste Gæsavatnaleið nyrðri, stoßen. An der Kreuzung müssen wir uns entscheiden: Wollen wir links abbiegen und weiter zur Askja? Oder nach rechts Richtung Sprengisandur?

Egal, ob links oder rechts: An dieser Stelle endet für uns eine aufregende Tour durch die Útbruni. Auf einer Mörderpiste, wie wir sie getauft haben. Was bleibt, ist die Erinnerung an 62 spannende Kilometer und an eine wilde, ursprüngliche Wüstenlandschaft, die uns Eindrücke wie aus einer anderen Welt bescherte.

„Von allen Vulkangebieten Islands“, schrieb Walter Hansen, „gefällt mir das Dyngjufalladalur am besten“. Und er würde gerne mit mehr Zeit im Gepäck wiederkommen. Wir übrigens auch.

Sprengisandur – wo die Gedanken fliegen lernen ⑯

(Pia erzählt)

"Ríðum, ríðum, rekum yfir sandinn", so beginnt das isländische Volkslied Á Sprengisandi. „Wir reiten, reiten, jagen über den Sand".

Das Lied schildert die Furcht der Reisenden auf ihrem Weg durch den Sprengisandur, erzählt von der Einsamkeit dort, den Gefahren und von bösen Geistern.

Der Sprengisandsleið ist die berühmteste Route durch das isländische Hochland, mit ungefähr 200 Kilometern aber auch die längste. Namensgeber ist ein großes Sandergebiet inmitten des Hochlandes. In früheren Zeiten wollten die Reisenden nur eines: möglichst schnell durch den Sprengisandur hindurch. Deshalb trieben sie ihre Pferde dazu an, durch die weite Sandebene hindurch zu „sprengen".

Die Route existiert schon seit der frühesten Besiedlung Islands und zieht sich quer durch die Insel auf ungefähr 700 bis 800 Metern Höhe. Vor Hunderten von Jahren war der Reitweg nicht nur äußerst beschwerlich, er war auch gefürchtet: Wüstenlandschaft und Wildnis, böse Trolle und zornige Götter, Stürme und Wetterwechsel erschreckten und verunsicherten die Reiter.

Der Weg verläuft von Südwest nach Nordost zwischen den beiden Gletschern Vatnajökull und Hofsjökull hindurch und passiert eine meist vegetationslose Sand- und Steinwüste. Einsamkeit und böse Trolle muss man heutzutage nicht mehr fürchten, höchstens einen Wetterumschwung. Die Sprengisandur-Hochlandroute ist zu einer beliebten Strecke unter den Touristen geworden, die ein wenig Abenteuer und etwas Einsamkeit suchen. So wie wir.

Im Lied queren die Reiter das Hochland von Süd nach Nord, wir wollen es heute in der entgegengesetzten Richtung durchfahren. Als Einstieg wählen wir die Straße mit der Nummer 842 in der Nähe des Wasserfalls Goðafoss.

Zunächst kommen wir auf einer Schotterstraße recht flott voran. Sie bringt uns 40 Kilometer durch das grüne Tal des Flusses Skjálfandafljót, einem breiten Gletscherfluss, der uns bis ins Hochland hinein begleiten wird. Bei Mýri, dem letzten Hof vor der Einöde, weist ein Schild nach links, hier beginnt die F26, die legendäre Sprengisandur-Hochlandroute.

Schon nach vier Kilometern machen wir einen Abstecher und folgen einer kurzen Stichstraße, die an einem Parkplatz endet. Wir hören Wasserrauschen und steigen erwartungsvoll auf einem ausgetretenen Pfad hinab zum Skjálfandafljót. Dort hat Islands Natur wieder einmal ein außergewöhnliches Schauspiel geschaffen und inszeniert eindrucksvoll den Auftritt des Wasserfalls Aldeyarfoss. An einem engen Durchschlupf stürzen seine grauen Wassermassen donnernd herab in einen Kessel und rauschen weiter durch eine gut 20 Meter hohe Schlucht. Über Jahrtausende wurde das Bühnenbild vom Gletscherwasser aus dem Gestein herausmodelliert. Zwischen zwei waagrechten dunklen Gesteinsschichten liegen eingezwängt Hunderte senkrechter Basaltsäulen, dicht an dicht stehend wie Orgelpfeifen. Sie säumen das herabfallende Wasser und begleiten den Fluss über einige Hundert Meter.

Direkt neben dem Wasserfall schmirgelten die steinig-sandigen Wassermassen eine halbrunde Grotte heraus und erschufen eine kleine Nebenbühne. Am schmalen Ufersaum liegen herabgestürzte Basaltsäulen. Einige stehen noch aufrecht da und lehnen sich Halt suchend an ihre Kameraden, als warteten sie darauf, dass Baumeister Natur sie wieder an ihren angestammten Platz setzt.

Über die Felsen klettern wir vor bis zur Kante, setzen uns auf einen Stein, um zu schauen, zu staunen und zu fotografieren. Leider hat die Sonne heute Urlaub genommen und schickt nicht einen Strahl zu uns herab. Trotz grauem Himmel können wir uns vom Ausblick kaum losreißen und rüsten uns viel später als geplant zur Weiterfahrt.

Ab jetzt geht´s stetig bergauf und der Pistenzustand bietet von allem etwas: erdig, sandig, steinig, holperig. Von früheren Touren wissen wir, dass die Fahrt auf der Sprengisandur-Route recht ruppig sein kann. Wassergefüllte Löcher in der Fahrspur lassen ahnen, dass es in den letzten Tagen viel geregnet hat. Mit jedem Kilometer steigen wir höher hinauf und das spärliche Grün wird noch kümmerlicher.

Nach 35 Kilometern haben wir genug für heute. Links neben der Piste taucht ein kleiner Parkplatz auf und wir beschließen einstimmig, dass dies der heutige Übernachtungsplatz wird. Überraschend brennt die Sonne ein Loch in die dichte Wolkendecke und linker Hand, über dem Tal des Skjálfandafljóts, treibt der Wind lange weiße Wolkenbänder vor sich her.

Solange wir hier stehen, fahren exakt vier Autos vorbei. Ansonsten herrscht wohltuende Stille, die wir wie immer sehr genießen.

„Frühmorgens, wenn die Steine lange Schatten werfen, ist eine gute Zeit, um zu fotografieren“, denke ich mir beim Aufstehen und hüpfe noch im Schlafanzug raus, um unseren einsamen Platz von einer Anhöhe aus zu fotografieren. Am Himmel zeigen sich dramatische Wolkenformationen und etliche undramatisch-blaue Stellen. Außer dem leichten Rauschen des Windes war heute Nacht nichts zu hören. Und immer noch ist es herrlich ruhig um uns herum. Stille am Morgen ist etwas Kostbares.

Weiter geht es auf gut 700 Höhenmetern. Das hört sich recht niedrig an, ist in Island aber eine nicht zu unterschätzende Höhe. Nach acht Kilometern taucht ein Gatter für Pferde auf, dahinter wurde Futter aufgetürmt. Wir haben Fossgilsmosar erreicht, kurz darauf erscheint ein Hinweisschild zur Kiðagil. Die Schlucht ist von der Piste aus nicht zu sehen, es gibt jedoch einen drei Kilometer langen Wanderweg dorthin.

In früheren Zeiten sehnten die Reiter Kiðagil regelrecht herbei, war die Schlucht doch der erste Rastplatz und die erste Weidemöglichkeit für Pferde, nachdem sie den öden Sprengisandur durchquert hatten. Im Liedtext heißt es: *„Vænsta klárinn vildi ég gefa til að vera kominn ofan í Kiðagil“*, „Mein bestes Pferd würde ich geben, wenn ich schon in Kiðagil wär“.

So gesehen haben wir das Schlimmste noch vor uns. Auf der Weiterfahrt passieren wir immer wieder kleine Bachläufe, an deren Ufern arktische Weidenröschen blühen und die der kahlen Landschaft ein wenig Farbe geben. Kurz darauf erreichen wir mit 838 Höhenmetern den höchsten Punkt auf unserer Strecke. Genau hier begegnet uns ein Radler – lachend. Auch er scheint sich in dieser Einöde wohlzufühlen. Mit der Einmündung der F881 14 Kilometer hinter Kiðagil beginnt der eigentliche Sprengisandur. Unser Fahrweg krümmt sich um geschwungene Hügel in tristem Grau-Braun herum, zwischendrin bieten willkürlich verstreute größere Felsbrocken dem Blick ein wenig Halt. Wo etwas Wasser strömt, wächst ein schmales Band aus grünem Moos. Wo aber kein Wasser fließt, herrscht nackte Sand- und Steinwüste.

Ich genieße eine solch abgeschiedene Einöde, weil das Nachdenken, Sinnieren und Reflektieren durch nichts abgelenkt wird. Hier können sich die Gedanken frei bewegen, können dahingleiten und werden durch nichts gehemmt. Gerade habe ich mich wieder einem Gedankenspiel hingegeben, als plötzlich ein Loch in der Piste auftaucht, und unser Fennek rummst. Schon ist mein Gedanke weg, fliegt nach draußen und verschwindet. Vielleicht kommt ja ein anderer Reisender vorbei und greift ihn auf?

Nach und nach erheben sich hinter den Hügeln die Gletscher Hofsjökull und Vatnajökull. Wegen des Windes liegen beide noch im dunstigen Staub.

23 Kilometer weiter taucht wie aus dem Nichts eine halbmondförmige Wasserfläche auf. Es ist der Fjórðungsvatn, sein Wasser wird vom Wind aufgepeitscht und schlägt Wellen. Der See schmiegt sich an den Fjórðungsalda, den „Viertelshügel", der das geografische Zentrum Islands bildet. Hier mündet von rechts die F752 ein, auf der man nordwärts zum Skaga- und Eyjafjörður käme. Wir fahren jedoch geradeaus weiter.

Die Sprengisandurpiste besteht nun aus Wellblech und Löchern, aus Sand und Staub, den der heftige Wind zusätzlich aufwirbelt. Die Pistenpflöcke haben größtenteils ihre gelb-rote Farbe verloren. Wir sind mittendrin in der weiten Sandebene des Sprengisandur, über die der Wind ungebremst pfeift.

Nach weiteren 14 Kilometern mündet wieder eine Piste ein, dieses Mal von links. Es ist die F910, auf der man über die beiden Hochlandrouten Gæsavatnaleið nyrðri oder syðri in sechs bis acht Stunden zur Askja fahren könnte. Vor allem für die südliche Variante empfiehlt sich ein Begleitfahrzeug (und „gutes Schuhwerk" fürs Fahrzeug, sprich eine Rädergröße von 35 Zoll oder größer, wie ein handgeschriebenes Schild am Abzweig vorschreibt).

Inzwischen haben wir den Vatnajökull-Nationalpark erreicht. Und stehen gleich vor der ersten größeren Furt durch den Flusslauf des Hagakvíslar. Sein Wasser fließt zwar reißend schnell, ist mit ungefähr 30 Zentimetern aber nicht sehr tief. Noch immer bläst ein heftiger Wind, doch er ist wärmer geworden. Kurz vor den Hütten von Nýidalur darf unser Fennek schon wieder durchs Wasser rumpeln. Er mag das – und wir auch. Schon oft haben wir die lang gezogene Furt durch den Fluss Nýidalsá durchquert und wissen daher, dass sie zwar ziemlich breit, aber nicht sehr tief ist. Die Durchfahrt ist mit Pflöcken und Seilen begrenzt, damit keiner vom rechten Weg abkommt.

Dem strammen Wind verdanken wir mittlerweile einen strahlend blauen Himmel, einen freien Blick auf die Gletscher und eine Außentemperatur von unglaublichen 17 Grad – und das im Hochland auf einer Höhe von 800 Metern. So warm haben wir Nýidalur noch nie erlebt.

Entlang des Flusses Nýidalsá setzen arktische Weidenröschen pinkfarbene Akzente, mittendrin reckt die dekorative Engelwurz ihre sattgrünen Köpfchen in die Höhe. Als i-Tüpfelchen ragt im Hintergrund das ewige Eis des Hofsjökull auf. Vor der Weiterfahrt muss ich diese farbenfrohe Szene unbedingt in jede Richtung fotografieren.

Herausragend: der Leuchtturm Öndverðarnes auf Snæfellsnes

Markant: die Vulkanschlote Lóndrangar

Kleiner Ort - große Kulisse: Arnarstapi am Fuße des (verhüllten) Snæfellsjökull

„Aussichtslos“: Auffahrt zum Snæfellsjökull

In Szene gesetzt: der Berg Kirkjufell und sein gleichnamiger Wasserfall

Trügerischer Schutz: im Krater Hólahólar

Suchbild: Wer findet den Parkplatz beim Vulkan Askja?

Vermeintliche Idylle: die beiden Kraterseen des Vulkans Askja

Winterlicher Sommer: Wanderweg auf dem verschneiten Lavastrom

Bergauf: über holperige Stricklava durch den Lavastrom Útbruni

Bergab: die „mörderische“ Piste durch die Missetäterwüste

Geschafft: steinerne Gestalten am Ende einer aufregenden Tour

Eindrucksvoller Auftritt: der Wasserfall Aldeyarfoss mit seinen Basaltsäulen

Stille und Einsamkeit: Übernachtungsplatz an der Sprengisandur-Route

Aufgewühlt: steinige Furt auf der Sprengisandur-Route

Achtung: Warnhinweise an der Sprengisandur-Route

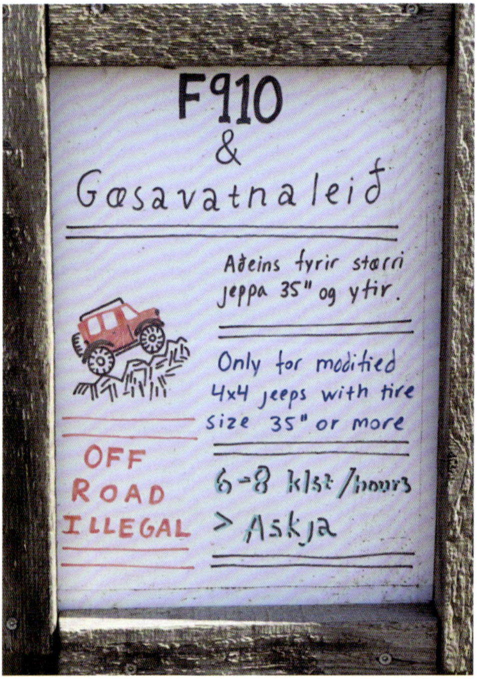

Heute wollen wir unterhalb der Hütten von Nýidalur übernachten. Stolze 2.000 ISK pro Person (umgerechnet ungefähr 15 EUR) will die Rangerin für die Übernachtung kassieren. Wie immer versuche ich, den Preis zu verhandeln. Aber sie bleibt hartnäckig, gibt mir keinen Rabatt – trotz meines (wie ich finde) überzeugenden Argumentes, dass wir von den Hütteneinrichtungen rein gar nichts nutzen. Weder Küche, noch Bett, noch Toilette. Außerdem nehmen wir alles wieder mit, und damit meine ich wirklich alles.

Diese fehlende Differenzierung zwischen Hüttengast und Selbstversorger ärgert uns immer wieder, denn in den Nationalparks ist man gezwungen, auf ausgewiesenen Campgrounds zu übernachten. Nur zum besseren Verständnis: Wir sind gerne bereit, fürs Über-Nacht-Parken etwas zu bezahlen, aber nicht denselben Preis, den man für eine Übernachtung in der Hütte berappen muss. Sei's drum, der Betrag wechselt den Besitzer. Vielleicht tun wir ja damit ein gutes Werk. Ende des Verdrusses.

Am nächsten Morgen stehen wir drei Kilometer hinter Nýidalur vor der Qual der Wahl: Sollen wir auf der Hauptroute geradeaus weiterfahren? Oder biegen wir heute rechts ab und folgen der Ausschilderung zum Kvíslavatn? Wir entscheiden uns für Letzteres, denn diese ältere und inzwischen wenig befahrene Sprengisandur-Route kennen wir noch nicht. Sie bringt uns nahe an den Hofsjökull heran, dessen leuchtend weiße Kappe wir auf den nächsten elf Kilometern ständig im Blick haben.

Diese Piste wird nicht so gepflegt wie die Hauptroute. Von Beginn an dürfen sich Fahrer und Fahrzeug mit großen Steinen, Geröll und Sand abmühen. Tiefe Querrillen lassen uns schaukeln, als säßen wir auf einem Kamel und nicht in unserem bequemen Fennek. Zwischen steilen und steinigen Auf- und Abstiegen liegen ausgedehnte sandige Passagen. Kurz: Die Sprengisandur macht ihrem Namen alle Ehre. Und immer noch bläst uns ein heftiger Wind um die Ohren und um die unseres Fenneks. Sobald wir abbremsen, überholt uns unsere eigene Staubwolke.

Nach 21 Kilometern entspringt dem trockenen Hochland unvermittelt eine Idylle, eine kleine Oase in der Wüste der Sprengisandur. Ein Flüsslein quert in seinem Steinbett unsere Fahrspur. Sein (unaussprechlicher) Name müsste Háumýrakvisl sein, ganz genau wissen wir es nicht. Das Wasser stürzt rechts neben uns und mitten in der Furt über eine kaum drei Meter hohe Kante hinab. An seinem Ufer hat sich auch hier die attraktive Engelwurz niedergelassen, arktische Weidenröschen stehen zu Grüppchen vereint beisammen.

Mit dem Blau des Wassers und dem Weiß des am Horizont aufragenden Gletschers ist diese herrliche Farbenpracht eine willkommene Abwechslung für Auge, Gemüt und Seele. Hier legen wir eine ausgedehnte Pause ein.

Kurz darauf mündet das unaussprechliche Flüsslein in einen ersten Stausee, an dessen Ende wir es nochmals durchqueren dürfen, bevor es sich kurz darauf mit einem weiteren Fluss vereinigt. Auch sein Name Hreysiskvisl ist nicht für unsere Zungen geeignet.

Ab jetzt reiht sich Stausee an Stausee, die Piste ist nicht mehr so grobschlächtig, die Landschaft eintöniger. Zeitweise verläuft die Fahrspur schnurgerade über viele Kilometer auf einem aufgeschütteten Damm. Ein Verkehrsschild, das ein ins Wasser stürzendes Auto zeigt, mahnt die Vorbeifahrenden, unbedingt auf der einspurigen Piste zu bleiben. Bei Gegenverkehr sicher eine Herausforderung, uns begegnet zum Glück keiner.

Dann passieren wir einen Abzweig mit der Hinweistafel „Eyvindarkofi – 5 km“. Der Weg führt zu den kläglichen Überresten einer Uralt-Behausung. Um 1770 lebte dort der Geächtete Fjalla-Eyvindur mit seiner Frau in tiefster Einöde. Für uns unvorstellbar, welch trostloses und entbehrungsreiches Leben die beiden geführt haben müssen.

Bald erreichen wir den ersten Zipfel des Kvislavatn, den größten der Stauseen. Blickt man nach Westen über ihn hinweg, ist die Silhouette des Bergmassivs Kerlingarfjöll fast zum Greifen nahe und eine weitere eindrucksvolle Island-Erfahrung.

Schließlich, 63 Kilometern hinter Nýidalur, treffen wir bei Versalir wieder auf die Hauptpiste F26 und nach weiteren 14 Kilometern auf den Þorisvatn, den zweitgrößten See Islands. Hier am südlichen Ende der Sprengisandur-Hochlandroute suchen wir uns am See einen ruhigen Platz für die Nacht.

„Álfadrottning er að beisla gandinn, ekki er gott að verða á hennar leið“ lauten zwei weitere Liedzeilen: „Die Elfenkönigin zäumt ihr Gangpferd. Es ist nicht gut, ihr in den Weg zu kommen.“ Nun, wir hatten Glück. Wir sind auf der Sprengisandur-Route weder einer Elfenkönigin noch einem bösen Troll oder heftigem Unwetter begegnet. Überhaupt haben wir uns auf der gesamten Strecke sehr wohlgefühlt, haben Einsamkeit und Stille genossen.

Unser Tipp:

Der Sprengisandsleið wird meist zwischen dem 20. Juni und 10. Juli geöffnet. Bevor man eine Hochlandroute in Angriff nimmt, ist es hilfreich, einen Blick auf deren Zustand zu werfen.
Den aktuellen Straßenzustandsbericht gibt es unter:
http://www.road.is/travel-info/road-conditions-and-weather/entire-iceland-road-conditions-map/
Die Befahrbarkeit/Öffnungszeiten der Hochlandrouten erfährt man unter:
http://www.vegagerdin.is/media/umferd-og-faerd/Halendi.pdf

Kerlingarfjöll – Farbenpracht und Schwefelduft ⑰

Sie soll die Tochter von Surtur gewesen sein, dem Feuerriesen in der nordischen Mythologie. Als sie bereits ein altes Trollweib war, hatte sie es eines Nachts nicht mehr geschafft, rechtzeitig vor Sonnenaufgang nach Hause zu kommen. Kaum traf sie der erste Sonnenstrahl, erstarrte sie zu Stein. Seither erhebt sich Surturs Tochter als markante Felsnadel in dem Gebirge, das nach ihr benannt wurde: Kerlingarfjöll. *Kerling* bedeutet altes Weib.

Der Gebirgszug Kerlingarfjöll liegt östlich der Hochlandroute Kjalvegur, kurz Kjölur genannt. In den vergangenen Jahrhunderten war der Kjalvegur, so wie auch die Sprengisandur-Route, ein Reitweg durch das unbewohnte Hochland. Im Gegensatz zum Sprengisandur, der vor allem den Wüstenliebhaber begeistert, gibt es entlang des Kjalvegurs einige landschaftliche Highlights. Eines davon steuern wir heute an.

Die früher mit F35 gekennzeichnete Piste hat inzwischen ihr „F“ eingebüßt, da alle Flüsse überbrückt wurden. Seither kann die nicht asphaltierte Strecke auch mit normalem Pkw befahren werden. Allerdings sollte man ein wenig Zeit mitbringen: lange Wellblechpassagen, sehr viele Schlaglöcher und noch mehr Steine machen das Fahren zu einer echten Nervenprobe. Ist das Wetter trocken, zieht man eine lange Staubwolke hinter sich her. Dann bremst man bei Gegenverkehr besser ab, um möglichst unbeschädigt aneinander vorbeizukommen.

Die Kjölur startet im Süden ungefähr zwölf Kilometer hinter dem Wasserfall Gullfoss. Sie führt in nordöstlicher Richtung zwischen den Gletschern Langjökull und Hofsjökull hindurch bis ins Blöndudalur im Norden.

Nachdem wir den Gullfoss gut 60 Kilometer hinter uns gelassen haben, biegen wir ziemlich gut durchgeschüttelt rechts ab auf die F347. Das „F" deutet es an: Ab jetzt ist ein geländegängiges Fahrzeug erforderlich. Nach zehn Kilometern taucht rechts unterhalb der Piste eine Oase auf: Ásgarður, ein Camping- und Rummelplatz für Wanderer, Zeltler und Wohnmobilisten. Das Camp hat dort seinen Platz gefunden, wo das Flüsslein Ásgarðsá einen Felsvorsprung umrundet. An seinem Ufer gibt es eine grüne Wiese für Zelte und einen Parkplatz für Wohnmobile. Sanitäre Einrichtungen sind ebenso vorhanden wie ein Gästehaus, ein Restaurant und etliche Ferienhütten. Mit 2.500 ISK pro Person und Nacht ist Ásgarður einer der teuersten Campingplätze Islands. Diese Summe darf man auch berappen, wenn man, so wie wir, nichts von den Einrichtungen nutzt und eigentlich nur ein paar Quadratmeter Boden als Stellplatz braucht.

Der Grund, warum in dieser Abgeschiedenheit ein solcher Aufwand an touristischer Infrastruktur betrieben wird, liegt versteckt in den Bergen des Kerlingarfjöll und heißt Hveradalir, Tal der heißen Quellen. Dort liegen Eis und Heiß unmittelbar nebeneinander. So wie man sich Island vorstellt.

Obwohl oder vielleicht gerade weil wir wissen, was uns erwartet, starten wir voller Vorfreude am nächsten Morgen. Selbst der Himmel zeigt sich gut gelaunt in Weiß-Blau. Was will man mehr.

Von Ásgarður aus geht´s zügig bergauf, schnell verschwindet das Camp hinter der nächsten Biegung. Rechter Hand wird uns der kleine Fluss Ásgarðsá bis zu unserem Ziel begleiten. Er hat sich tief in den erdig-braunen Tuffstein eingegraben und windet sich dabei wie eine Schlange durch die Berge. Nur am härteren Gestein hat sich das Wasser vergeblich abgearbeitet, schmale Felsbuckel blieben stehen und bewachen als steinerne Drachen die Schlucht. Regungslos, die Rückenschuppen bedrohlich aufgestellt. Ein Ungetüm hat seinen Kopf ins Wasser gesenkt, als wolle es daraus trinken. Zwar verlieren wir das Flüsslein immer wieder aus den Augen, aber dort, wo es uns spektakuläre Einblicke in seine Schlucht gestattet, halten wir an.

Nach sechs Kilometern sind wir auf über 1.000 Metern Höhe angelangt und treffen auf eine Pistengabelung. Wir biegen rechts ab und erreichen kurz darauf einen Parkplatz. Jetzt geht es nur noch zu Fuß weiter. Schon beim Aussteigen kann man erste Hinweise auf frühere vulkanische Aktivitäten entdecken. Schwarze Obsidian-Stückchen (sogenanntes vulkanisches Glas) glitzern in der Sonne wie kleine Kostbarkeiten.

Am Beginn des Weges informiert eine Hinweistafel über das „Naturparadies im Herzen Islands“ und die Wanderwege, die hindurchführen. Das ganze Gebiet entstand durch vulkanische Tätigkeit unter dem Eis. Die ältesten Teile des Kerlingarfjölls sind zwischen 70.000 und 320.000 Jahre alt, die jüngsten um die 10.000. Das Rumoren im Innern der Erde ist hier noch nicht zum Stillstand gekommen, wie wir kurz darauf zu sehen, zu riechen und zu hören bekommen.

Nach einem kurzen Fußmarsch schauen wir hinab – und sind vom Anblick auch heute wieder schlicht und einfach überwältigt. Inmitten der einsamen Bergwelt breitet sich zu unseren Füßen wohl eines der schönsten Geothermalgebiete Islands aus. Eine kunterbunte Hexenküche, in der Kälte und Hitze nebeneinanderliegen. Fumarolen und Solfataren, Dampfschwaden und Schwefelgeruch, Wasser und Eis, haben zusammen ein betörendes Schauspiel erschaffen. In den verzweigten Taleinschnitten unter uns dampft, blubbert und brodelt es. Solfataren in Gelb und Grau-Blau arbeiten unermüdlich Tag und Nacht, erzählen brabbelnd ihre nach Schwefel stinkenden Geschichten. Schon von oben riecht man die nach faulen Eiern duftenden Dämpfe.

Diese Anmutung von Hölle wird eingerahmt von sanft geschwungenen, farbenfrohen Bergen aus Rhyolith in allen Schattierungen zwischen Beige, Braun und zartem Rot. An den Hängen halten sich Schneefelder das ganze Jahr über, sie liegen wahllos verstreut wie weiße Teppichflecken und sind die Überreste eines Gletschers. An geschützteren Stellen haben es sich grüne Flecken aus Moos und Flechten bequem gemacht. Und um diese Szenerie zu vervollständigen, schlängelt sich das gletscherfarbene Flüsslein Ásgarðsá wildromantisch hindurch.

Wir steigen hinab in diese hitzige Farbigkeit, in das bunte Gemisch vulkanischen Ursprungs. Gut ausgebaute Wanderwege führen in die Szenerie hinein und hindurch. Die rutschig-schmierigen, erdig-braunen Hänge wurden mit Holztreppen versehen, damit Besucher gefahrlos umherwandern und das Höllenspektakel live und hautnah erleben können. Dampf steigt aus den temperamentvoll blubbernden Schlammtöpfen und zischenden Fumarolen auf. Nebelschwaden ziehen durchs Tal und erzeugen ein geheimnisvolles Wechselspiel aus Licht und Schatten. Mineralien sorgen für eine Vielfalt an Farben, die man im kargen Hochland nie vermutet hätte.

Seltsame Tuffsteingebilde, sanft gerundete Hügel aus buntem Rhyolith umrahmen das vulkanische Spektakel. Zwei Stunden halten wir uns an diesem wilden Schauplatz auf, filmen und fotografieren, schauen und staunen.

Obwohl wir nicht zum ersten Mal hier sind, erleben wir dieses Schauspiel heute erstmals im Sonnenlicht. Manchmal reicht es einfach nicht aus, Sonne im Herzen zu haben. Manchmal braucht man sie einfach, damit sie die Landschaft ins rechte Licht rückt. Vor allem, wenn es sich um ein so farbenfrohes Juwel handelt wie das Hveradalir im Kerlingarfjöll.

Hlöðufell – und die kostbare Stille ⑱

Seit wenigen Minuten sind wir auf der F338, der Haukadalsheiði, unterwegs Richtung Osten. Die Strecke heißt so, weil sie nach 50 Kilometern an der Straße ins Haukadalur endet, der Heimat von Geysir und Gullfoss. Diese Ost-West-Verbindung ist kein alter Handels- oder Reitweg, sondern wurde erst vor wenigen Jahrzehnten geschaffen, als eine Hochspannungsleitung direkt unterhalb des Langjökulls gebaut wurde. Auf ihr werden wir so weit fahren, bis von rechts die Piste zum Hlöðufell einmündet. Er ist unser eigentliches Ziel heute.

Zunächst folgen wir der Hochspannungsleitung Mast für Mast und werden dabei gut durchgeschüttelt. Eigentlich haben wir diesen Abschnitt als langweilig in Erinnerung. Warum wissen wir auch nicht, denn heute gefällt uns die Landschaft aus karger Steinwüste und alten Lavaströmen. Vielleicht weil im Moment das Wetter und damit die Aussicht wesentlich besser ist als beim letzten Mal.

Schon von Beginn an begleitet uns rechter Hand der Skjaldbreiður. Seine ebenmäßige Schönheit ist nur von Weitem erkennbar. Wie der Schild eines Riesen liegt der kreisrunde und sehr flache Schildvulkan in der alten Lava, die seinen Namen trägt. Von ihm geht keine Gefahr aus, denn sein Alter wird auf gut 9.000 Jahre geschätzt. Links erheben sich die beiden dunklen Kegel des kleinen und großen Björnsfell. Vereinzelte Sonnenstrahlen beleuchten ihre Silhouetten, heben sie wie Scherenschnitte hervor.

Immer wieder entdecken wir neben der Spur große schön geformte Stricklava-Platten, ein Hinweis, dass aus dem Skjaldbreiður relativ dünnflüssige Lava floss, deren Oberfläche schnell verkrustete. Drängt weitere Lava nach, wird die Kruste zusammengeschoben und es entsteht das markante Seil- oder Strickmuster. Nur ganz vereinzelt behaupten sich Pflänzchen in der grauen Lavawüste. Grasnelken, Aufgeblasenes Leimkraut und Arktische Weiden setzen farbige Kontrapunkte.

Rau, ruppig und rumpelig – der Pistenzustand ist wirklich nicht der beste, meistens fahren wir mit nur 20 Stundenkilometern durch die grau-braune Lavawüste und unter der Hochspannungsleitung hindurch. Ohne Masten wäre die Landschaft wesentlich beeindruckender – aber dann gäbe es auch diese Piste nicht. Allmählich lassen wir den Skjaldbreiður hinter uns, linker Hand blitzt das Weiß des Thórisjökulls hervor und rechts vor uns taucht unser heutiges Ziel auf.

“Das ist doch der Herðubreið“, meint Klaus verunsichert. Nein, nein, wir sind nirgends falsch abgebogen – es ist tatsächlich der Hlöðufell. Von hier aus ähnelt er nur fatal dem bekanntesten Berg Islands. Ganz oben trägt er sogar einen weiß überzuckerten „Hochsitz Odins“, genau wie der Herðubreið. Beides sind Tafelvulkane, mit seinen 1.188 Metern Höhe ist der Hlöðufell aber um einiges niedriger als sein ostisländischer Kumpel und vielleicht nicht ganz so attraktiv.

Nach 23 Kilometern treffen wir direkt am Thorolfsfell auf die anvisierte Kreuzung. Diese niedere Erhebung ist der unscheinbare kleine Bruder des Hlöðufell. Hier biegen wir rechts ab auf die F337 Richtung Laugarvatn. Die Piste nimmt Kurs Süd und bringt uns ganz nahe an den Hlöðufell heran. Direkt an seinem Fuß vollführt sie eine lang gezogene Rechtskurve und dirigiert uns weiträumig um den Berg herum auf seine Westseite. Dort liegen große

Felsbrocken wahllos verstreut, die Fahrspur kurvt zwischen ihnen hindurch. Waren es Naturgewalten, die sie herabstürzen ließen? Oder hat ein jugendlicher Riesentroll sie herausgebrochen, mit ihnen gespielt, aber irgendwann die Lust verloren?

An den Abhängen des Hlöðufell hat sich lockeres, zerbröseltes Gestein angesammelt. Darüber ragen steile, zerklüftete Felswände fast senkrecht in den Himmel. Auf der obersten Etage liegen Schneereste, denen die Sommersonne nichts anhaben konnte. Ringsum sitzen jede Menge steinerne Gebilde, die uns an Trolle erinnern. Auch ein Felsentor ist zu sehen. Haben wir vielleicht doch eine trutzige Götterburg vor uns statt eines alten Tafelvulkans? Islands Landschaft kann manchmal ganz schön irritierend sein.

Heute fahren wir nur noch bis zum südlichen Ende des Hlöðufells. Dort steht die mit Wellblech verkleidete graue Hlöðuvellir-Hütte des isländischen Wandervereins, die man mieten könnte. Jetzt, Anfang September, ist die Hütte verwaist und keiner mehr da.

Als wir aussteigen und uns ein wenig umsehen, hören wir Stimmen. Zwei Wanderer kommen gerade von einer Bergtour zurück. Der Hlöðufell ist (wie auch sein attraktiver Kumpel Herðubreið) besteigbar, allerdings nur für Geübte. Die beiden setzen sich in ihren Pick-up und fahren davon.

Kaum ist das Motorengeräusch verklungen, umgibt uns eine wohltuende Stille. Kein Mückensummen, kein Vogelgezwitscher, keine Menschenseele im Umkreis von 40 Kilometern. Nichts. Zu hören sind nur noch die Geräusche, die wir selber machen.

Unterhalb der Hütte finden wir einen bequemen Platz für den Fennek. Kaum stehen wir, fällt Regen aus grauen Wolkenpaketen herab und ein Regenbogen erscheint, krümmt sich vom Fuß des Hlöðufell bis weit hinaus in die Ebene. Das Wetterspektakel währt nur kurz, bald zeigen sich wieder große blaue Lücken am Himmel und die Farben des Regenbogens verschwinden im Nichts.

Während der Nacht herrscht absolute Stille – etwas Wertvolles, das wir dankbar genießen. In den frühen Morgenstunden ist die Temperatur in den Minusbereich gefallen und über uns leuchtet ein strahlend blauer Himmel. Raureif überzieht die wenigen Pflanzen und bedeckt den kargen Boden. Auch die Moosfelder an den Hängen des Hlöðufell sind reifüberzuckert. Überall glitzern Wassertröpfchen, als habe ein Troll Glasperlen verstreut. Doch die Sonnenstrahlen lecken die zarten Tröpfchen nach und nach auf. Später am Vormittag verlassen wir diesen entrückten Ort Richtung Süden, blicken dabei immer wieder zurück zum Hlöðufell, der von dieser Seite aus überhaupt nicht mehr dem Herðubreið ähnelt. Ein tiefer Einschnitt durchzieht seine Südseite. Dies dürfte die Rinne gewesen sein, durch die seine Lava herabfloss.

Zunächst rumpeln wir durch den alten Lavastrom hindurch und erreichen nach einem Kilometer eine Kreuzung. Nach rechts ist der Eyfirðingavegur ausgeschildert, ein uralter Weg, der von Thingvellir bis zum Hvitarvatn an der Kjölur führte, wir fahren jedoch auf der Hauptpiste weiter. In der Ferne leuchtet das reine Weiß des Langjökulls. Das Geholpere über Lavaplatten geht weiter, bis die Piste nach fünf Kilometern wesentlich sandiger wird. Herrlich, diese unvermittelt einsetzende Ruhe unter den Rädern!

Jetzt beginnt eine längere Weichsandpassage, die aufgrund des Raureifs heute Nacht noch feucht und fest ist. Ein paar Sonnenstunden später würden wir eine gewaltige Staubwolke hinter uns herziehen. Im dunklen Sand wachsen Büschel von Strandroggen, dem einzigen Grün weit und breit. Dort, wo die Pflanzen wurzeln, hat der Wind Sand angehäuft und eine Miniatur-Dünenlandschaft entstehen lassen. Knapp vier Kilometer pflügen wir durch den Sand, bis wir beim Berg Rauðafell wieder mehr Steine unter die Räder bekommen. Ein letztes Mal werfen wir einen Blick zurück auf den Hlöðufell und die Stille.

Nun geht es kurz hintereinander zwei steile und recht steinige Auffahrten hinauf. Unser Fennek gibt sein Bestes und klettert bis auf 584 Meter Höhe bergauf. Dann folgt ein leichter Abstieg in ein trockenes und überaus steiniges Bachbett, das wir einen guten Kilometer lang begleiten dürfen. Erst nach weiteren vier Kilometern ist das erneute heftige Gerumpel zu Ende und die Piste wieder besser zu befahren.

Über zwei Anstiege erreichen wir mit 679 Metern den höchsten Punkt der Tour. Der Blick hinab Richtung Süden ist jetzt ein gänzlich anderer. Unter uns liegen bewohntes Gebiet und ungewohntes Grün. In der weiten Ebene ruhen inmitten von zartgrünen Wiesen und Weiden die beiden Seen Laugarvatn und Apavatn samt den zugehörigen Örtchen.

Was jetzt kommt, ist das spannendste Teilstück der Tour. Vor uns liegt ein Abstieg, der steiler und steiniger kaum sein könnte. Und mit jedem weiteren Kilometer wirds noch heftiger. Im Schritttempo holpert der Fennek über Steine und Felskanten bergab. Er wiegt sich hin und her, er krächzt und ächzt in den ungewohnten Schräglagen. Oh ja, die letzten Kilometer haben es nochmals richtig in sich. Diesen Hang bergauf entgegen der Schwerkraft zu bewältigen wäre eine Herausforderung.

Als die karge Berglandschaft endet und das Birkengestrüpp beginnt, besteht die Piste nur noch aus grobem Schotter. An manchen Stellen wurde die Fahrspur von durchdrehenden Reifen tief ausgehöhlt. Um die Mittagszeit erreichen wir glücklich und zufrieden das Ende der Hochlandroute. Das Pistenabenteuer und vor allem die Stille haben wir wieder einmal sehr genossen. Jetzt haben wir uns ein Mittagessen verdient.

Die Kartoffeln köcheln gerade still vor sich hin, als eine junge Dame den Tränen nahe zu uns ans Auto kommt. Wir hatten die junge Frau vor zehn Minuten dabei beobachtet, wie sie mit ihrem Suzuki-Jeep die Piste kurz begutachtete, um dann über den größten Stein hinweg bergauf zu holpern. Als sie beherzt hinauffuhr, dachten wir noch: Viel Pistenerfahrung kann sie nicht haben. Und wieso ist das Mädel mutterseelenallein auf dieser rauen Piste unterwegs? Weiß sie, was auf sie zukommt? Dass es unterwegs irgendwann keine Mobilfunkverbindung mehr gibt, wenn sie Hilfe braucht?

Zehn Minuten später steht sie ziemlich hilflos und verängstigt an unserem Fennek und fragt, ob wir ihr helfen können. 500 Meter weiter hänge ihr Suzuki mitten auf der Piste – festgefahren an einem größeren Steinbrocken, den sie wohl einfach überfahren wollte.

Nennen wir die junge Frau einfach mal Anna. Sie erzählt uns, dass sie aus Finnland stamme und zu Hause schon oft mit dem Jeep ihres Vaters gefahren sei. Aber Finnland sei halt ziemlich flach. Außerdem hätte ihr ein junger Mann an der Hotelrezeption gesagt, dass man diese Piste befahren könne. Was zwar stimmt, aber eine unverantwortliche Aussage gegenüber einem jungen, unerfahrenen Mädel ist.

Wir klären sie erst einmal über den weiteren Verlauf der Strecke auf, über die steinigen und sandigen Passagen, über die Einsamkeit und den teilweise fehlenden Mobilfunkempfang. Kurz, in welche Gefahr sie sich begebe – allein und ohne Erfahrung. Selbstverständlich helfen wir Anna, das Fahrzeug wieder flottzubekommen, zu wenden und sicher zurück zum Ausgangspunkt zu bringen. Nachdem sie sich tausendmal bedankt hat, fährt sie zurück Richtung Zivilisation.

Und wir können endlich unsere Kartoffeln mit Quark essen.

Der Bigfoot – unterwegs auf großem Fuß

(Klaus erzählt)
Irgendwann wirst Du einem begegnen. Vielleicht nicht gleich am ersten Tag auf Island, aber früher oder später ganz bestimmt. Auf der Ringstraße, auf einer Hochlandpiste oder mitten in Reykjavik. Gemeint ist ein isländischer Bigfoot, ein Superjeep oder wie man so ein Teil auch immer nennen will. Ein Geländewagen mit riesigen Rädern.

In Island nutzt man sie für Gegenden, die sonst kaum erreichbar wären, für Fahrten über Eis und Schnee, durch reißende Flüsse und auf Gletscher. Aufgrund der überdimensionalen Räder vergrößert sich nicht nur die Bodenfreiheit gewaltig, sondern auch die Auflagefläche auf der Piste. Entwickelt wurde dieser ganz spezielle Typ von Geländefahrzeug – wie könnte es anders sein – in Island, und zwar schon vor 40 Jahren.

Im Winter gehört das Hochland den Isländern allein. Was macht man in den langen Winternächten? Man sinniert, plant und schraubt am eigenen Fahrzeug, bis ein echter Bigfoot daraus wird. Und ist man handwerklich nicht so geschickt, überlässt der Isländer den Umbau Spezialisten. So haben sich einige Werkstätten darauf spezialisiert, Seriengeländewagen zu imposanten Bigfoots aufzurüsten. Vom Original-Fahrgestell ist nach dem Umbau nicht mehr allzu viel übrig. Da werden massive Stahlträger zusammengeschweißt, eine neue Radaufhängung, nicht selten mit Portalachsen, treibt die Bodenfreiheit in schwindelnde Höhen. Federwege mit einem halben Meter sind nichts Ungewöhnliches und Reifen mit 38 bis 46 Zoll machen das Fahrzeug optisch zum Monster.

Zuvor aber wird die Karosserie mit der Flex „modelliert“, das heißt, ganze Blechpartien werden abgeschnitten, um für die riesigen Radkästen Platz zu schaffen. Antriebswellen müssen verlängert und verstärkt werden. Ein paar Pferdestärken mehr stehen auch auf der Wunschliste.

Ist man erst mal im winterlichen Hochland unterwegs, steigt ein Isländer nicht wirklich gern aus, um die Reifen auf den passenden Luftdruck zu bringen. Das macht man per Knopfdruck mit einer integrierten Reifenfüllanlage und elektronischer Druckanzeige. So gerüstet können auch Stufen von einem Meter überwunden werden, was sonst nur Kettenfahrzeugen gelingt. Accessoires wie Seilwinden, Satellitennavigation und Funkverbindung machen den

Truck erst komplett. Alles in allem gehen dann schon mal 50.000 Euro oder mehr für so ein Upgrade über den Ladentisch. Aufgemerkt: nur für den Umbau!

Natürlich sind solche Fahrzeuge für unsere mitteleuropäischen Straßen vollkommen unsinnig und fehl am Platz. Trotzdem finden wir beide diese Superjeeps ziemlich cool. Allerdings sind wir bisher weder in einem solchen Riesenteil gesessen noch mitgefahren, obwohl wir diese „Erfahrung" gerne einmal machen würden. Aber keiner unserer isländischen Freunde besitzt ein derartiges Monster-Mobil.

Natürlich könnte man einen Superjeep auch mieten – aber zu welchem Preis? Weit über 400 Euro kostet die Fahrzeugmiete pro Tag in der Hochsaison, in der Nebensaison nur unwesentlich weniger. Da streikt Pia, meine Finanzverwalterin.

Unser Freund Kiddi hatte mal angeboten, unseren ehemaligen Gelände-Pick-up in Island zu einem Bigfoot umzurüsten. Er habe da Beziehungen. Aber sorry, Kiddi. Wir sind lieber auf etwas kleinerem Fuß unterwegs und investieren das gesparte Geld in unsere Reisen. Denn auch der TÜV in Deutschland würde garantiert dankend abwinken.

Unser (zugegeben etwas kleinerer) Bigfoot heißt Fennek. Denn kaum war er bei uns eingezogen, hatten wir ihm zu allererst größere "Schuhe" verpasst, und zwar die maximale Größe, die der deutsche TÜV absegnet. Okay, für isländische Verhältnisse eher bescheiden.

Trotzdem hat er auf der Jungfernfahrt durch Island alle Herausforderungen klaglos gemeistert – und gelegentlich sogar anerkennende Blicke von Isländern kassiert.

Hungurfit – oder schlimmer kann's nicht kommen ⑲

Während der Sommermonate betreuen unsere isländischen Freunde aus Hella zeitweise die Ferienhütten von Hungurfit. Ob wir nicht Lust hätten, sie dort zu besuchen? Natürlich haben wir das – und so machen wir uns an einem Wochenende Anfang August auf den Weg. Hungurfit liegt im westlichen Fjallabak-Gebiet, dem „Land hinter den Bergen", nur wenige Kilometer nördlich des Tindfjallajökulls. Bei Keldur biegen wir auf die F210 ein, den Fjallabaksvegur syðri.

Bereits nach drei Kilometer wird unsere, nein, eher Pias Neugier geweckt. Neben einem größeren Stein steht gut sichtbar eine Hinweistafel. Dies sei der „Gunnarssteinn", klärt sie uns viersprachig auf, benannt nach einem der beliebtesten Saga-Helden Islands. An diesem recht unscheinbaren Felsbrocken soll sich der berühmteste Kampf der Njáls-Sage zugetragen haben. Gunnar und seine zwei Brüder bezwangen genau an dieser Stelle eine Gruppe von dreißig Feinden. Stünde hier nicht die Infotafel, hätten wir den Felsbrocken nicht als geschichtsträchtigen Ort erkannt. Wer sich so wie Pia für Isländer-Sagas interessiert, der muss hier einen Stopp einlegen. Klaus wartet inzwischen geduldig auf seine Angetraute, darin ist er geübt. Bald beginnt die düstere, karge Landschaft, die der Vulkan Hekla geschaffen und geformt hat. Nach knapp 30 Kilometer fordert uns ein blauer Wegweiser „Hungurfit 3 km" dazu auf, rechts abzubiegen. Wenige Minuten später sind wir da.

„Do you want a cup of coffee?" ist bei Isländern oft die erste Frage. Oh ja, sehr gerne! Dazu gibt's Kleinur, isländisches Schmalzgebäck in Krapfenform. Das hebt unsere Stimmung wieder, die der heutige wolkenverhangene Himmel ziemlich nach unten gedrückt hat. Wegen des trüben Wetters sitzen wir am großen Hüttentisch statt auf der Terrasse. Macht aber nichts, es gibt viel zu erzählen und nebenbei werden wir von den Freunden bestens versorgt. *Hungur* ist zwar das isländische Wort für Hunger. Aber den müssen wir heute wahrlich nicht erleiden.

Hungurfit besteht aus zwei zusammenhängenden Hütten, die vermietet werden. Bis zu 40 Personen können übernachten. Auch für Islandpferde gibt es eine Unterkunft, schließlich ist das gesamte Fjallabak-Gebiet ein beliebtes Reiseziel für Reitergruppen. Die hellgrauen Hütten liegen aussichtsreich inmitten eines grünen Hochtals, werden ringsum gut behütet von bis zu 1.000 Meter hohen Bergen.

Wir haben geplant, von Hungurfit aus weiter zum Mælifell und zum Langisjór zu fahren. In unserer Karte ist eine Piste eingezeichnet, die in knapp 18 Kilometer hinüber zur F261 und ins Emstrur-Gebiet führt. Sie hat zwar keine Nummer und ist in der Karte nur gestrichelt dargestellt, würde für uns aber eine Abkürzung bedeuten, deshalb fragen wir unsere Freunde nach dem Zustand.

„Wenige Kilometer hinter der Hütte geht‘s einen ziemlich steilen Anstieg hinauf“, meint Kalli. „Wenn ihr den schafft, dürfte der Rest kein Problem sein. Zwar stoßt ihr später in einem Flusstal noch auf eine Engstelle, dort müsst ihr zwischen zwei großen Felsbrocken hindurch. Die Bergrettung hat jedoch einen der Felsen etwas zur Seite gezogen. Das müsste passen.“ Hört sich ganz gut an. Und wenn einer den Pistenzustand kennt, dann doch die Isländer selbst!

Da unsere Freunde am nächsten Tag eine größere Reitergruppe erwarten und die Hütte voll werden wird, starten wir früh am Morgen. Der Wettergott ist heute bester Laune und überrascht uns mit einem bayrischen, sprich weißblauen Himmel. Jetzt erkennen wir auch die Schönheit dieses Ortes. Auf allen vier Seiten rahmen bunte Berge die grüne Hochebene ein. Das Himmelsblau spiegelt sich in einem Bach das hinter den Hütten entlang plätschert und von quietschgrünem Moos begleitet wird. Ein Anblick, bei dem uns das Herz aufgeht.

Gut gelaunt verlassen Hungurfit Richtung Osten. Schon kurz hinter der Hütte sind etliche kleine Furten zu queren. Dann geht’s weiter auf erdiger Fahrspur durch grüne Sumpfwiesen hindurch, später verläuft die Piste sogar für ein kurzes Stück direkt im Bachbett, genau dort, wo sich das Flüsslein einen Durchschlupf zwischen zwei Hügeln geschaffen hat.

Nach fünf Kilometern ist das Ende des Hochtales erreicht, wir stehen vor dem angekündigten, steilen Aufstieg mit Namen *Reiðskarð*, Rittscharte. Wir steigen aus und schauen uns erst einmal um. Etliche Augenpaare beobachten jeden unserer Schritte – isländische Schafe sind überaus neugierig, aber auch hier ziemlich distanziert.

Es gibt zwei Möglichkeiten, um den Anstieg zu bewältigen. Die linke Variante schaut äußerst schräg, rutschig und steil aus, daher entscheiden wir uns für die rechte. Die Wahl ist die richtige, unser Fennek klettert wie eine Bergziege über lockeres Geröll und große Steine langsam bergauf. Kurz vor dem Sattel erwartet uns noch eine Herausforderung: Große Felsplatten versperren den Weg. Doch unser Wohnmobil erklimmt auch sie souverän im Standgas. Spontan bekommt er von uns den Zweitnamen „Bergziege“ verpasst. Nachdem wir alle glücklich oben angekommen sind, gehen wir die Auffahrt nochmals zu Fuß ab und stellen fest, dass es auch zu Fuß nicht einfach ist, auf diesem groben und lockeren Geröll bergauf-bergab zu gehen. Doch wir sagen uns: „Jetzt ist der schwierigste Abschnitt bewältigt. Schlimmer kann’s nicht kommen.“

In der Ferne sehen wir ein letztes Mal die Hütten von Hungurfit als klitzekleinen hellen Punkt. Und die Schafe wenden sich wieder dem Grasrupfen zu.

Ab jetzt begleitet uns die fürs Fjallabak so typische Landschaft. Wohin man schaut, ragen abwechselnd spitze grüne Bergkegel und sanft geschwungene, braunrote Erhebungen auf, teilweise verziert mit Schneeresten vom letzten Winter. Dort, wo Wasser fließt, säumt leuchtend grünes Moos die Bachläufe, an sumpfigen Stellen gedeihen zerzauste Wollgrasbüschel. Wir haben sie umgetauft, für uns sind es Staubwedel für Zwerge.

In der Ferne taucht ein heller Punkt auf: wieder eine Hütte. Sie trägt den Namen Krókur und liegt in der Obhut des Stóra-Grænafjalls, eines (wie der Name verrät) großen grünen Berges. Kurz vor Erreichen der Hütte sind wir uns unsicher, ob wir dem unscheinbaren Abzweig nach rechts weiter folgen sollen oder ob der Weg geradeaus an der Hütte vorbeiführt. Da hier zwei isländische Superjeeps parken und deren Insassen gemütlich in der Sonne sitzen, fragen wir nach. Ihre Antwort lautet: „Zurück bis zum Abzweig.“ Hätten wir einen Blick in unsere Karte geworfen, hätten wir gewusst, wie es weitergeht, nämlich Richtung Süden. Aber Superjeeps anzuschauen ist auch ganz nett.

Gleich nach dem Abbiegen müssen wir auf brauner Piste über eine Anhöhe hinweg. Wie immer sehen wir uns die Situation kurz an – und sind sicher: „Schlimmer kann’s jetzt nicht mehr kommen“. Zum Glück ist die Fahrspur nicht sehr feucht, denn bei Nässe würde daraus eine unangenehme Rutschpartie. In leichter Schräglage meistert unser Bergziegen-Fennek auch diese Passage problemlos und darf anschließend zur Belohnung durch ein holpriges Flussbett fahren. Das gefällt ihm!

Auf den nächsten Kilometern folgen drei weitere steile ausgewaschene Bergauf- und -abfahrten, die bei Regen unpassierbar sein dürften. Teilweise muss der Fennek über Stufen regelrecht hinuntersteigen. Und als ob dies noch nicht ausreicht, stehen wir vier Kilometer hinter Krókur vor der nächsten Auffahrt. Doch diese hier ist extrem steil. Wieder können wir zwischen zwei Varianten wählen: schräg-rutschig oder schräg-steinig. Vorsorglich gehen wir beide zu Fuß ab und entscheiden uns für die schräg-steinige Version.

Noch einmal sagen wir uns: „Ab jetzt kann's nicht mehr schlimmer kommen". Und fahren weiter, denn umzudrehen und all die steilen Auf- und Abfahrten noch einmal zu absolvieren, ist keine Alternative.

Eigentlich ist die Berglandschaft ja wunderschön. Doch können wir die Ausblicke nicht wirklich genießen, denn der Pistenzustand erfordert unsere ganze Aufmerksamkeit, vor allem die des Fahrers. Die nummernlose Piste wird offensichtlich seit vielen Jahren nicht mehr instand gehalten. Teilweise sind die Fahrspuren tief ausgefahren, oft mit einem grasigen Buckel in der Mitte, an einigen Stellen hat abfließendes Wasser tiefe Auswaschungen hinterlassen oder die Piste gleich ganz weggespült. Ein Fahrzeug mit geringer Bodenfreiheit wäre überfordert.

Nach weiteren zwei Kilometern schlängelt sich ein Fluss samt unserer Fahrspur durch ein enges Tal. Im Wasser verstreut liegen große Felsbrocken, manche fast so hoch wie unser Wohnmobil. Schließlich erreichen wir die von Kalli angekündigte Engstelle neben dem Fluss. Um überhaupt weiterzukommen, muss man wie folgt vorgehen (in Kurzfassung): Flussbett queren – zwischen zwei eng stehenden Felsen hindurchmanövrieren – wieder Flussbett queren. Die Langfassung liest sich so: Durchs Wasser hindurch auf die andere Seite fahren. Dort hat man vielleicht fünf mal drei Meter zur Verfügung, denn der schmale Uferbereich wird durch jene beide Felsblöcken begrenzt, die von der Bergrettung etwas zur Seite gezogen wurden. Nun ist Millimeterarbeit gefragt! Auf diesen wenigen Quadratmetern muss das Fahrzeug durch mehrmaliges Vor- und Zurücksetzen so in Position gebracht werden, dass es haarscharf zwischen den beiden Felsen hindurch passt.

Pia, die Beifahrerin, steht draußen im Wasser und schaut, ob alles passt. Doch etwas passt nicht: Der Fennek fährt mit dem rechten Vorderrad über einen Stein. Beim vorsichtigen Herunterfahren neigt sich das Fahrzeug mehr zur Seite, als sie dachte. Ein sanftes Kratzgeräusch ist zu hören. Unser rechter hinterer Staukasten schrammt am Felsen entlang und der Fennek erhält seine erste Blessur. Uns tut sie mehr weh als ihm. Jetzt muss nochmals der Fluss gequert werden – und das war's. „Jetzt", sagen wir uns, „jetzt kann's wirklich

Heiß und kalt: das Geothermalgebiet Kerlingarfjöll

Auf und ab: Über Treppen und Wege geht's durch die Hexenküche

Blubbernd und brodelnd: Schwefelquellen erzählen stinkende Geschichten

Sandig: auf der F337-Piste vorbei am Berg Hlöðufell

Steinig: ohne Allrad und Differentialsperren geht nichts auf der F337

Pias Traum – ein Bigfoot: bei uns undenkbar, in Island allgegenwärtig

Schön: die Ausblicke auf der Hungurfit-Piste

Schlimm: Felsenkletterei mit dem Fennek

Schlimmer: Jetzt wird's eng

Am Schlimmsten: Der Fennek steckt fest

Farbenspiel: der Berg Mælifell im dunklen Mælifellssandur

Vorfreude: am Abzweig zur F235

Ziel erreicht: das Südende des Sees Langisjór

Islands schönstes Blau: Blick über den „langen See“ bis zum Gletscher

Überhaupt nicht wasserscheu: Der Fennek liebt Furten

Ungewöhnlich: der rote Wasserfall Rauðufoss

nicht mehr schlimmer kommen, das war die letzte Hürde“. Noch ahnen wir nicht, was uns noch bevorsteht.

Wir folgen dem kurvigen Streckenverlauf durch eine enge Schlucht, teilweise im Bachbett und teilweise daneben. Manchmal sind wir uns unsicher, ob und wie es überhaupt weitergeht. Aber es geht.

Nach vier Kilometern stehen wir unvermittelt vor einer sandigen Bergabfahrt. Die Fahrspur ist verdammt schräg und schmal. Klaus schaltet zum x-ten Mal heute die Sperren ein und fährt vorsichtig den Hang hinab. Leider ein bisschen zu weit links, sodass unser Wohnmobil auf dem sandigen Abhang ins Rutschen kommt und in eine bedenkliche Schräglage gerät. Oops! Wir steigen aus und schauen uns die Bescherung an: Das linke Vorderrad steckt tief in einem sandigen Loch. So ein Mist – wie kommen wir da bloß wieder raus? Dabei sehen wir das Pistenende bereits, es ist keine 500 Meter von uns entfernt! Also rein ins Auto, alle Sperren und die höchste Untersetzung eingelegt und ganz vorsichtig Gas gegeben. Es nutzt nichts, wir graben uns nur noch tiefer ein, die Schieflage wird immer bedenklicher.

Jetzt ist Handarbeit angesagt – und es naht schon Hilfe. Zwei Isländer mit Geländewagen haben unsere Misere von der Hauptpiste aus beobachtet und wollen nun helfen. Gemeinsam schaufeln wir die beiden linken Räder frei und legen Sandbleche unter. Dann nehmen uns die Isländer an den Haken, ihr Jeep fährt vorsichtig los und Klaus folgt mit dem Wohnmobil behutsam mit. Und siehe da, der Fennek arbeitet sich aus dem Loch heraus und steht wieder senkrecht auf der Piste. Glück gehabt! Jetzt sind wir uns wirklich sicher: „Schlimmer kommt's nimmer.“ Als kleines Dankeschön überreichen wir unseren Helfern die letzten Dosen bayrisches Bier, was alle sichtlich amüsiert, aber gerne angenommen wird.

Die letzten 500 Meter bis zur Hauptpiste schaffen wir übrigens ohne Probleme.

Nach 17 Kilometern und gut vier Stunden stehen wir endlich an der Einmündung zur F261, dem Emstruleið. Abkürzungen können ganz schön lang sein. Später werden unsere Freunde ein wenig zerknirscht zugeben, dass sie diese Piste seit vielen Jahren nicht mehr gefahren sind und keine Ahnung vom schlechten Zustand hatten. Wir nehmen es mit Humor, sind wir doch um einige Erfahrungen reicher, auch was Abkürzungen anbelangt. Deshalb lautet unser Rat: Wenn Dir ein Isländer sagt, die Piste sei befahrbar, frage ihn vorsorglich, wann er sie das letzte Mal fuhr …

> **Unser Tipp:**
>
> *Die Hütten von Hungurfit können in den Sommermonaten gemietet werden. Sie bieten Platz für bis zu 40 Personen.*
> *Nähere Infos unter: Facebook.com/hungurfit*

Mælifell – die grüne Schönheit ⑳

Ist Dir das auch schon passiert? Du hast in einer Zeitschrift, einem Buch oder Prospekt das Bild einer außergewöhnlichen Naturschönheit gesehen und weißt im selben Moment: Da muss ich hin?

So erging es uns mit dem Mælifell, der uns als Titelfoto auf einem Island-Bildband entgegensprang. Wir waren beide von seinem Anblick so verzaubert, dass er uns nicht mehr losließ. Seit damals rangierte er auf unserem Island-Wunschzettel ganz weit oben.

Eigentlich sind wir vor vielen Jahren schon einmal an diesem markanten Berg vorbei gefahren. Leider in dichtestem Nebel. Gesehen haben wir rein gar nichts – außer die 50 Pistenmeter direkt vor uns.

Der Berg Mælifell fasziniert nicht nur durch sein Aussehen, sondern auch durch seine Lage. Als wohlgeformte, moosbewachsene Pyramide ragt er fast 200 Meter in der schwarzen Ebene des Mælifellssandur auf wie ein grüner Fremdkörper in einer Landschaft, die nur aus den Farben Schwarz und Weiß zu bestehen scheint. Seine markante Kegelform erhielt er vor ungefähr 10.000 Jahren durch eine vulkanische Eruption unter dem Eis. Damals dehnte sich der Gletscher Mýrdalsjökull noch weit nach Norden aus. Doch seit sich das Eis zurückgezogen hat, steht er weithin sichtbar als ebenmäßige Schönheit in der nach ihm benannten Ebene.

Ihm hautnah zu begegnen, ist nur mit einem geländegängigen Allradfahrzeug möglich, nicht nur wegen einiger Furten, sondern auch aufgrund ausgedehnter Schwemmsand-Passagen, die zeitweise unter Wasser stehen können.

Immer wieder hatten wir auf unseren Reisen geplant, ihn zu besuchen – und immer hat irgendetwas nicht gepasst, meistens das Wetter. Doch heute soll es so weit sein. Wir kommen von der Hungurfit-Piste und sind links in die F261 Emstruleið eingebogen. Auf einer Brücke überqueren wir die Innri-Emstruá (die in unserer Karte eingezeichnete Furt gibt es nicht mehr). Der Fluss rauscht hektisch unter uns hindurch, wirft sich heftig gurgelnd über glatt geschliffene Steine. Noch vor Kurzem war er über die Ufer getreten, wie an den frischen Auswaschungen deutlich zu sehen ist. Entlang seines Bettes blühen dicht gedrängt Arktische Weidenröschen in leuchtendem Pink und nehmen dieser rauen Landschaft ihre Bedrohlichkeit.

Nach 14 Kilometern erreichen wir eine Kreuzung. Hier stoßen wir auf die Piste F210, den Fjallabaksvegur syðri, dem wir ab jetzt folgen. Kurz zuvor haben wir die Furt des Bláfjallakvísl durchquert. Auch dieser Fluss strömt heute hektisch und rasant, als habe er es eilig, von hier wegzukommen. Seine unruhige Oberfläche verrät uns, dass größere Steine versteckt im Wasser liegen. Nachdem wir rechts abgebogen sind, folgen wir der Piste ostwärts. Vom weiß-blauen Himmel, der uns heute Morgen zuversichtlich stimmte, ist nicht mehr viel übrig und die Stimmung des Wettergottes wird mit jedem weiteren Kilometer schlechter. Den Bergspitzen hat er bereits dicke Wolkenmützen übergestülpt, die blauen Löcher am Himmel nahtlos gestopft.

Kaum einen Kilometer später führt der Weg über große, glattgeschliffene Lavaplatten hinweg. Es sieht fast so aus, als sei dieser Streckenabschnitt gepflastert. Hatte hier ein Riesentroll seine Hand im Spiel? Nicht zu übersehen sind zwei überdimensionale Metallschüsseln, die seit vielen Jahren hier stehen. Ein Isländer sagte uns, dies seien Radarreflektoren, die zur Erdbebenmessung dienten. Wir erinnern uns noch gut an diese auffällige Stelle, da wir letztes Mal große Probleme hatten, im Nebel die weitere Streckenführung zu erkennen. Heute sehen wir mehr: Südlich streckt uns der Mýrdalsjökulls seine Gletscherzungen entgegen, nördlich hat sich der Fluss Kaldaklofskvísl seinen Weg gebahnt. Seine Nahrung erhält er vom nördlich gelegenen Torfajökull. Die Piste schlängelt sich ein kurzes Stück am Ufer des Flüsschens entlang, bis sie sich schließlich von ihm ab- und dem Mælifellssandur zuwendet.

Nun beginnt eine ausgedehnte dunkle Schwemmsandebene. In diesem einsamen Flecken Island hat die Natur mit den Farben Schwarz und Weiß gespielt. Im Süden liegt friedlich und still der Gletscher Mýrdalsjökull, unter dessen Eis sich der gefürchtete Vulkan Katla versteckt hält. Seine weiße Front geht nahtlos über in die schwarze Sandwüste des Mælifellssandurs, die von schmutziggrauen Wasseradern durchsetzt ist.

600 Meter über dem Meer gelegen, dehnt sich das samtige Schwarz knapp 20 Kilometer von West nach Ost aus. Der Weg führt beinahe schnurgerade hindurch. Nur die Stecken der Pistenmarkierung ragen mit ihrem knalligen Gelb wie Fehlfarben aus dem Schwarz des Sandes heraus.

Ein paar sanft geschwungene und mit grünem Moos bewachsene Hügel liegen verloren neben der Piste und wirken surreal in dieser tristen Landschaft. Als hätten sie sich hierher verirrt und fänden nicht zurück. Man könnte die Gegend als öde und abweisend, ja als bedrohlich empfinden, wäre sie nicht so unglaublich schön anzuschauen.

Mit 50 Stundenkilometern fahren wir gemütlich vor uns hin, nur vereinzelte Querrillen bremsen uns regelmäßig aus. Abfließendes Wasser hat stufenförmige Auswaschungen geschaffen – wehe dem, der nicht rechtzeitig seine Fahrt drosselt. An den Mustern im Sand ist deutlich zu sehen, dass die Piste immer wieder überflutet sein muss, vor allem während der Schneeschmelze oder nach heftigen Regengüssen. Dann bieten nur noch die gelben Stecken Orientierung und der Reisende muss höllisch aufpassen, nicht im sandigen Nass stecken zu bleiben.

Leider wird die Stimmung des Wettergottes beständig schlechter. Wir fahren auf eine Nebelwand zu, die uns nach weiteren neun Kilometern verschluckt. Sollten wir den Mælifell wieder nicht zu Gesicht bekommen? Auch unsere Laune verschlechtert sich zusehends. Dabei hatten wir so sehr gehofft, den markantesten Berg des Mælifellssandurs endlich einmal persönlich kennenzulernen.

Vier Kilometer weiter erkennen wir zwar seinen grünen Fuß, mehr gibt er heute aber nicht von sich preis. Dann taucht der Abzweig zur Strútur-Hütte auf und wir entscheiden spontan, heute dort zu übernachten. Vielleicht ist das Wetter morgen besser.

Knapp sechs Kilometer folgen wir einem Tal Richtung Norden, das von einem Bach mit dem kuriosen Namen Brennivínskvísl, „Branntweinfluss", geschaffen wurde. Schon von Weitem ist das rote Dach der Strútur-Hütte zu sehen. Sie wurde in der Geborgenheit eines lang gestreckten Bergrückens errichtet und steht ein wenig oberhalb des Flussbettes auf einer trockenen Anhöhe. Wohnmobile dürfen am steinigen, feuchten Ufer Platz nehmen. Noch vor wenigen Tagen muss der Brennivínskvísl ziemlich ausufernd hier entlang geflossen sein. Und nein, im Flussbett fließt kein Brennivín. Wir haben es getestet. Warum er so heißt, wissen wir nicht.

Der Hüttenwart macht uns Hoffnung: „Morgen Vormittag kommt voraussichtlich die Sonne raus", lautet seine Antwort auf unsere Frage nach dem Wetter. Vielleicht wird's ja doch noch was mit uns und dem Mælifell?

Am nächsten Morgen ist die Umgebung zwar noch dick in Nebelwatte eingepackt, doch gegen halb zehn zeigt sich ein wenig Himmelsblau und die Sonne schickt ein paar Strahlen herunter auf Strútur. Von unserem Stellplatz aus können wir den ebenmäßigen Körper des Mælifell bereits erahnen, nur sein Haupt ist noch wolkenverhangen. Er ziert sich halt ein wenig.

Kaum sind wir wieder auf die Hauptpiste eingebogen, dürfen wir in Sichtweite seines Fußes eine sandige Furt queren, die einige Steine als Überraschung bereithält. Inzwischen ist von den blauen Löchern am Himmel nichts mehr zu sehen, die gute Laune des Wettergottes währte nur kurz. Trotz Einheitsgrau halten wir an, um erste Fotos vom Mælifell mit zartem Wolkenkrönchen zu machen. Langsam fahren wir weiter, und siehe da, die Nebelmütze verflüchtigt sich vollends. Endlich sehen wir den Berg in seiner ganzen Pracht und Schönheit. Wenn jetzt noch die Sonne schiene ... Na gut, notgedrungen akzeptieren wir, dass man nicht alles haben kann.

Die Piste führt südlich ein Stück weit um den Berg herum. Und es dauert nicht lange, bis er seinen Gipfel wieder verhüllt. Trotzdem legen wir alle ein bis zwei Kilometer einen Fotostopp ein. Wer weiß, wann wir ihn wiedersehen werden. Nur ein Fahrzeug begegnet uns, ansonsten sind wir alleine. Auch wenn der wolkenverhangene Himmel die Natur um uns herum noch düsterer, lebensfeindlicher erscheinen lässt, fühlen wir uns neben dem Mælifell nicht einsam. Er steht wie ein Fels in der Brandung. Obwohl er nicht der einzige grüne Berg im Mælifellssandur ist, spielt er dank seiner Pyramidenform unverkennbar die Hauptrolle in diesem von der Natur inszenierten Schauspiel. Vorausgesetzt, es liegt kein Nebel über der Landschaft.

Auch auf der Weiterfahrt halten wir immer wieder an und werfen einen Blick zurück. Nach und nach verblasst der grüne Kegel, wird immer kleiner in unseren Rückspiegeln. Eine lang gezogene Rechtskurve, die um eine sandige Anhöhe herumführt, lässt ihn schließlich aus unserem Blickfeld verschwinden.

Auch wenn die Wetterbedingungen heute nicht optimal waren, sind wir überglücklich, dass wir den Mælifell endlich einmal in seiner ganzen Schönheit sehen konnten. Und zwar live und nicht nur auf dem Cover eines Buches. Von unserem Island-Wunschzettel wird er trotzdem nicht gestrichen. Nur muss nächstes Mal die Sonne scheinen, da lassen wir uns auf keinerlei Diskussion mit dem Wettergott ein.

Langisjór – Islands schönstes Blau ㉑

Das erste Mal sehen wir ihn von oben. Wir haben ein kleines Flugzeug gechartert, um die Schönheiten im Süden Islands mal aus einem ganz anderen Blickwinkel zu betrachten. Als unser Pilot Hörður über dem See mit Namen Langisjór eine lang gezogene Kurve fliegt, wird uns eindrucksvoll vor Augen geführt, in welcher Intensität ein Blau leuchten kann. Wir sind vom Anblick schlicht überwältigt. Der See strahlt in einem kräftigen Königsblau, eine Farbe, die nur von Wasser und Sonne gemeinsam geschaffen werden kann. Die steilen Uferböschungen und Inselchen ragen scharfkantig aus dem Wasser hervor, am Ufer sind moosbewachsene Flächen und nackter brauner Fels zu einem eigenwilligen Muster verwoben. Ein bezaubernder Anblick, als schwebten wir über einem riesigen, surrealen Gemälde.

Das ist über 15 Jahre her. Seit damals steht der Langisjór ganz weit oben auf unserem Island-Wunschzettel, gleich hinter dem Mælifell.

Der See ruht wie ein lang gestrecktes, blaues Naturwunder weit abgelegen am südwestlichen Rand des Vatnajökull auf einer Höhe von 662 Metern über dem Meer. Sein Wasser füllt das schmale Tal zwischen den Gebirgszügen Tungnaáfjöll im Westen und Fögrufjöll im Osten. Sein Name *Langisjór*, der lange See, beschreibt sein Aussehen klar und deutlich. Er misst 20 Kilometer in der Länge und nur bis zu zwei Kilometer in der Breite. Mit ungefähr 27 Quadratkilometern ist er Islands neuntgrößter See, sein nordöstliches Ende streckt er dem Vatnajökull entgegen, sein südwestliches Ende ragt in die Berge hinein.

Um sein Ufer über Land zu erreichen, ist ein geländegängiges Allradfahrzeug notwendig, denn die einzige Zufahrtsmöglichkeit besteht von der F208 aus, dem Fjallabaksvegur nyrðri. Ungefähr sieben Kilometer hinter dem Abzweig zur Eldgjá und direkt vor der Furt durch den Fluss Skuggafjallakvísl biegen wir rechts ab auf die F235, die mit „Langisjór“ ausgeschildert ist.

Bereits nach wenigen Hundert Metern passieren wir die erste Furt. Eine von vielen. Nein, falsch: eine von sehr vielen. Die Piste ist erdig-sandig und wäre recht gut befahrbar, tauchten nicht immer wieder überraschend Querrillen auf, die ein Abbremsen erfordern. Zunächst dirigiert uns die F235 durch eine bemooste, gelbgrüne Hochebene hindurch, ständig queren Wasserläufe unsere Fahrspur. All diese kleinen Bäche fließen hinüber zur Nyrðri-Ofærá, die uns rechter Hand begleitet und die sich später als Ófærufoss wirkungsvoll in die Eldgjá stürzt. Zu Beginn notieren wir noch den Kilometerstand bei jeder Furt, geben aber bald auf. Es sind einfach zu viele.

Nach vier Kilometern geht die grüne Ebene langsam in eine karge Steinwüste über. In der Ferne erheben sich hohe Bergspitzen, die bis zu 400 Meter aufragen. Neun Kilometern weiter lotst uns die Fahrspur schließlich in die Berge hinein. Das Grün ist fast ganz verschwunden, jetzt dominiert das wüstenhafte Grau-Braun von nacktem Fels und Stein. Die Piste ist weiterhin recht gut präpariert und wir kommen flott voran.

Seit heute Morgen bedeckt ein Einheitsgrau den Himmel. Für unseren Antrittsbesuch beim Langisjór wünschen wir uns aber etwas Sonne. Und tatsächlich: Langsam tun sich am Himmel ein paar blaue Lücken auf, durch die sich erste Sonnenstrahlen zwängen.

Nach gut 25 Kilometern kommt das südliche Ende des Sees in Sicht, das wie ein ausgestreckter Zeigefinger Richtung Südwesten weist. Jetzt am Abend wirkt die Wasserfläche, als sei sie mit einem grauen Tuch bedeckt. Ob wir das schönste Blau Islands wohl morgen sehen werden?

Unterhalb eines Hügels stehen zwei Rangerhütten, sie sind recht neu und so gar nicht im typischen Hüttenstil gebaut. Hier hatte wohl ein Architekt seine Hand im Spiel und eine moderne Hüttenversion entworfen. Sie gefallen uns gut. Daneben ist ein Areal für Zelte ausgewiesen, weiter unten ein Parkplatz – liegt der See doch im Vatnajökull-Nationalpark, sodass man nirgends wild übernachten darf. Wir sind gleichermaßen erstaunt und erfreut über die Übernachtungspreise, denn pro Person sind nur 500 Kronen zu bezahlen, ein fairer Preis gegenüber anderen Hütten im Fjallabak- bzw. Nationalpark-Gebiet.

Auf dem Parkplatz suchen wir uns eine geschützte Ecke für die Nacht. Noch stehen zwei weitere Autos hier, die jedoch kurz darauf wegfahren. Nun sind wir – außer einem Zelter, der zu Fuß kam – alleine hier. Zum Abendessen gibt es heute (einmal und nie wieder!) isländische Bratwürste und bayrische Dauerbrezen. Ganz ehrlich: Zwischen bayrischen und isländischen Bratwürsten liegen Welten. Aber der zauberhafte Ausblick auf den Langisjór und die ihn umgebenden Berge entschädigt uns zumindest optisch für den entgangenen kulinarischen Genuss.

Am nächsten Morgen wird unser Wunsch tatsächlich erfüllt: Die Sonne scheint vom fast wolkenlosen Himmel. Nur auf die Bergrücken, die den Langisjór im Westen begrenzen, hat sich ein lang gezogener Nebelbausch gelegt. Gemächlich kriecht das flauschige Weiß über den Grat und schiebt sich den Hang hinab. Bevor es jedoch die Seeoberfläche erreicht, zerfällt es und löst sich auf. Was für ein ungewöhnliches Frühstücksfernsehen.

Natürlich sind wir gespannt, wie der See heute auf uns wirkt. Noch immer haben wir das farbenfrohe Bild vom Flugzeug aus vor Augen. Um die Heimat des Sees überblicken zu können, machen wir uns zunächst auf die Suche nach einem Aussichtspunkt. Deshalb folgen wir der Piste ein wenig weiter. Sie umrundet den Hang hinterm Campingplatz und nach wenigen Hundert Metern entdecken wir einen kleinen Parkplatz. Von dort führt ein deutlich sichtbarer, mit Holzstecken markierter Trampelpfad hinauf auf eine Anhöhe.

Noch sind wir ganz alleine in der kargen Bergwelt. Umgeben von einer angenehmen Stille steigen wir hinauf. Der Wind hat sich gelegt und noch immer scheint die Sonne, kein Wölkchen ist mehr zu sehen. Oben angekommen können wir nur schauen und staunen. Der lang gezogene See liegt uns zu Füßen, glatt wie ein Spiegel. Kein Kräuseln, keine Bewegung stört seine Ruhe. Tief beeindruckt spüren wir die beruhigende Kraft des Sees und die friedliche Pracht der Berge. Von der Anhöhe aus erscheint das Blau des Wassers heller, nicht ganz so intensiv wie aus der Luft, doch sein morgendliches Blau begeistert uns genauso. Es beruhigt und entspannt, weckt in uns ein Gefühl von Harmonie und Sehnsucht.

Wir setzen uns auf einen Fels und schauen über die erhabene Landschaft bis zum 20 Kilometer entfernten Nordende. Dort durchschneidet die weiße Wand des Gletschers Vatnajökull das Blau des Himmels und des Sees.

Für einige Minuten sitzen wir ganz still da und saugen den erhabenen Ausblick auf. Dann hören wir, wie sich erste Fahrzeuge nähern und steigen wieder hinab. Gerade noch rechtzeitig, bevor eine größere Gruppe redseliger Touristen oben ankommt. Vielleicht entfaltet das Blau seine beruhigende Wirkung ja auch bei diesen mitteilungsfreudigen Urlaubern und lässt sie angesichts der majestätischen Aussicht verstummen.

Wir werden es nie erfahren, weil wir bereits wieder auf der Rückfahrt sind.

Unser Tipp:

Von der Ranger-Hütte aus kann man den 1.093 Meter hohen Sveinstindur besteigen. Dabei sind circa 350 Höhenmeter zu überwinden. Ungefähr eineinhalb Stunden muss man bis zum Gipfel einplanen. Die Tour soll zwar etwas steil, aber nicht sehr schwierig sein, nur am Ende ist wohl eine gewisse Schwindelfreiheit erforderlich. Doch der Blick von oben muss einfach atemberaubend sein, da sich vom Gipfel aus eine einzigartige Rundumsicht bietet: auf Gletscher, Vulkane, Berge, Flüsse und Seen, Hunderte von Kilometern in jeder Richtung. Wir selbst haben diese Tour leider nicht machen können und kennen sie nur von Fotos. Aber wir empfehlen sie jedem, der halbwegs gut zu Fuß ist.

Rauðufoss – der rote Wasserfall ㉒

„Wenn ihr ins Fjallabak fahrt, müsst ihr unbedingt auch zum Rauðufoss“, meint unsere isländische Freundin Helga, als wir gemütlich bei Kaffee und Kuchen zusammensitzen und über unsere weiteren Reisepläne diskutieren. Er zählt zu den weniger bekannten Wasserfällen und wir kennen ihn noch nicht. Deshalb holen wir unsere Landkarte hervor und lassen uns zeigen, wo er im Fjallabak zu finden ist.

Am besten erreicht man ihn über die F225, den Landmannaleið, auch Dómadalsleið genannt. Diese Piste zweigt von der Straße 26 östlich des Búrfells ab und verläuft nördlich der Hekla. Nach knapp 30 Kilometern trifft man auf eine nummernlose Piste, die nach rechts Richtung Krakatindur führt. Ihr folgt man für ein paar Hundert Meter, bis links ein Parkplatz auftaucht. Dort startet der Wanderweg zum Wasserfall. Mit einem Fahrzeug ist er nicht (mehr) erreichbar, die alten Fahrwege wurden inzwischen gesperrt.

Vergangene Nacht standen wir auf dem Campingplatz von Landmannahellir. Es hat beinahe ununterbrochen geregnet und ein böiger Wind rüttelte immer wieder an unserem mobilen Zuhause. Jetzt am Morgen ist immer noch keine Wetterbesserung in Sicht. Trotz der miesen Witterung wollen wir zum Rauðufoss, schließlich sind wir auch wegen ihm in dieser Ecke des Fjallabaks unterwegs.

Verblüffung steht in unseren Gesichtern, als wir von Landmannahellir aus wieder zurück zur F225 fahren und dabei Richtung Süden schauen. Nur zwei oder drei Kilometer entfernt entdecken wir den Rauðufoss, der wie ein markantes weiß-rotes Dreieck an einem steilen Abhang zu kleben scheint. Eigentlich ist er ziemlich gut zu sehen. Warum haben wir ihn bisher nie wahrgenommen? Vielleicht weil das Fjallabak voll von einzigartigen Naturschauspielen ist und man oftmals gar nicht weiß, wohin man zuerst schauen soll? Oder weil man sich eher auf die Furt konzentriert, vor der wir gerade stehen?

Dank unserer Freundin Helga möchten wir jedoch heute seine Bekanntschaft machen, deshalb biegen nach der Furt wieder in die F225 ein und erreichen gut zwei Kilometer weiter den oben beschriebenen Parkplatz. Die

Sonne unternimmt gerade ein paar hilflose Versuche, durch die dicke Wolkendecke zu dringen. Es gelingt ihr aber nicht wirklich. Deshalb packen wir uns vorsorglich wind- und wasserdicht ein. Kaum sind wir die ersten paar Meter gegangen, setzt Nieselregen ein. Das war klar.

Wir folgen dem deutlich sichtbaren ehemaligen Fahrweg und haben nach kurzer Zeit den roten Wasserfall ständig im Blick. Eine knappe dreiviertel Stunde wandern wir durch grauen Nieselregen und eine farbenfrohe Vulkanlandschaft. Trotz des kargen Bewuchses ist die Gegend alles andere als eintönig. Schwarzes und rotes Vulkangestein, leuchtend hellgrünes Moos und ein munteres Bächlein ergeben zusammen ein buntes Allerlei – fehlt nur noch die Sonne. Zwar versucht sie erneut ihr Glück, scheitert aber wieder an den störrischen dichten Wolken.

Nun windet sich der Weg einen steilen, rutschigen Abhang hinab und auf der anderen Seite wieder hinauf. Kaum oben angekommen, stehen wir dem Rauðufoss Auge in Auge gegenüber, sehen ihn in seiner ganzen Pracht und Fülle, nur von ihm getrennt durch eine kleine Schlucht. In einer schmalen Rinne und mit dickem Strahl schießt das Wasser des Flusses Rauðfossakvísl kraftvoll über die Abbruchkante hinweg, trifft nach wenigen Metern auf einen kleinen Absatz und stürzt von diesem breit aufgefächert in die Tiefe. Wie ein zarter Brautschleier ergießt sich das Nass über intensiv rotes Rhyolith-Gestein und fällt dabei gut 60 Meter anmutig herab.

Sobald das Wasser unten auftrifft, ist sein weiterer Weg nicht mehr so spektakulär. Eher bedächtig kurvt der Rauðfossakvísl zwischen Vulkangestein und moosbewachsenen Hügeln hindurch nach Norden, begleitet von einem schmalen Saum aus leuchtend gelbgrünem Moos.

Auch wenn sich die Sonne immer noch hinter dicken Wolken verschanzt, hat der Wettergott zumindest kurzzeitig ein Einsehen mit uns Wanderern. Er schließt seinen Nieselregen-Wasserhahn für eine Viertelstunde und gibt uns die Gelegenheit, ein paar trockene Fotos zu schießen. Kaum haben wir den Wasserfall aus verschiedenen Blickwinkeln abgelichtet, öffnet er seinen Hahn wieder.

Bei dem heutigen Islandwetter schenken wir uns einen weiteren Aufstieg, auch wenn uns dadurch ein aussichtsreiches Naturerlebnis entgeht. Besser, wir kommen noch einmal hierher, wenn der himmlische Wasserhahn mal auf „off" steht. Doch bevor wir zum Fennek zurückwandern, schicken wir unserer Freundin Helga schon mal gedanklich ein feuchtes Dankeschön für ihren Tipp.

Landmannalaugar und Fjallabak – ganz schön bunt hinter den Bergen! ㉓

Seit einigen Minuten sitzen wir im wohlig-warmen Wasser eines Flusses inmitten sumpfiger Wiesen. Schließlich ist heute Samstag und passenderweise heißt dieser Tag in Island *Laugardagur* – Badetag. Neben uns hocken unsere beiden deutschen Trauzeuginnen Barbara und Juliane, denen wir nach unserer Hochzeitsfeier noch einige Highlights im Süden Islands zeigen wollen. Das einzigartige Landmannalaugar und sein natürlicher Swimmingpool gehören dazu.

Es ist bereits elf Uhr abends und trotz der fortgeschrittenen Stunde teilen wir den ungewöhnlichen Badeplatz mit einigen anderen Reisenden. Englische und französische, deutsche und niederländische Wortfetzen fliegen über dem warmen Wasser hin und her. Angesäuselt durch eine Flasche Rotwein schäkern wir mit einem Niederländer und versuchen verzweifelt, ihm das isländische Wort *Fyllibytta* beizubringen. Erst vor Kurzem hatte eine isländische Freundin dieses eher unfeine Wort mit uns eingeübt. Unser frisch gelerntes Wissen, das wir ein paar Gläschen Kräuterschnaps zu verdanken haben, geben wir bereitwillig weiter, ob der Niederländer will oder nicht. Denn wir sind der festen Überzeugung, dass es nie verkehrt ist, ein Schimpfwort in einer anderen Sprache zu kennen. Und *Fyllibytta* klingt doch netter als Saufkopf oder Trunkenbold.

Landmannalaugar gehört zu jenen isländischen Orten, die wir auf jeder Reise besuchen. Das Gebiet „hinter den Bergen" (was *Fjallabak* im weitesten Sinn bedeutet) zählt zu den eindrucksvollsten und farbenprächtigsten Landschaften Islands. Vor allem der Herbst mit seinen intensiven Farben vermittelt das Gefühl, als bewege man sich durch ein impressionistisches Stillleben.

Ursache für die Buntheit der Gegend ist der Vulkanismus, vor allem Rhyolith-Berge bestimmen mit ihrer typisch braun-rot-gelben Farbe das Bild. Aber auch dunkle Lava und schwarzes Obsidian, das vulkanische Glas. Zusammen mit dem Blau des Himmels entsteht eine Farbpalette, wie ihn nur die Natur schaffen kann. Der wechselnde Sonnenstand tut ein Übriges: Er lässt die Berge mal intensiv, mal dezent aufleuchten.

Um Landmannalaugar zu besuchen, sollte man mit einem Allradfahrzeug unterwegs sein, da sämtliche Pisten eigentlich für normale Pkws gesperrt sind. Und wer von Süden auf der F208, dem Fjallabaksleið nyrðri, hierherfährt, benötigt nicht nur ein geländegängiges Fahrzeug, sondern auch ein furtenerprobtes. Aber dazu später mehr.

Auf unserer heutigen Tour reisen wir von Nordwesten auf der F225 an, dem Landmannaleið, und kommen dabei am Ljótipollur, der „hässlichen Pfütze", vorbei. Der Name führt gewaltig in die Irre, denn hinter dem Namen verbirgt sich einer der farbenprächtigsten und schönsten Vulkanseen Islands. Der weitere Verlauf der Piste bringt uns durch das Dómadalur bis zum See Frostastaðavatn. Aber Vorsicht: Gerade bei herrlichem Wetter lauert hinter jeder Kurve ein Fotomotiv. Man muss sich zwingen, nicht ständig anzuhalten, denn die Landschaft im Fjallabak ist einzigartig in ihrer Buntheit und Wildheit. Das ist auch der Grund, warum Landmannalaugar zu den am meisten besuchten Plätzen im isländischen Hochland gehört, denn die Außergewöhnlichkeit hat sich herumgesprochen. Daher haben wir uns dieses Jahr dazu entschlossen, erst Ende September hierher zu fahren. Dass dies eine gute Entscheidung war, zeigt sich bei unserer Ankunft. Wir teilen den Campingplatz mit nur drei weiteren Fahrzeugen und einigen kälteresistenten Zeltern.

Am nächsten Morgen zeigt unser Thermometer wenige Grad unter null. Ein erfrischend-heiterer Tag im Fjallabak bricht an mit klarer Luft und blauem Himmel. Kein Lüftchen regt sich, nur eine Nebelbank wabert die Berge entlang und der Gipfel des Brennisteinsalda ragt daraus hervor. Pfützen und Wasserlachen sind gefroren, die Natur und die Zelte mit Raureif überzogen. Doch die höhersteigende Sonne erwärmt die kühle Morgenluft, schleckt das gefrorene Wasser auf und taucht Landmannalaugar in ein wohliges Licht.

In und um Landmannalaugar kommen nicht nur Geländewagenfahrer auf ihre Kosten, sondern auch Naturliebhaber und Wanderer. Dort beginnt Islands berühmtester Trekkingweg, der Laugavegur. Mit einer Länge von gut 55 Kilometern benötigt man bis zum Endpunkt in þorsmörk ungefähr vier Tagesetappen.

Aber natürlich lassen sich auch kürzere Wandertouren unternehmen. Allesamt gewähren sie spektakuläre Aus- und Einblicke in die vulkanische Entstehungsgeschichte, auf bunte Vulkankegel und einsame Täler, auf dampfende Schwefelquellen und dunkle Lavaströme.

Da wäre zum Beispiel eine Wanderung zum Brennisteinsalda, dem „Berg der brennenden Steine“, an dessen Fuß es aus Dutzenden von Löchern zischt und dampft. Fumarolen und Solfataren arbeiten beharrlich Tag für Tag. Typisch für den bunten Berg (und schon von Weitem sichtbar) ist ein Hornito (ein kaminähnlicher Lavakegel) auf seiner Ostflanke, der wie ein mahnend erhobener Zeigefinger in den Himmel sticht. Zugegeben, man könnte auch etwas Anzüglicheres darin sehen.

Eine zweite Wanderung bringt uns auf dem Bláhnúkur. Schon beim Aufstieg ist alle paar Schritte ein Foto fällig. Der Blaugipfel ist übersät mit pechschwarzen Obsidianstückchen, die in der Sonne funkeln. Mehr als zehn Schritte am Stück können wir kaum machen. Zu sehr fesselt uns das, was wir sehen.

Direkt unter uns schlängelt sich sanft die grüne Schlucht Grænagil Richtung Campingplatz, weiter hinten dampft der Brennisteinsalda, linker Hand blicken wir tief in die Jökulgil und auf bunte Berge. Rechts liegt breit und behäbig der alte Lavastrom Laugahraun, an dessen Stirn die Hütten von Landmannalaugar stehen. Daneben dampft der Badeplatz, der dem Ort seinen Namen gab: "die warmen Quellen der Männer vom Land" – so oder ähnlich lautet die Übersetzung für Landmannalaugar. Aber das Allerbeste ist: Der Sonnengott hat heute mal keinen Urlaub genommen!

Wie um alles in der Welt soll man diese geballte Schönheit bloß ablichten? Das fotografische Dilemma ist nur zu lösen, indem man (also Pia) ständig möglichst alles aufnimmt. Ringsherum. Dass wir dabei nur recht langsam vorwärtskommen, trägt Klaus mit der Fassung eines Leidgeprüften.

Einen Tag später ist es so weit: Wir verpacken unsere sieben Sachen rüttelfest im Fennek und verlassen Landmannalaugar mit Wehmut im Herzen und unglaublich vielen Fotos auf der Speicherkarte. Um die Wildheit des Fjallabaks noch einmal hautnah zu erleben, haben wir uns entschlossen, über die F208, den Fjallabaksleið nyrðri, zurück zur Ringstraße zu fahren. Sie verspricht jede Menge Abenteuer für Fahrzeug und Insassen. Was das bedeutet? Schlaglöcher, Sand und Steine sowie viele, viele Furten (25 Stück zählen wir heuer). Aber auch unvergleichliche Ausblicke auf Vulkane und deren Hinterlassenschaften, auf Seen und Flüsse, auf unberührte Landschaft, ungewöhnliche Felsen und versteinerte Trolle. 58 holperige und zerfurchte Kilometer liegen vor uns, bis wir einige Stunden später bei Buland das Ende der Piste erreichen werden.

Nachdem wir Landmannalaugar hinter uns gelassen haben, umrunden wir den Kýlingavatn. Und schon ruft Pia: „Stopp – Foto!“ Klaus weiß, dass er jetzt sofort anhalten muss. Im See spiegeln sich Berge und Hügel in einer Vollkommenheit, die verwirrt. Sind wir in einer Fantasy-Welt angekommen? Tauchen dort vorne etwa Aliens auf? Nein, es ist nur eine Schwanenfamilie, die auf dem See die ersten Sonnenstrahlen des Tages genießt.

Die erste Furt queren wir nach neun Kilometern. Auf der anderen Flussseite hält plötzlich ein Franzose mit seinem gemieteten Duster neben uns und fragt, ob noch viele Furten bis Landmannalaugar kämen. „Nein, das ist die letzte.“ Wie die Tiefe sei? „Ungefähr 40 Zentimeter.“ Wie er durchfahren soll? „Slowly“, raten wir ihm, „slowly!“

Irgendetwas an „slowly“ scheint er nicht verstanden zu haben, denn er brettert mit Vollgas geradewegs durch. Wasser schwappt über die Motorhaube, sein Auto hüpft wie ein Frosch. Oh je, Fahrzeug und Motor haben unser volles Mitleid.

Zwei Kilometer weiter klettern wir eine steile, lehmig-rutschige Auffahrt hinauf, die noch feucht von der Nacht ist. Oben angekommen, gibt’s nur eines: sofort anhalten und fotografieren! Wir sehen nicht nur unsere soeben gefahrene Strecke durch die düstere Vulkanlandschaft, sondern auch ein blau leuchtendes Flüsschen, das sich seinen Weg um einen pechschwarzen Aschehügel herum gebahnt hat und dabei von hellgrünem Moos begleitet wird.

Und schon wieder lotst uns die Fahrspur durch zwei Furten. Die Ein- und Ausfahrten wurden für diejenigen, die unsicher sind, mit gelben Pfosten markiert. Kurz darauf windet sich der Weg in einer langen Serpentine hinunter in das breite sandige Tal des Flusses Jökuldalakvísl. Bevor wir jedoch gemütlich talwärts rollen, teilen wir uns auf: Der Mann fährt, die Frau läuft, mit Fotoapparat in der Hand. Denn das, was sich vor uns ausbreitet, diese wilde, unberührte Landschaft aus schwarzem Sand und blauem Wasser, aus grünem Moos und gelb-braunem Gras, muss unbedingt bildlich festgehalten werden.

Langsam lenkt Klaus unseren Fennek hinab und durch das Flüsslein hindurch, während seine Angetraute von oben in aller Ruhe Dutzende Fotos schießt: Urlandschaft mit Fennek – vor, in und hinter der Furt. Dann spaziert auch sie langsam hinunter. Und wie kommt Frau hinüber ans andere Ufer? Klaus, ganz Kavalier, fährt nochmals durchs Wasser und holt sie ab.

Auf einer sandigen Fläche neben der Furt machen wir erst einmal Mittagspause – und werden dabei von zwei skurrilen Felsgestalten beäugt. Vielleicht versteinerte Trolle? Deutlich erkennen wir einen Trollmann mit Rucksack, der seine Liebste im Schlepptau hat. Bestimmt haben die beiden ganz verliebt den Ausblick genossen und wurden dabei von der Sonne überrascht. Ein Verhängnis, das sie mit vielen Trollen teilen.

Ab jetzt führt die Piste entlang des Flusses, über dunkle Hügel hinweg und durch tiefe Auswaschungen. Wir queren sechs weitere Furten, bis wir die Schlucht Klappargil erreichen. Dort erwartet uns eine Engstelle, an der sich die Fahrspur zwischen dem Abhang und einem schwarzen Felsen im Bachbett hindurch zwängt. Ist das wirklich nur ein Felsen? Schaut eher wie ein riesiger, versteinerter Kugelfisch aus.

Die Piste wird nun steiniger. Wir passieren noch fünf weitere Furten in der Klappargil, bis wir die Schlucht verlassen dürfen.

In einer Sanderebene 28 Kilometer hinter Landmannalaugar könnten wir zum Langisjór abbiegen. Das machen wir aber nicht, denn da waren wir ja schon. Wenn wir uns nicht verzählt haben, rumpeln wir genau hier durch die Furt Nummer 23.

Nach wenigen Kilometern taucht links schon wieder ein Abzweig auf, er führt in die Feuerschlucht Eldgjá (2 km) und zum Ofærufoss (4 km). Aber auch diesen ignorieren wir und fahren stattdessen weiter bis zum Nächsten. Dort weist ein Schild bergauf Richtung Gjátindur, dem „Schluchtengipfel“. Er heißt so, weil er eine echte Spitzenposition einnimmt, wenn es darum geht, in die gewaltige Feuerschlucht zu blicken.

Doch man muss nicht unbedingt den Gipfel des Berges besteigen, schon von der Piste aus soll man einen fantastischen Einblick haben. Das kann sich Frau unmöglich entgehen lassen. Deshalb trägt sie ihren Wunsch so vehement vor, dass Klaus nichts anderes übrig bleibt als abzubiegen.

Und schon stehen wir vor zwei Furten hintereinander: Zunächst geht es durch den Fluss Strangakvísl und gleich darauf durch die Nyrðri-Ofærá. Das sind übrigens zwei zusätzliche Furten, die nicht in unsere Strichliste einfließen.

Dahinter erklimmt die sandige Fahrspur den steilen Osthang der Feuerspalte. Nach ungefähr drei Kilometern erreichen wir schließlich einen kleinen Parkplatz. Weiter muss man gar nicht fahren, denn schon von hier aus tut sich ein phänomenales Panorama auf. Es gibt sogar eine Abstiegsmöglichkeit hinunter in die Eldgjá. Doch der Abstieg ist nicht so wichtig, sondern vielmehr die unvergleichliche Aussicht.

Nur schwer lässt sich beim Blick in die Tiefe nachvollziehen, was hier im Jahr 934 n. Chr. abging. Welche Kräfte gewütet haben, damit diese klaffende Wunde entstand. Neun Kubikkilometer Lava wurden aus der Vulkanspalte herausgeschleudert. Was für ein unvorstellbares Höllenspektakel muss das gewesen sein!

Und jetzt stehen wir hier, blicken hinab in ein stilles, friedliches Tal und können uns das Inferno überhaupt nicht vorstellen. Stattdessen läuft Pia aufgeregt hin und her, ist mal wieder unschlüssig, wie sie alles auf ein Bild bannen soll. Unter uns zieht sich ein Riss in der Erdkruste von Nordost nach Südwest. Fünf Kilometer lang. An den gut 150 Meter hohen Wänden erkennt man noch die Spuren des Ausbruchs. Überall liegt schwarzes und rotes Eruptivgestein, das mit gelbgrünem Moos gepolstert ist. Schräg gegenüber das i-Tüpfelchen: Weiß leuchtend fällt der Fluss Nyrðri-Ofærá in zwei Stufen in die steile Schlucht herab. Bis zum Frühjahr 1993 überspannte eine natürliche Steinbrücke den unteren Wasserfall. Leider ist sie unwiederbringlich weg. Eingestürzt, fortgespült.

Aber auch wenn diese Kuriosität nun fehlt, legen wir Euch einen Abstecher zur Eldgjá wärmstens ans Herz. Entweder fährt man zwei Kilometer in die Schlucht hinein bis zum Parkplatz und geht die restlichen zwei Kilometer zu Fuß. Oder man macht es so wie wir heute und fährt drei Kilometer Richtung Gjátindur. Für Gehbehinderte dürfte sie die bessere Möglichkeit sein, um diese gewaltige Vulkanspalte in ihrer ganzen Pracht und Herrlichkeit anzuschauen.

Während Klaus ungeduldig seine Ehefrau zum Aufbruch anstachelt (die Uhr zeigt schon halb sechs und wir müssen noch einen Übernachtungsplatz suchen), kann sich Frau mal wieder nur schwer losreißen. Obwohl der Ausblick in einer halben Stunde auch nicht anders ist als jetzt. Aber da blüht am Wegesrand noch eine äußerst hübsche Grasnelke und auch sie muss unbedingt auf ein Foto. „Jetzt komm!“, ruft Klaus. Also gut!

Zurück auf der F208 stehen wir dann vor der allerletzten Furt heute. Dahinter fordert Pia noch einmal lautstark einen Fotostopp ein ("Das letzte Mal heute, ehrlich!"). Hat sie doch neben der Piste ein skurriles Motiv entdeckt: einen versteinerten Troll, der dringend zum Friseur müsste. Seine dünnen, grasigen Haare stehen ihm wild zu Berge. Am liebsten würde Pia zur Schere greifen, belässt es aber bei ein paar Fotos.

Auf den nächsten Kilometern begleiten uns alte, aus Lavabrocken aufgeschichtete Hüter des Weges. Mit ihrer dicken, runden Gestalt schauen sie gemütlich aus. Und sie gäben ein hübsches Fotomotiv ab. „Klaus, bitte noch einmal kurz anhalten. Zum wirklich allerletzten Mal heute, versprochen!"

Er lässt sich erweichen. Und schon befinden sich auf der Speicherkarte auch die Fotos eines alten Steinhaufens. In früheren Zeiten zeigten sie den Reisenden den Verlauf des Weges an. Heutzutage sind die Wächter moosbewachsen und teilweise zerfallen. Wegmarken, die keiner mehr braucht – dank GPS und Satellitennavigation. So, jetzt wird der Fotoapparat für heute endgültig weggepackt.

Der Fennek hat uns auf den letzten 40 Kilometern wieder einmal bewiesen, dass er alles andere ist als wasserscheu, so oft wie er nasse Füße bekommen hat. Aber es hat ihm offensichtlich Spaß gemacht – und uns natürlich auch. Mit dem einzigen Unterschied: Unsere Füße blieben trocken.

Achtung – Badedermatitis:

Am Badeplatz von Landmannalaugar informieren seit einigen Jahren aufgestellte Warnschilder über eine sogenannte Badedermatitis, die man sich im warmen Wasser einfangen kann. Sie wird durch winzige Zekarienlarven eines Parasiten übertragen, von dem hauptsächlich Stock- und Bergenten befallen werden.
Erstes Anzeichen ist ein juckender, geröteter Hautausschlag, der auch ohne Therapie wieder abheilt. Ziemlich fies – aber meistens harmlos. Wer dies vermeiden will, schaut sich den Badespaß lieber vom Trockenen aus an.

Edda und Ásgarð – wie konnte es dazu kommen?

(Pia erzählt)
Kaum zu glauben, aber auch in einem so abgeschiedenen Flecken Erde wie Island entstanden schon sehr früh Klassiker der Weltliteratur. Neben den Isländer-Sagas ist die Prosa-Edda das bedeutendste Werk zur altnordischen Mythologie um Göttervater Odin und das Göttergeschlecht der Asen. Wie konnten solche Mythen überhaupt entstehen? Und gibt es die Schauplätze wirklich? Gehen wir mal gut 1.000 Jahre zurück.

Stelle Dir Folgendes vor: Du bist mit Deinem offenen Segelboot, sagen wir mal im Jahre 939 auf dem Weg von Norwegen nach Island. Dort angekommen, siehst Du Rauch und Dampf aufsteigen, obwohl keine Menschenseele ein Feuer entfacht hat und niemand gerade eine Gulaschsuppe kocht. An Land spürst Du, wie sich unter Dir der Boden bewegt, obwohl um Dich herum alles ruhig und friedlich ist. Du nimmst ein Grollen wahr und Geräusche, die Du noch nie zuvor gehört hast. Und keiner ist da, den Du dafür verantwortlich machen kannst. Du siehst in der Nacht überall dunkle, gebeugte Gestalten sitzen, die Du am Tag nicht als solche erkannt hast. Wie erklärst Du Dir all diese Vorkommnisse, die Dich irritieren und verdammt noch mal ängstigen? Eigentlich bist Du doch ein taffer Wikinger!

Nun, im Jahre 939 hast Du natürlich noch nie etwas von Vulkanismus gehört, von Kontinentaldrift oder Plattentektonik. Du weißt absolut nichts über spuckende Vulkane und Geysire, über Gletscherläufe und Magmakammern knapp unter der Erdkruste. Was also ist die Ursache für jene rätselhaften Vorgänge, die um Dich herum geschehen?

Logischerweise suchst Du nach einer Erklärung: Hinter all den unheimlichen Vorgängen können nur geheimnisvolle Wesen stecken wie Elfen und Trolle, Riesen und Zwerge und natürlich die Götter der nordischen Mythologie.

Die ersten Bewohner Islands machten jene unsichtbaren Wesen für die Unheil bringenden Naturereignisse verantwortlich, weil sie sich die Phänomene anders einfach nicht erklären konnten.

Um das zu verstehen, muss man sich nur einmal in einem erkalteten Lavastrom umschauen. Überall entdeckt man Gesichter und Fratzen. Da und dort hocken skurrile, finstere Gestalten, groß wie Riesen oder klein wie

Gnome. Bei jedem Schritt und Tritt knistert und knackt es, man fühlt sich aus allen Richtungen beobachtet von unbeweglichen, dunklen Gestalten.

In der Nähe von Vulkanen zischt und dampft es aus Spalten, in Schlammtöpfen brodelt und blubbert eine entsetzlich stinkende graue Masse. Und wandert man über ein Feld aus schwarzer oder roter Vulkanasche, fühlt es sich oftmals an, als ginge man über Hohlräume, über riesige unterirdische Kellergewölbe. Manchmal dringen sogar Geräusche von dort herauf. Wohnt da unten vielleicht das geheime Volk der Trolle? So manches Mal ist man versucht, daran zu glauben.

Die gewaltigen und zerstörerischen Naturereignisse, die quasi auf das Konto der umtriebigen nordischen Götter gingen, wurden über Jahrhunderte hinweg nur mündlich weitergegeben. Erst um das Jahr 1230 n. Chr. herum schrieb der isländische Staatsmann, Gelehrte und Poet Snorri Sturluson (1179 – 1241) diese mündlich überlieferten Geschichten nieder. Es entstand die „Prosa-Edda“, die heute zur Weltliteratur zählt.

Was der Begriff „Edda“ eigentlich bedeutet, darüber sind sich die Fachfrauen und -männer unschlüssig. Im Altisländischen heißt Edda übersetzt „Urgroßmutter“. Aber ob Snorri beim Niederschreiben an seine Uroma dachte? Eher unwahrscheinlich. Vielleicht stammt der Name auch vom altisländischen Óðr ab, was mit Dichtkunst oder Poesie übersetzt wird. Klingt irgendwie plausibler. Es gibt natürlich noch weitere Interpretationen, aber die will ich Dir ersparen.

Fakt ist, dass man die Geschichten der Edda nicht für bare Münze nehmen darf, dass sie sich bei der Mund-zu-Mund-Übertragung stetig veränderten (so ähnlich wie beim „Stille-Post-Spiel“, wenn man jemandem etwas erzählt, der es jemand anderem weitererzählt, der es wiederum weitererzählt usw.).

Für Snorri waren die mündlichen Überlieferungen eine der Quellen seiner Prosa-Edda, eine andere bestand in den Texten der sogenannten Lieder-Edda, wobei man diese Götter- und Heldenlieder erst im 17. Jahrhundert in Form einer alten Handschriftensammlung wiederentdeckte. Die Edda, diese wundervolle, für heutige Ohren in vielen Teilen unverständlich formulierte Erzählung, ist voller Metaphern und sogenannten Kenningar, der poetischen Umschreibung von Begriffen und Namen. Diese zu entschlüsseln ist eine Wissenschaft für sich.

Und jetzt kommt Walter Hansens Buch „Asgard – Entdeckungsfahrt in die germanische Götterwelt Islands“ ins Spiel. In seinem im Jahr 1985 veröffentlichten Werk schreibt er, dass sich „hinter den Erzählungen und Ortsbeschreibungen oft tiefere Sinngehalte und, was bisher kaum beachtet wurde, Hinweise auf tatsächlich vorhandene Schauplätze und Kultstätten des germanischen Götterglaubens verbergen". Sprich: Die Schauplätze der Edda sollen in Island liegen! Spannende Fragen tun sich dazu auf: Warum ist gerade Island die Heimat von Göttervater Odin, von Thor, dem Gewittergott oder dem listigen Feuergott Loki, um nur ein paar zu nennen? Wie lässt sich *Ragnarök*, die Götterdämmerung erklären? Wo erhob sich einst die Weltesche Yggdrasil, dieser riesige Baum und das Symbol für Werden und Vergehen? Und wo lag die Götterburg Ásgarð, der Wohnsitz des nordischen Göttergeschlechts der Asen?

Hansens Abenteuerbuch geht diesen Mythen und ihren Schauplätzen auf den Grund. Erstmals will der Autor (Zitat:) „Islands Mythologie und Geologie zusammenbringen", denn er sieht einen klaren Zusammenhang zwischen Mythen und Landschaft. Das eine bedingt das andere – ohne geologische Phänomene keine Mythologie. Diesen Zusammenhang für uns Laien verständlich zu machen, ist das Verdienst dieses Buches.

„Asgard" gehört übrigens zu den „Top drei" meiner Lieblingsbücher. Wie oft habe ich es schon gelesen: Achtmal? Zehnmal? Abgewetzt und zerfleddert, gründlich durchgearbeitet, mit Anmerkungen und Ausrufezeichen versehen, muss es auf jeder Island-Tour mit dabei sein.

Allerdings ist Hansens Buch eher etwas für eingefleischte und glühende Island-Fans. Denn er zitiert seitenweise große Teile der Edda, einer „Reportage aus der Götterwelt", wie er es nennt. Das macht das Lesen des Buches mühsam und erfordert Durchhaltevermögen von jenen, die nur an den Abenteuern interessiert sind. Doch für diejenigen, die sich mit Islands Mythologie beschäftigen wollen, ist das Buch eine Offenbarung.

Spannend lesen sich seine Offroad-Touren ins isländische Hochland, seine Wanderungen und abenteuerlichen Ausflüge zu den Schauplätzen der Edda, die er Anfang der 1980er-Jahre unternahm. Viele dieser teils tollkühnen Touren kann man heute aus Naturschutzgründen allerdings nicht mehr nachfahren. Trotzdem sind wir in Island schon oft auf den Spuren der Götter und der Edda unterwegs gewesen – und sind es immer wieder.

Auf jeder Reise bewundern wir erneut Ásgarð (den Berg Herðubreið) und übernachten auch schon mal am Fuße der Götterburg. Nur bezwungen haben wir sie nie. Das überlassen wir den Profis.

Von der Sprengisandur-Hochlandroute aus haben wir den Schild des Riesen (der Schildvulkan Trölladyngja) entdeckt. Auf beinahe jeder Reise wandern wir durchs Reich der Zwerge (das Askja-Gebiet). Wir lieben es, tief in Thors Reich (*þorsmörk*) einzudringen, wobei wir bisher noch nie Thors schlechte Laune in Form eines heftigen Gewitters erlebten, sondern nur Sonne und blauen Himmel. Thor kann also auch freundlich sein.

Schon zweimal haben wir vergeblich versucht, in den Eingang der Hölle zu schauen (den Gipfelkrater des Vulkans Hekla). Mehrmals wanderten wir auf dem Weg, der in die Unterwelt führt (die Schlucht Eldgjá). Im Jahr 1984 konnten wir sogar noch über die Gjöllbrücke laufen, die sich über den Wasserfall Ófærufoss spannte und auf der laut Edda die Toten in die Unterwelt ritten. Allerdings spielten im Frühjahr 1993 die Naturgewalten der Mythologie einen Streich. Schmelzwasserfluten rissen die natürliche Steinbrücke mit sich, sodass sie leider nicht mehr existiert. Seither ist der Weg in die Unterwelt unterbrochen.

Schon häufig haben wir von Kap Dyrhólaey aus hinüber zu der Stelle geblickt, an der die Weltesche Yggdrasil einst in den Himmel ragte. Das soll direkt über dem Mýrdalsjökull gewesen sein. Unter dessen Eis verbirgt sich einer der gefährlichsten Vulkane Islands: die Katla. Um das Jahr 1000 herum eruptierte der Vulkan mit einem gewaltigen lange anhaltenden Ausbruch und läutete damit Ragnarök ein, die Götterdämmerung. Damals bildete sich über dem Gletscher eine riesige Eruptionswolke, die den Menschen wie der Stamm und das Geäst eines mächtigen Baumes erschien. Blicken wir heute hinüber, sehen wir nur das reine unschuldige Weiß des Gletschers.

Zwischen dem eingangs erwähnten Jahr 939 und dem Heute liegt unfassbar viel wissenschaftliche Forschung und Erkenntnis, die alten Götter wurden widerlegt. Aus Ragnarök wurde ein Vulkanausbruch, aus dem Reich der Zwerge ein mit Asche bedeckter Lavastrom. „Mythische Namen erwiesen sich als geologische Fachbegriffe, Architekturbeschreibungen mythischer Bauwerke stellten sich als Beschreibungen außergewöhnlicher Vulkanformen heraus“, so Walter Hansen. Und trotzdem: Bei jeder Island-Reise fasziniert uns das Mythische dieses Landes.

Wer das grandiose Phänomen des Nordlichtes erleben durfte, wer schon mal in der Dämmerung die seltsamen Formen betrachtet hat, die ein isländischer Vulkanausbruch hinterlässt, wer dampfende Berge, spuckende Geysire und brodelnde Schlammlöcher gesehen und gerochen hat, der versteht, warum gerade auf Island so viele Mythen entstanden und warum sie uns auch heute noch fesseln. Die Menschen auf Island haben sich über Jahrhunderte hinweg mit ihrer grandiosen, aber unberechenbaren Natur arrangiert und sich für unerklärliche Vorgänge einfach eine Erklärung gebastelt.

Heutzutage hat die Wissenschaft viele der geologischen Rätsel gelöst. Aber zugegeben, manchmal haben die Erklärungen der Altvorderen einfach mehr Charme als all die nüchterne wissenschaftliche Erkenntnis.

Im Winter

Island im Winter – Let it snow

„Ist es dort nicht furchtbar kalt und dunkel?“ Immer wieder hören wir diese Frage, wenn wir von unseren winterlichen Reiseplänen erzählen. Ganz so extrem ist es nicht. Aber es ist von Vorteil, wenn im Wohnmobil Heizung und Licht funktionieren. Die Tage sind recht kurz, so viel wissen wir bereits, denn die Sonne kommt im Januar und Februar nur für wenige Stunden über den Horizont. Doch ist es wirklich so eisig, wie der Name „Island“ vermuten lässt? Das wollen wir herausfinden.

Wir sind pünktlich. Überpünktlich. Da stehen wir nun am stürmischen Ende Dänemarks und außer uns ist keiner da. Von unserer Fähre, die eigentlich um zwölf Uhr im Hafen von Hanstholm hätte anlegen sollen, ist weit und breit nichts zu sehen. In roten Lettern verkündet eine Infotafel am Hafengebäude: „Norröna ETA 15:00. Boarding 16:00“ (ETA = Estimated Time of Arrival, geschätzte Ankunftszeit). Ah ja, noch drei Stunden bis zum Einlaufen der Fähre und sechs Stunden bis zum Ablegen.

Regen trommelt aufs Autodach, Sturmböen rütteln an unserem Wohnmobil. Wetter, das nach einem Teller Suppe ruft. Als nach dem Mittagessen immer noch keine Norröna zu sehen ist, gehen wir rüber zum Smyril-Line-Schalter.

„Die Norröna kreuzt seit zwei Stunden draußen auf See. Wegen heftiger Sturmböen kann sie derzeit leider nicht in den Hafen einlaufen“, erklärt uns eine nette Dame. „Ab 15 Uhr gibts die Bordkarten. Vielleicht wissen wir dann mehr.“ Mit den Bordkarten erhalten wir die Information, dass der Kapitän erst gegen 17 Uhr versuchen wolle, in den Hafen einzulaufen. Na prima. Zumindest sind wir nicht mehr mutterseelenallein. Ein paar Autos mit Färöer-Kennzeichen haben sich hinter uns eingereiht.

Es wird 17 Uhr und im Hafen tut sich – nichts. Nur die rote Infotafel verkündet unermüdlich die Ankunft der Fähre um 15 Uhr.

Inzwischen haben wir 21 Uhr. Die heftigen Sturmböen haben etwas nachgelassen, endlich kommt Bewegung in die wartenden Passagiere. Rasant stapft die Fähre in den kleinen Hafen, wendet im engen Hafenbecken um 180 Grad und legt vorsichtig an. Respekt! Eine tolle Leistung des Kapitäns.

Kurz vor Mitternacht dürfen wir als Erste an Bord fahren. Leicht irritiert nehmen wir zur Kenntnis, dass unser MAN sofort an die Leine gelegt wird. Vorne und hinten werden dicke Ketten an ihm befestigt und im Schiffsboden verzurrt. Die Überfahrt wird wohl etwas bewegter. Zum Glück haben wir ein Motto für solche Fälle: „Da muss man durch“.

So richtig seekrank werden wir auf der Überfahrt zwar nicht, aber zwischendurch ist Pias Magen doch mit der Gesamtsituation unzufrieden. Beim Zwischenstopp auf den Färöer-Inseln fahren fast alle Autos von Bord. Übrig bleiben vier Pkws und unser Wohnmobil. Damit sind wir nur noch zehn oder 15 Passagiere auf einer Fähre, die eigentlich 1.400 Reisenden Platz bietet. Für die Handvoll Leute gibt sich der nordatlantische Wettergott natürlich keine Mühe. Daher ist unsere letzte Nacht an Bord auch die unruhigste. An Schlaf ist kaum zu denken, aber zumindest zickt Pias Magen nicht mehr rum.

Vor der Reise hatten wir unsere isländische Freundin Helga damit beauftragt, richtig schönes Winterwetter für uns zu „organisieren“. Entsprechend groß ist unsere Enttäuschung, als wir nach drei Tagen auf See in den Seyðisfjörður einfahren. Nur die Bergspitzen sind weiß überzuckert. Dabei bereichern doch 50 Kilo Schneeketten unser Reisegepäck. Ob Helga unsere „Bestellung“ vergessen hat?

Heftiger Wind und Regen begleiten uns während der ersten Tage. Vom Winter keine Spur. Wir haben uns entschlossen, die Insel im Uhrzeigersinn zu umrunden, also geht´s zuerst Richtung Süden. Bei diesem Wetter ist sogar der Öxivegur geöffnet, eine schmale Bergpiste, die hinunter in den Beru-

Unverwechselbar: der Vulkan Brennisteinsalda im Fjallabak-Gebiet

Malerisch: Ausblick vom Bláhnúkur auf Landmannalaugar

Farbenprächtig: Einblick in die Schlucht Grænagil

Traumlage: der Campingplatz von Landmannalaugar

Farbintensiv: die Landschaft entlang der F208 (Fjallabaksleið nyrðri)

Unverkennbar: das Fjallabak-Gebiet, geformt von Wasser und Vulkanen

Heute: die Feuerschlucht Eldgjá, die durch einen Vulkanausbruch entstand

Früher: in den 1980er-Jahren überspannte eine natürliche Steinbrücke den Wasserfall

„Trollig“: ein versteinerter Troll, der dringend zum Frisör müsste

Der Herðubreið: Ist er die Götterburg in Islands Mythologie?

In Ketten: fest verzurrt im Schiffsbauch der "Norröna"

Vereist: die Gletscherlagune Jökulsarlon im Winter

Frostig: Winter auf dem geschlossenen Campingplatz von Reykjavik

Tiefschnee: der MAN als letzte Rettung

Eisbahn: die F88 ins isländische Hochland

Lichtblick: unterwegs im winterlichen Island

fjörður führt. Selbst große Lkws nehmen heute diese Abkürzung und sparen sich damit 55 Kilometer Fjordfahrt.

An den Eisbergseen südlich des Gletschers Vatnajökull wollen wir den ersten Fotostopp einlegen. Bis vor Kurzem muss es klirrend kalt gewesen sein, denn die Gletscherlagune Jökulsarlón ist beinahe zugefroren und Unmengen an Eisschollen sind darin gefangen. Überall bilden sich Risse in der Eisdecke, die Schollen knistern und knacken wie brechendes Glas. Inmitten der schwarz-weiß marmorierten Eisberge leuchten einzelne Exemplare in kräftigem Hellblau. Ein zauberhafter Anblick, an dem wir uns kaum sattsehen können. Ob heute noch die Sonne rauskommt? Wir rufen beim isländischen Wetterdienst an, ein Mitarbeiter gibt uns auch bereitwillig Auskunft. Laut Vorhersage soll morgen Vormittag kurzzeitig besseres Wetter herrschen. Ein Grund, hier zu übernachten.

Während der Nacht klart es tatsächlich auf. Morgens ist es bitterkalt, der Himmel beinahe wolkenlos. Pünktlich zum Sonnenaufgang um elf Uhr wollen wir mit den Kameras los, und pünktlich um elf Uhr ist die Wolkendecke wieder geschlossen. Zwei Stunden schleichen wir noch mit dem Fotoapparat um den See und die darin schwimmenden Eisberge herum, dann geben wir enttäuscht auf.

Nur um wenige Hundert Meter weiter unvermittelt in Euphorie zu verfallen. Der Auslöser liegt direkt am Meeresstrand auf der anderen Straßenseite. Von der Gletscherlagune treiben Eisschollen langsam dem Meer zu. Dort angekommen, spielt die wilde Brandung mit ihnen, lässt sie im Meerwasser schaukeln und tanzen, bevor viele wieder zurück an die dunkle Küste gespült werden. Dort liegen die Eisbrocken dann wie riesige Diamanten auf dem tiefschwarzen Strand verstreut. Von winzig klein bis in XXL-Größe. Durch das Spiel im Meer entstanden die verrücktesten Formen und Figuren, die im Mittagslicht sanft leuchten. Glasklare Juwelen auf schwarzem Sand.

Was die Naturgewalten hier zustande gebracht haben, macht uns beinahe sprachlos. Bedächtig laufen wir zwischen den Eisskulpturen hin und her. Es ist, als ob man mitten durch ein Kunstwerk läuft. Chapeau! Vor diesem künstlerischen Arrangement der Natur können wir nur den nicht vorhandenen Hut ziehen. Islands Urkräfte haben uns schon sehr oft verblüfft und in Hochstimmung versetzt. Aber hier hat sich die Natur selbst übertroffen.

Wir schalten wieder ein paar emotionale Gänge runter – und fahren weiter.

Bis zur Südspitze Islands sind Regen und Sturmböen unsere ständigen Begleiter. Bei einem solchen Wetter ist es eigentlich egal, wo man steht. Ein menschenleerer Parkplatz am Strand nahe Vik bietet sich zum Übernachten geradezu an. Am nächsten Morgen dann die Überraschung: Über uns zeigt sich ein blauer Fleck am Himmel, der ganz langsam größer wird. Unsere sieben Sachen sind schnell verstaut und schon rumpeln wir auf der schlechten Piste raus zum Kap Dyrhólaey. Oben auf dem Parkplatz über dem Türlochfelsen klafft bereits ein riesiges blaues Loch am Himmel, durch das die Sonne – juhu! – ihre Strahlen schickt. Jetzt aber rein in die Winterklamotten, raus an die kalte Luft und sich über den phänomenalen 360-Grad-Ausblick freuen. Selbst der Gletscher Mýrdalsjökull, der gestern noch unter einer dicken Wolkendecke lag, strahlt im warmen Sonnenlicht. Er wirkt so friedlich. Fast vergisst man, dass unter dem Eis einer der gefährlichsten Vulkane Islands schlummert.

Die Sonne weckt unsere Lebensgeister. Das nächste Ziel ist der Wasserfall Skógafoss. Welch ein Unterschied zum Sommer! Jetzt im Winter haben wir den Wasserfall ganz für uns alleine. Ohne Mütze und mit offenem Anorak schießen wir Fotos aus allen nur erdenklichen Positionen und kommen dabei richtig ins Schwitzen. Das Thermometer meldet immerhin zehn Grad plus! Tja, so warm haben wir uns den isländischen Winter eigentlich nicht vorgestellt. Doch schon bald soll es ganz anders kommen.

„Welcome in Hella“ werden wir einen Tag später von unseren Freunden in Hella begrüßt. Für Helga, unsere Wetterfrau, haben wir ein Mitbringsel vom Münchner Weihnachtsmarkt dabei: einen Türkranz mit Schneemann und der Aufschrift „Let it snow“. Noch am selben Abend wird er an die Haustüre gehängt.

Und ob Ihr es glaubt oder nicht: Am nächsten Morgen fängt es heftig an zu schneien. Es schneit. Und schneit. So fallen bis zu 40 Zentimeter Schnee. Jetzt aber los, endlich darf unser MAN zeigen, dass er auch schneetauglich ist. In den Wintermonaten sind die Tage knapp unterhalb des Polarkreises ziemlich kurz. Im Januar lugt die Sonne nur für ungefähr vier Stunden über den Horizont, deshalb packen wir in diese kurze Zeitspanne unsere Ausflüge und Abenteuer.

Zum Beispiel überzeugen wir uns bei einem Einkaufsbummel davon, dass die Gehwege in Reykjaviks Fußgängerzone tatsächlich beheizt sind. Auch so manche Garagenzufahrt ist eigentlich immer schneefrei, obwohl niemand räumt. Unter den Pflastersteinen liegen Rohre, durch die heißes Wasser strömt, eine echte Outdoor-Fußbodenheizung. Verrücktes Island!

Unser nächster Programmpunkt ist bei den Isländern äußerst beliebt – selbst im tiefsten Winter. Uns kostet er jetzt im Januar aber etwas Überwindung: ein Besuch im Freibad. Natürlich baden wir im berühmtesten Pool der ganzen Insel, der Blauen Lagune. Dort sitzt man im türkisfarbenen, knapp 40 Grad heißen Abwasser des nahen Kraftwerks inmitten eines schwarzen Lavastroms. Bei minus sieben Grad und 30 Zentimeter Schnee ein unbeschreibliches Erlebnis, obwohl man vom Pool und der Umgebung kaum was sieht. Über dem Badeplatz liegt dichter Nebel, verursacht durch den Temperaturunterschied zwischen heißem Wasser und kalter Luft. Und so tut sich Pia nach dem Abduschen schwer, im Badebecken den richtigen Klaus zu finden.

Unbeschreiblich ist auch das Schauspiel, das manchmal in einer isländischen Winternacht erscheint. Die Betonung liegt auf „manchmal“. Denn die Tänzer der Nacht sind scheue Gesellen und lassen sich nicht immer blicken. Drei Dinge müssen zusammentreffen, damit sie überhaupt auftauchen: Der Himmel muss klar sein, es muss finstere Nacht und bitterkalt sein. Heute trifft alles zu und mit etwas Glück können wir sie sehen: die Nordlichter. Guðmunður, ein Bekannter aus Reykjavik, empfiehlt uns, raus aus der Stadt und nach þingvellir zu fahren.

Rund um den See þingvallavatn gibt es jede Menge tief verschneite, unberührte Park- und Übernachtungsplätze. Kein Mensch kommt im Januar auf die Idee, hier zu campen. Mit Kartenspielen und einer Flasche Rotwein vertreiben wir uns den Abend. Bis um Mitternacht suchen wir regelmäßig den Himmel ab, halten Ausschau nach dem sphärischen Lichterspiel. Leider vergeblich. Heute tanzen die Nordlichter anscheinend woanders. Oder wir hatten einfach zu wenig Ausdauer.

Durch die tief verschneite Winterlandschaft geht´s am nächsten Tag zu einem Highlight, auf dessen Erscheinen man sich garantiert verlassen kann. Und zwar das ganze Jahr über, denn bei den Geysiren im Haukadalur ist immer was los. Viele kleine heiße Quellen blubbern und gluckern bei Minus- und Plusgraden. Mittendrin schießt der Geysir Strokkur pünktlich alle fünf bis sieben Minuten seine Wassersäule in den grauen Himmel. Auch dann, wenn nur zwei dick eingepackte Touristen aus Deutschland davor stehen.

Der Wasserfall Gullfoss sollte der stürmische Höhepunkt unserer Reise werden. Nicht, weil wir jungverliebt sind, nein. Ein heftiger Schneesturm hat sich ausgerechnet diese Ecke ausgesucht, um sich auszutoben. Schon kurz nach dem Abendessen ist von der beschaulichen Ruhe am Wasserfall nichts mehr übrig. Der aufkommende Wind steigert sich von Minute zu Minute, bis er schließlich Höchstform erreicht. Während der ganzen Nacht wird unser Wohnmobil, das immerhin siebeneinhalb Tonnen auf die Waage bringt, wie eine Nussschale auf hoher See hin- und hergeworfen. Erst in den Morgenstunden geht dem Sturm die Puste aus. Reichlich übernächtigt bauen wir am späten Vormittag Kamera und Stativ am fotogenen Gullfoss auf. Was uns versöhnt: Wir haben diese Winterwunderwelt aus Eis und Schnee nahezu für uns alleine.

Ein kleines Erfolgserlebnis der besonderen Art beschert uns die Rückfahrt nach Reykjavik. Wir nehmen die kürzeste Route über die unbefestigte Nebenstraße von Laugarvatn nach þingvellir. Unser Freund, der Sturm, hat auch hier über Nacht seine Spuren hinterlassen. Für den MAN sind die teils mächtigen Schneewehen eher eine Herausforderung als ein Problem. Er wühlt sich einfach durch. Ganz im Gegensatz zu einem voll besetzten Reisebus. Auf halber Strecke steckt er in einer großen Wehe fest. So richtig fest. Der Fahrer ist überglücklich, als er uns kommen sieht und eilt mit einem Abschleppseil auf uns zu.

„Can you help me, please?“ wendet er sich hoffnungsvoll an uns. Aber klar doch!

Prompt wird ein gutes Dutzend Kameras auf unseren MAN gerichtet, der sich seiner Wichtigkeit in diesem Moment wohl bewusst ist. Untersetzungsgang rein, Quer- und Längssperre zugeschaltet: Als würde er nie etwas anderes tun, zieht er den festgefahrenen Bus rückwärts aus der zerwühlten Schneewehe heraus. Gut, Klaus war daran nicht ganz unbeteiligt, er saß am Steuer. Hinter den Kameras tauchen erleichterte Gesichter auf. So ist das im winterlichen Island: Es verhilft zu ungeplanten Abenteuern – und einem Happy End.

Nebenbei bemerkt: In den Wintermonaten werden lediglich die Ringstraße und einige Nebenstraßen regelmäßig geräumt. Sämtliche Hochlandpisten sind gesperrt und unpassierbar. Zumindest für uns Reisende. Nur erfahrene und abenteuerlustige Isländer wagen sich mit ihren gigantischen Bigfoots oder Superjeeps ins Landesinnere.

Wir bleiben lieber auf der Ringstraße, die im Winter, wie wir inzwischen wissen, genug Erlebnisse bietet. Auf der Fahrt nach Norden bekommen wir dies auch prompt nochmals bestätigt.

In Borgarnes ist es am frühen Nachmittag noch hell. Es schneit zwar ein bisschen, aber wir haben keine Lust, bereits jetzt einen Übernachtungsplatz zu suchen. So schlimm wird die Weiterfahrt schon nicht werden, sagen wir uns. Aber es kommt wie immer anders.

40 Kilometer hinter dem Ort beginnt das einsame, nahezu unbewohnte Norðurar-Hochtal. Da wollen wir noch durch, um irgendwo am Meer zu übernachten. Mit einsetzender Dämmerung wird aus dem bisschen Schneefall allmählich ein ausgewachsener Schneesturm. Ruckzuck ist die Straße tief verschneit und sämtliche Fahrbahnmarkierungen sind verschwunden. Die Sichtweite beträgt kaum zehn Meter und so hangeln wir uns von einem Markierungspfosten zum nächsten. Waagrecht pfeift der Schnee vorbei, Windböen drücken unseren MAN immer wieder in eine Richtung, in die wir gar nicht wollen. Mehr als 20, 30 Stundenkilometer sind nicht drin. Die Scheibenwischer arbeiten auf Hochtouren und Klaus am Lenkrad leistet Schwerstarbeit, damit wir vorwärtskommen. Langsam setzt die Dunkelheit ein, aber anzuhalten und einen Übernachtungsplatz zu suchen ist aussichtslos. Erst am Hrutafjord lässt der Schneesturm nach. Aufatmen und endlich zwei Gänge höherschalten. Ein Blick auf die Uhr sagt uns, dass wir für die 50 Kilometer durch das einsame Hochtal über zwei Stunden gebraucht haben. Wie war das mit ungeplanten Abenteuern im Winter?

An einem warmen Sommertag kann es am Mývatn recht unangenehm sein. Dann erfährt man hautnah, warum dieser See Mückensee heißt, wenn nämlich Myriaden von Mücken zum Angriff blasen. Ende Januar ist jedoch absolut nichts los. Keine Mücken, keine Touristen. Wie überall in Island, so sind auch hier im Winter sämtliche Campingplätze geschlossen. Geöffnet hat nur die neu gebaute Badelagune Myvatn Nature Baths ungefähr drei Kilometer hinter dem Örtchen Reykjahlið. Das Schwimmbad wurde ähnlich wie die Blaue Lagune angelegt, hat jedoch zumindest im Winter deutlich weniger Besucher. Heute Nachmittag schwimmen und planschen nur zwei Deutsche im warmen Wasser. Wir beide.

„Road closed“ steht auf einem Verbotsschild, das unsere Hoffnung zunichtemacht, zum Vulkangebiet Krafla fahren zu können. Bis zum Krafla-Kraftwerk ist die Straße zwar geräumt und gestreut, doch dahinter kommt man nur mit Schlittschuhen weiter – der Weg ist dick vereist und spiegelglatt. Na gut, dann verzichten wir eben auf den Ausflug in die schwarze Hölle der Krafla.

Auch Pias Lieblingswasserfall Dettifoss müssen wir von unserer Liste streichen. Sowohl die West- als auch die Ostpiste dorthin sind „closed“. Genauso unerreichbar ist unser Lieblingsberg, der Herðubreið. Zwar sehen wir in der Ferne deutlich seine markante Silhouette aufragen, aber mehr als sehnsüchtige Blicke sind nicht drin. Alle Pisten ins Hochland sind gesperrt, teils tief verschneit, teils vereist. Die Schilder zu ignorieren kommt für uns nicht in Frage, es wäre unverantwortlich. Aber zumindest ein klitzekleines Hochlanderlebnis würde uns schon gefallen. Da hat Klaus eine Idee.

Früher eine einsame Hochlandpiste windet sich die heute geteerte Straße knapp 40 Kilometer hinter Egilsstaðir in Serpentinen die Berge hinauf. Der Weg führt durch die einsamen Ausläufer des isländischen Hochlands und endet nach 70 Kilometern am größten Bauprojekt in Islands Geschichte: dem heftig umstrittenen Kárahnjúkar-Staudamm. Er soll Ende 2007 (ein Dreivierteljahr nach unserem zweiten winterlichen Besuch) fertiggestellt werden.

Bei Sonnenschein fahren wir durch die schneebedeckte Fljótsdalsheiði. Außer uns scheint derzeit kein Lebewesen unterwegs zu sein. Halt, doch! Zweimal sehen wir in der Ferne kleine Rentierherden mit ihrem hellen Winterfell. Als wir näherkommen und sie das Motorengeräusch hören, geben sie ordentlich Fersengeld. So entstehen leider nur Fotos vom Typ „Suchbild“.

Nach 70 Kilometern erreichen wir die riesige Baustelle. Hier blieb wirklich kein Stein auf dem anderen. In diesem Gebiet werden derzeit drei Staudämme errichtet, um zwei Gletscherflüsse zu einem 57 Quadratkilometer großen See, dem Hálslón zu stauen. Später soll das aufgestaute Wasser durch einen 73 Kilometer langen Tunnel tief unter der Erde zu den sechs Turbinen im Fljótsdalur geleitet werden. Jede Turbine wird einmal 115 Megawatt Strom liefern, der ausschließlich für die energieintensive Herstellung von Aluminium im Schmelzwerk von Reyðarfjörður vorgesehen ist.

Da die Landschaft unter einer dicken Schneedecke liegt, können wir das Ausmaß der riesigen Baustelle kaum erfassen. Auch die Zufahrt zum einzigen Aussichtspunkt ist wegen des vielen Schnees gesperrt. Von der Bautätigkeit sehen wir derzeit wenig, sie findet bei diesem Wetter wohl eher unter der Erde statt.

Später lesen wir auf der Internet-Seite des Kraftwerk-Betreibers, dass „derzeit der härteste Winter seit Beginn der Bauarbeiten herrscht. Schnee ist in großer Menge gefallen, der Frost ist beißend.“ Das kann doch nicht mit unserem Türkranz zusammenhängen, oder?

Unsere Tage auf Island sind gezählt, morgen geht die Fähre zurück nach Dänemark. Durch dichtes Schneetreiben fahren wir über die Fjarðarheiði hinab nach Seyðisfjörður. Nachdem unsere Schneeketten die ganze Reise über unbenutzt im Wohnmobil-Keller lagerten (Allradantrieb und Untersetzung sei Dank), können wir uns eine Montage auf den letzten Kilometern auch verkneifen.

Vorsichtig kriechen wir im Schritttempo die Serpentinen hinunter zum Hafen. Plötzlich klingelt unser Mobiltelefon. Helga ist dran und meint lachend, sie würde den Türkranz jetzt abhängen. Es reiche vollauf mit dem Schnee.

Nachsatz: Unsere beiden Wintertouren fanden 2006 und 2007 statt, also zu einer Zeit, als noch relativ wenige Touristen winters nach Island reisten. Zwischenzeitlich boomt der Tourismus auch in der kalten Jahreszeit, daher dürfte man viele Highlights nicht mehr für sich alleine haben, wie es uns meistens vergönnt war.

Þrettándinn – der dreizehnte Tag ㉔

(Pia erzählt)

„Habt ihr Lust, uns am 6. Januar zu besuchen?“, fragt mich Kiddi am Telefon.

Heute ist der zweite Januar und vor wenigen Stunden sind wir mit der Fähre in Seyðisfjörður angekommen. Auch unsere zweite Überfahrt im Winter war mehr als unruhig. Den Silvesterabend hatten wir an Bord verbracht, wobei ich das leckere Abendessen überstürzt verlassen musste, um den Rest des Abends liegend in der Kabine zu verbringen. Aber was nimmt man nicht alles auf sich, um nach Island zu reisen.

Jetzt haben wir endlich wieder festen Boden unter den Füßen und teilen den Freunden in Selfoss erleichtert die glückliche Ankunft mit.

„Wenn ihr es schafft, bis zum 6. Januar in Selfoss zu sein, dann kommt doch vorbei und feiert Þrettándinn mit uns!“ Klingt sehr verlockend. Aber was ist das eigentlich: Þrettándinn?

Nun, der 6. Januar wird in Island vollkommen anders begangen als bei uns. An diesem Tag sagen die Isländer dem Weihnachtsfest endgültig Lebewohl. Abends ziehen sie mit Fackeln und Musik durch die Straßen, entzünden ein großes Feuer, böllern Feuerwerksraketen in den Himmel und tanzen den Elfentanz.

Der Unterschied zwischen isländischen und deutschen Weihnachtsbräuchen wird bereits ab Mitte Dezember deutlich, gibt es doch in Island nicht bloß einen Weihnachtsmann wie bei uns, sondern gleich 13. Auf Isländisch heißen sie *Jólasveinar*, Weihnachtskerle. Diese 13 Weihnachtskerle sind Brüder und gehören zum geheimen Volk der Riesentrolle.

Die Legende von den Jólasveinar besagt, dass jedes Jahr an den 13 Tagen vor Weihnachten ein Weihnachtskerl nach dem anderen die verborgene Welt verlässt und zu den Menschen kommt, um ihnen Streiche zu spielen, aber auch um Geschenke an die Kinder zu verteilen.

Die Jólasveinar kommen jedoch nicht gemeinsam, sondern einzeln, vom 12. bis zum 24. Dezember einer an jedem Tag. Ab dem 25. Dezember verlassen sie uns Menschen wieder, erneut einer nach dem anderen. Sie kehren heim zu ihren Eltern Grýla und Leppaluði, die in einer Höhle irgendwo im isländischen Hochland wohnen sollen.

Sie heißen Hurðaskellir, Skyrgámur und Gluggagægir – auf Deutsch: Türknaller, Quarkfresser und Fensterglotzer. Alle 13 Jólasveinar haben drollige Namen, die uns verraten, welche Streiche sie den Menschen spielen. Der Name des 13. Weihnachtskerls ist Kertasníkir, der Kerzenschnorrer. Seit er am 24. Dezember zu uns Menschen herabgestiegen ist, hat er Unmengen an Kerzen stibitzt, denn für ihn gibt es nichts Schöneres als das Licht einer Kerze.

Er geht am 6. Januar als letzter zurück in die Berge, daher heißt dieser 13. Tag nach Weihnachten auf Isländisch *Þrettándinn*, der 13.. An diesem Abend wird in vielen Orten Islands ein fröhliches Abschiedsfest gefeiert – für Grýla, Leppaluði und ihre 13 Söhne.

Aber noch einiges mehr soll sich in der Nacht vom 6. auf den 7. Januar ereignen. Magisches könnte geschehen: Angeblich verschwindet in dieser Nacht die Grenze zwischen der sichtbaren und der verborgenen Welt. Elfen sollen sich uns Menschen zeigen und um das Feuer tanzen, Kühe sollen plötzlich sprechen können, Seehunde Menschengestalt annehmen. Das klingt ja vielversprechend!

Pünktlich treffen wir am Nachmittag des 6. Januars in Selfoss ein. Vor wenigen Stunden hat Schneefall eingesetzt, die Temperatur ist knapp unter den Gefrierpunkt gesunken und die Dämmerung macht langsam einer sternenlosen Dunkelheit Platz. In der frühen Nacht strahlt das Städtchen eine wunderbare Winterstimmung aus. Die meisten Häuser und Gärten sind mit Lichterketten geschmückt und über allem liegt eine schützende Decke aus flauschigem Schnee.

Bevor das Fest zu Þrettándinn beginnt, stärken sich die Isländer. Auch wir gehen nicht leer aus, denn unsere Freunde bereiten gerade ein typisch isländisches Festessen zu: Im Backofen schmort eine Lammkeule, auf dem Herd köchelt ein Topf mit Rotkraut und in einer Pfanne werden Kartoffeln karamellisiert. Als Aperitif serviert uns Kiddi eine Dose Jólaöl, isländisches Weihnachtsbier. Klingt an sich nicht ungewöhnlich, Weihnachtsbier gibt es schließlich auch in Deutschland. Aber an die isländische Version, einer alkoholfreien Mischung aus Malzbier und Orangenlimonade, müssen sich unsere Gaumen erst gewöhnen. Um es kurz zu sagen: Jólaöl wird nicht unser neues Lieblingsgetränk. Ganz anders das Essen, das schmeckt richtig lecker.

Kurz vor 20 Uhr mahnt Kiddi zum Aufbruch und rät uns: „Zieht euch warm an. Der Abend draußen wird lang“. Worauf haben wir uns bloß eingelassen? Zunächst spazieren wir gemeinsam durch den frischen Neuschnee bis zum Austurvegur, der Hauptdurchgangsstraße in Selfoss. Entlang der Straße harren bereits viele Menschen erwartungsvoll aus, dick eingemummt und ausgestattet mit allerlei Lichtern. Endlich! Kurz nach 20 Uhr biegt aus einer Seitenstraße ein Traktor ein. Auf seinem Anhänger winken und tanzen mehrere rot gekleidete Weihnachtsmänner mit langen weißen Zottelbärten, aus Lautsprechern ertönen isländische Volkslieder.

Jetzt gibts kein Halten mehr. Mit brennenden Fackeln und Wunderkerzen in den Händen schließt sich Groß und Klein, Alt und Jung dem Traktor an, stapft lauthals mitsingend hinterher. Die halbe Stadt ist unterwegs, auch wir reihen uns ein. Manche Volkslieder kenne ich zwar von der Melodie her, doch beim isländischen Text muss ich definitiv passen. Aber in all dem Trubel fällt mein einfallsloses La-la-la niemandem auf.

Die fröhliche Menschenmenge folgt dem Traktor bis zu einem größeren Platz, auf dem tagsüber ein riesiger Haufen aus Ästen, Zweigen und altem

Holz aufgeschichtet worden war. Unter lautem Jubel und Gejohle wird der Stapel angezündet. Ruckzuck brennt er lichterloh, riesige Flammen züngeln in die Höhe. Es knackt und knistert, Funken sprühen und stieben in alle Richtungen davon.

Das gewaltige Álfabrennur, das Elfenfeuer, lässt keinen kalt. Sogar im doppelten Sinne des Wortes. Es lässt Kinderaugen leuchten, Gesichter glänzen, Herzen höherschlagen. Und erwärmt Leib und Gemüt.

Inzwischen sind die verkleideten Weihnachtskerle vom Anhänger gestiegen und haben sich unter die Menschen gemischt, die sich am Feuer wärmen. Jeder, der in ihre Nähe kommt, wird umarmt. Bevorzugt natürlich die hübschen Frauen. Auch ich als Nicht-Isländerin werde heftig gedrückt. Mit Begeisterung sind die Männer in die Rolle des Kertasníkir geschlüpft. Man sagt ja, dieser Weihnachtskerl liebt das Glühen und Strahlen eines Feuers über alles, und von diesem gewaltigen Lichterspektakel wäre er bestimmt hin und weg.

Wenn schließlich vom großen Elfenfeuer nur noch ein Gluthaufen übrig ist, geht´s in die zweite feurige Runde des Abends. Glitzernde Bälle explorieren am Himmel, es regnet Sterne, bunte Funken fallen unter lauten „Aahhs" und „Oohhs" herab. Ein Feuerwerk ist der leuchtend-bunte Höhepunkt des Abends.

Irgendwann in dieser Nacht zum 7. Januar macht sich Kertasníkir auf den Weg zurück nach Hause, kehrt heim ins verborgene Reich der Riesentrolle. Mit ihm verlässt der letzte Weihnachtskerl unsere sichtbare Welt. Und bei den Menschen kehrt endlich wieder Ruhe ein. Dann müssen sie keine Angst mehr haben, dass mitten in der Nacht Türen zugeknallt werden, ein furchterregender Riesentroll durchs Fenster glotzt oder die Becher mit Skýr aus dem Kühlschrank geklaut werden. Aber Vorsicht! Man sagt, dass Elfen und Trolle in dieser Nacht die Menschen dazu überreden, ihnen in ihr magisches Reich zu folgen.

Von alledem haben wir aber nichts bemerkt, haben weder Elfen gesehen noch sprechende Kühe getroffen. Außer den verkleideten Weihnachtsmännern ist uns niemand zu nahe gekommen. Ein bezauberndes Erlebnis war der Abend trotzdem. Und ein ganz anderer 6. Januar, als wir ihn kennen.

Nur etwas haben wir beim Feiern am großen Álfabrennur schmerzlich vermisst. Etwas, das man in Island leider nicht kennt: eine Tasse mit heißem Glühwein. Sie wäre das i-Tüpfelchen an diesem ungewöhnlichen Abend gewesen. Sollten wir wieder einmal zu Þrettándinn in Island sein, dann haben wir nicht nur Rotwein, sondern auch Glühweingewürz im Gepäck. Und dazu eine große Thermoskanne.

Eiskalt erwischt – oder das rettende Schräubchen

(Klaus erzählt)
An einem kalten Winternachmittag im Januar haben wir in Grindavík (einem kleinen Ort im Südwesten der Reykjanes-Halbinsel) eine Verabredung mit den Jungs von der Seenotrettung. Sie interessieren sich für einen Kofferaufbau auf einen ihrer Lkws.

Nach dem Gespräch ist es draußen bereits stockdunkel, deshalb wollen wir heute nicht mehr sehr weit fahren. Da der Ort direkt am Meer liegt und ein strammer Wind landeinwärts bläst, suchen wir uns einen geschützten, aber einsamen Platz etwas mehr im Landesinneren.

So weit, so gut.

Bevor wir am nächsten Morgen starten, befreie ich erst einmal den MAN vom Schnee, und zwar außen und innen. Innen? Ja, auch auf den Sitzen und dem Armaturenbrett liegt eine dünne Schneedecke, denn bei unserem etwas betagten MAN sind Fahrer- und Beifahrertüre nicht mehr ganz dicht, sodass wir bei windigem Wetter auch innen Schnee räumen müssen.

Dann starte ich den Motor – und im selben Moment ertönt ein ekelhaftes Zischen. Was ist das denn? Sofort mache ich mich auf die Suche und lokalisiere den Fahrersitz als Übeltäter.

Der MAN besitzt eine Druckluftbremse und unsere beiden gefederten Sitze werden über den Druckluftbehälter mit der notwendigen Luft versorgt. Nun ist die poröse Leitung zum Fahrersitz gebrochen – und statt dass der MAN Druck aufbaut, entweicht die Luft über den Riss.

Jetzt haben wir ein ernsthaftes Problem. Ohne Druck öffnet sich die Bremse nicht, das heißt, wir sitzen hier fest, etliche Kilometer vom nächsten Ort entfernt.

Okay, erst einmal den Motor wieder ausmachen, dann geht es an die Problemlösung. Wie bekommen wir die Leitung wieder dicht? Es kann doch nicht sein, dass wir wegen dieses klitzekleinen Lecks einen Abschleppdienst brauchen! Eine andere Lösung muss her.

Da habe ich eine Idee. Man könnte doch die offene Druckluftleitung mit einem Schräubchen verschließen, damit zumindest wieder so viel Druck aufgebaut wird, dass sich die Bremsen öffnen ... Aber es muss ein exakt passendes Schräubchen sein, das die Leitung gut verschließt und uns nicht bei höherem Druck um die Ohren fliegt.

Wir gehen beide auf die Suche – ich durchwühle sämtliche Werkzeugboxen im Wohnmobil-Keller. Und Pia durchsucht die diversen Schräubchendosen, die in der Wohnkabine ihr Dasein fristen. Plötzlich klingelt ihr Mobiltelefon. Und wer ist dran? Der Verkaufsfahrer einer großen deutschen Firma für Tiefkühlkost! Ob wir irgendetwas bräuchten? „Oh ja," stöhnt Pia gedanklich, „ein rettendes Schräubchen!" – hält sich dann aber doch zurück. Nein, wir brauchen nichts, da wir ja noch zwei weitere Wochen durch Island touren.

Endlich finde ich etwas Passendes. Vorsichtig drehe ich die Schraube in die gebrochene Leitung. Jetzt Motor anlassen und Druck aufbauen. Funktioniert so weit. Wenn auch mit Einschränkungen. Denn der luftgefederte Sitz ist abgekoppelt und bleibt am Boden. Ich auch. So spähe ich notgedrungen durch das Lenkrad hindurch nach draußen.

Da dies keine dauerhafte Lösung sein kann, nehme ich kurz bevor wir starten noch telefonisch Kontakt mit Kraftur (der isländischen MAN-Niederlassung in Reykjavik) auf. Zum Glück ist heute Mittwoch. Normalerweise passiert uns so etwas am Wochenende, wenn niemand erreichbar ist. Aus der Ferne können sie nichts für uns tun, geben mir aber die Telefonnummer einer Firma, die sich auf Druckluftzubehör spezialisiert hat.

Und schon wieder haben wir Glück: Die Firma hat ihren Sitz nicht irgendwo in Nord- oder Ostisland, sondern in Keflavik, keine 30 Kilometer von uns entfernt. Ein Anruf genügt, um zu erfahren, dass sie uns helfen können, deshalb lassen wir uns den Weg dorthin beschreiben. Mit meinem Kopf auf Höhe des Armaturenbretts geht´s im Blindflug zu dem Spezialisten. Natürlich finden wir die Firma nicht auf Anhieb. Deshalb ruft Pia nochmals an, damit uns jemand lotst. Mit dem Mobiltelefon am Ohr dirigiert sie mich bis vor die Ladentür.

Man verkauft uns eine passende Steckkupplung, und in zwei Minuten ist die Leitung dicht. Ohne größere Kosten.

Klar, dass wir ein weiteres Verbindungsstück als Ersatz mitnehmen. Und auch klar ist, dass die Leitung nie mehr undicht wurde.

Im Südwesten

Reykjavík – in der nördlichsten Hauptstadt der Welt ㉕

„In Reykjavík gibt es kaum etwas Sehenswertes", meinte der Referent einer Island-Multivisionsshow, die wir vor einigen Jahren besuchten. Hatten wir uns verhört? Nein, in dem eineinhalbstündigen Vortrag fand Islands Metropole keine weitere Erwähnung, Eindrücke aus der nördlichsten Hauptstadt der Welt blieben den Zuschauern versagt. Schade. Denn wir sind anderer Meinung und wollen mit diesem Kapitel jene Behauptung widerlegen.

Natürlich hat Reykjavík weder monumentale Bauwerke wie Schloss Neuschwanstein noch bedeutende Museen wie den Louvre zu bieten. Auch wirkt die Skyline der Stadt eher bescheiden. Doch darf man eines nicht übersehen: Diese quirlige Stadt hat nur knapp 130.000 Einwohner. Deshalb ist in Reykjavík auch alles ein paar Nummern kleiner, was aber durchaus von Vorteil ist – die Stadt ist überschaubar, man findet sich schnell zurecht.

Beginnen wir am höchsten Punkt, denn es ist nie verkehrt, sich zunächst einen Überblick zu verschaffen. Dort steht mit der **Hallgrímskirche** eine alles überragende Sehenswürdigkeit. Das Gotteshaus wurde im Jahre 1986 vollendet und ist dem isländischen Dichter und Pastor Hallgrímur Pétursson gewidmet. Von außen wirkt die Kirche trotz ihres markanten Auftritts schlicht und unaufdringlich. Ihre Fassade nimmt in Form und Farbe zwei Naturphänomene Islands auf: Basaltsäulen und Gletscher, dargestellt durch weiße Betonpfeiler in unterschiedlicher Höhe, die unsere Blicke unweigerlich in den Himmel lenken. Ausladend aneinandergereiht, empfangen sie den Besucher am Hauptzugang wie mit offenen Armen.

Das Motiv der Basaltsäulen findet sich auch im Innern. Helle Betonsäulen tragen das Kirchenschiff, Holzsäulen flankieren die Sitzbänke. Der Innenraum ist wohltuend zurückhaltend gestaltet und wirkt weder einschüchternd noch erdrückend. Das mag auch daran liegen, dass die Kirche nicht nur für Gottesdienste genutzt wird, sondern auch für kulturelle Veranstaltungen. Wer musisch interessiert ist und die Gelegenheit dazu hat, sollte sich keinesfalls ein Orgelkonzert entgehen lassen. Die große, klanggewaltige Orgel stammt übrigens aus Deutschland und wurde von der Orgelbaufirma Klais in Bonn gebaut.

Ein Aufzug bringt uns auf den knapp 75 Meter hohen Turm. Er gewährt einen fantastischen Rundumblick über die kunterbunten Häuser der Stadt hinweg. Mit etwas Glück ist im Nordwesten sogar der gut 100 Kilometer entfernte Gipfel des Snæfellsjökulls zu sehen, wobei der vergletscherte Vulkan ein wenig kapriziös ist und sich gerne mit Wolken umgibt.

Auf dem großen Platz vor der Kirche wurde einem berühmten Isländer ein Denkmal gesetzt. Forsch, selbstbewusst und furchtlos blickt Leifur Eiríksson in die Ferne. Er gilt als erster Entdecker Amerikas und bekam wohl deshalb diesen überaus günstig gelegenen Platz zugeteilt, an dem er sozusagen in der Pole-Position steht. Seine Bronzestatue vor der weißen Kirchenfassade dürfte das meistfotografierte Motiv der Stadt sein und ziert garantiert jeden Island-Kalender.

Von der Hallgrímskirche aus sind wir den Skólavörðustigur hinabgelaufen und am Ende der Straße rechts in die Ingolfsstræti eingebogen, die uns vor zum Hafen und zum jüngsten architektonischen Highlight der Stadt bringt, dem Konzert- und Kongresshaus **Harpa** (die "Harfe"). Das ätherisch wirkende Gebäude wurde 2011 eröffnet und im selben Jahr mit dem Mies-van-der-Rohe-Architekturpreis ausgezeichnet.

Uns begeistern die klaren Konturen und die Leichtigkeit, mit der das Bauwerk zwischen dem Meer und einem künstlichen See zu schweben scheint. Um die Transparenz der gläsernen Wände zu erleben, sollte man das Gebäude möglichst an einem sonnigen Tag besichtigen, weil dann bezaubernde Reflexionen aus dem Zusammenspiel von Sonne und Glas entstehen. Bunte Glasquader projizieren geometrische Muster, setzen heitere Akzente und nehmen gleichzeitig der geradlinigen Architektur ihre Strenge. Wer nicht in der Stimmung ist, um ein Konzert zu besuchen, dem empfehlen wir, zumindest den leckeren Kuchen im Café Munnharpan im Erdgeschoss zu probieren.

Verlassen wir nun Harpa und fahren auf der Hringbraut stadtauswärts. Direkt hinter dem Inlandsflughafen biegen wir rechts ab. Der Bustaðavegur führt uns hinauf zum Öskjuhlið, einem 61 Meter hohen Hügel, auf dem ein eher ungewöhnliches, silbern schimmerndes Bauwerk steht: **Perlan**, die „Perle". Was wie ein versehentlich gelandetes Ufo aussieht, ist ein profaner Heißwasserspeicher. Er wurde 1991 in Betrieb genommen und versorgt Reykjavik und Umgebung mit heißem Wasser. Sechs runde und im Kreis angeordnete Tanks tragen in ihrer Mitte huckepack eine gläserne, bläulich schimmernde Kuppel. Man könnte meinen, sie sei mit Wasser gefüllt. Dem ist jedoch nicht so, das heiße Wasser wird in fünf der sechs riesigen Tanks gespeichert, wobei jeder Tank vier Millionen Liter Wasser fasst.

Mit dem heißen Wasser werden nicht nur Haushalte versorgt, sondern auch manche Gehwege und Parkplätze Reykjavíks. Eine Fußbodenheizung im Freien? Klingt verrückt, ist aber so: An vielen Stellen der Stadt liegen unter dem Asphalt Rohre, durch die heißes Wasser strömt und Schneeräumen im Winter überflüssig macht. Auf unseren Wintertouren haben wir uns persönlich von den schnee- und eisfreien Fußgängerwegen überzeugen können.

Der sechste Tank beherbergt ein Museum über Islands Naturwunder. In der gläsernen Kuppel finden ein Café, ein Gourmet-Restaurant sowie ein Souvenirshop ihren Platz. Wer Fernsicht und Ausblicke mag, kann auf einer hölzernen Aussichtsplattform die Glaskuppel gemütlich umrunden. Sie erlaubt einen ungehinderten 360-Grad-Rundblick auf die Stadt und ihre Umgebung – aus einem anderen Blickwinkel als von der Hallgrímskirche aus. Leider ist der Besuch der Aussichtsplattform inzwischen kostenpflichtig (in den Eintrittskarten für das Naturwunder-Museum ist der Zugang jedoch enthalten).

Wer den großen Geldbeutel dabei hat und sich ein Stockwerk höher im Gourmet-Restaurant ein Essen gönnt (3-Gänge-Menü ab 60 Euro pro Person), der bekommt das 360-Grad-Panorama kostenlos und im Sitzen geboten, denn der innere Teil der Kuppel dreht sich um die eigene Achse.

Vom Öskjuhlið geht´s zurück in die Stadt. Nach Panoramablick und preisgekrönter Architektur wollen wir Dir noch zwei begehbare Kunstwerke ans

Herz legen, die Islands Besiedlung und Natur thematisch aufgreifen. Fährt man auf der Sæbraut stadteinwärts, kommt man wenige Hundert Meter vor dem Harpa-Gebäude unweigerlich an einem kleinen Parkplatz vorbei. Hier schaut **Sólfar**, der Sonnenfahrer hinaus aufs Meer. Die Skulptur aus Edelstahl stellt ein stilisiertes Wikingerboot dar und stammt aus dem Jahr 1990. Erwischt man zufällig einen touristenfreien Moment (was tagsüber eher unwahrscheinlich ist), könnte man auf einer Holzbank Platz nehmen und wie der Sonnenfahrer andächtig aufs Meer schauen.

Entworfen wurde Sólfar vom Künstler Jón Gunnar Árnason als schimmerndes Traumboot, als eine Ode an die Sonne. Letztere brauchen wir bei den momentanen Wetterverhältnissen dringend. Wir befürchten nämlich, dass sich die grauen Wolken demnächst über uns entleeren.

An Harpa und am Hafen vorbei fahren wir weiter in die Straße Norðursloð im Industriehafen. Dort hat die Künstlerin Ólöf Nordal ein begehbares, kugelrundes Werk hingesetzt, das sie **Þúfa** genannt hat, Grashöcker. **Þúfur** (pl.) sind in der isländischen Landschaft allgegenwärtig, man findet sie auf vielen Wiesen. Diese Frostbeulen entstehen, wenn Wasser im Boden gefriert, sich ausdehnt und dadurch die Erde aufwölbt. Der künstlich angelegte kreisrunde Hügel misst etwa 26 Meter im Durchmesser und ungefähr acht Meter in der Höhe. Ein schmaler Pfad umrundet ihn spiralförmig und führt uns hinauf auf die Spitze. Oben steht ein winzigkleines Holzhäuschen, in dem eine Handvoll Fische zum Trocknen hängen.

Wer jetzt stöhnt: „Nicht schon wieder ein Panorama-Blick!“, den wollen wir mit ein paar kurzen Sätzen zum Aufstieg überreden. Zu Füßen des Þúfa-Kunstwerks breitet sich der alte Hafen aus, seinen Zugang markieren zwei gelbe Leuchttürmchen. Eines der Feuerzeichen steht am Ende einer lang gestreckten Hafenmauer, die hinüber weist auf die Handvoll Hochhäuser an der Sæbraut. Hinter dem Hafenbecken ruht das Harpa-Konzerthaus wie ein gläserner Monolith, davor dümpeln Segelboote erwartungsvoll vor sich hin.

Im alten Hafen ankern heute Schiffe aller Art und Größe: Ausflugs- und Fischerboote, Jachten, ein respektabler Dreimaster sowie ein Schiff der isländischen Küstenwache. Auch die weiß leuchtende Hallgrímskirche hat ihren Platz im Bild – von ihrer erhabenen Position aus blickt sie herab auf die Stadt, hält sich dabei jedoch dezent im Hintergrund.

Auf der schmalen Kaimauer, die weit ins Hafenbecken hineinragt, laufen wir bis zum gelben Leuchtturm und blicken zurück auf den Grashügel. Leider kommt das Þúfa-Kunstwerk vor den Industriegebäuden nicht so recht zur Geltung. Schade eigentlich.

Auch wenn es in Reykjavík keine international bedeutenden Museen gibt, so hat zumindest eines der weltweit Kuriosesten hier seinen Platz gefunden: das **Phallus-Museum** in der Hafnartorg. Dort werden über 250 Penisse von Land- und Meeressäugern und in allen Größen ausgestellt – von winzigen zwei Millimetern bis zu stattlichen ein Meter siebzig, den mal ein Blauwal sein Eigen nannte.

Auch **Höfði**, das Gästehaus der isländischen Regierung in der Straße Borgartún, weist eine skurrile Eigenheit auf: Dort soll es nämlich spuken. Das Holzhaus stammt ursprünglich aus Norwegen und wurde zu Beginn des 20. Jahrhunderts als französisches Konsulat genutzt. Später ging es in Privatbesitz über. In jener Zeit soll dort ein junges Mädchen unter tragischen Umständen ums Leben gekommen sein, das seither als Geist umherwandelt. Ob das wohl auch Ronald Reagan und Michail Gorbatschow bemerkten, als sie im Oktober 1986 in dem Gebäude ihr Gipfeltreffen abhielten?

Und noch ein Museum wollen wir groß und klein ans Herz legen: das **Walmuseum** in der Fiskisloð nahe dem alten Hafen, das die größte Wal-Ausstellung Europas (www.whalesoficeland.is) beherbergt. Sämtliche in isländischen Gewässern vorkommenden Walarten (23 an der Zahl) wurden in Lebensgröße nachgebildet. Alle Tiere sind handbemalt, jedes einzelne wurde nach einem echten Vorbild modelliert – mit all seinen persönlichen Merkmalen. Zu sehen sind neben dem weißen Beluga auch der ungewöhnliche Narwal mit seinem zwei bis drei Meter langen Stoßzahn, ein Killerwal (Orca) sowie ein Vertreter des größten Tieres der Erde, ein 25 Meter langer Blauwal. Die Ausstellungshalle ist in blaues Licht getaucht, was eine fast unwirkliche Stimmung erzeugt. Das ist so gewollt, denn bei den Besuchern soll der Eindruck entstehen, dass sie sich auf dem Meeresboden und inmitten der größten Säugetiere der Erde befinden. Auch wenn die Wale aus Pappmaché und keine echten Tiere sind, ist es äußerst faszinierend, diesen sanften, freundlichen Riesen Auge in Auge gegenüberzustehen und deren wahre Größe zu erfassen. Bei Walbeobachtungstouren bekommt man oft nur Fluke oder Finne eines Wals zu sehen, richtig nahe kommt man den wilden Tieren verständlicherweise nicht. Schon aus diesem Grund ist die Ausstellung sehenswert.

Wer bei so viel Sightseeing Hunger bekommen hat, kann zwischen unzähligen Möglichkeiten wählen, um dem abzuhelfen. Die günstigste wäre zum

Beispiel der beliebte Hot Dog-Stand Bæjarinns bestu pylsur (die besten Hot Dogs der Stadt) in der Posthússtræti Ecke Tryggvagata. Dort hatte schon Bill Clinton einen Hot Dog verspeist.

Die angeblich beste Hummersuppe soll man im „Sægreifinn" im alten Hafen bekommen, was wir leider nicht bestätigen können. Allerdings waren wir erst einmal dort und wahrscheinlich hatte der Koch einen schlechten Tag.

Essen zu gehen ist in Island leider eine kostspielige Angelegenheit. Wer etwas gediegener speisen möchte, der muss auch recht tief in die Tasche greifen. Empfehlen können wir in Reykjavik zum Beispiel das Restaurant „Lækjarbrekka" in der Bankastræti 2. Es ist in einem der ältesten Gebäude der Stadt untergebracht und bietet isländisch-skandinavische Küche. Begeistert sind wir auch vom Fisch-Restaurant „Sjávargrillið" im Skólavörðustígur, wo wir einen hervorragenden Catch of the day (Fang des Tages) serviert bekamen. Für Unerschrockene steht sogar der übelste aller isländischen Snacks auf der Karte: Hákarl mit Brennivín (fermentierter Hai mit Schnaps). Es gehört schon Mut dazu, dies zu probieren. Wir haben es bisher erfolgreich vermieden.

Bist Du zufällig am Wochenende um den 20. August herum in Reykjavík? Prima, dann kannst Du die quirlige **„Reykjavíker Kulturnacht"** miterleben, ein Fest mit Veranstaltungen für Jung und Alt. An diesem Wochenende haben Museen und Kunstgalerien in der ganzen Stadt geöffnet und bieten kostenlosen Eintritt an. In den Straßen der Innenstadt pulsiert das Leben und die Lebensfreude, Künstler zeigen ihr buntes und fröhliches Programm aus Musik und Tanz. Viele Stadtbewohner haben Flohmarktstände aufgebaut, manche laden Besucher zu selbst gemachten Waffeln und Kaffee zu sich nach Hause ein. Höhepunkt ist ein Feuerwerk spät am Abend.

Wer noch ein paar Souvenirs mit nach Hause nehmen möchte, bummelt am besten durch die Haupteinkaufsstraßen Reykjavíks: durch den Laugavegur und Skólavörðurstígur, durch die Bankastræti und Austurstræti. Dort warten unzählige kleine Geschäfte und Boutiquen auf Kauflustige. Sie alle bieten eine riesige Auswahl an Kunsthandwerklichem und Modischem, an typisch isländischen Souvenirs und Weihnachtsschmuck. Angesichts des isländischen Preisniveaus ist allerdings ein gut gefüllter Geldbeutel von Vorteil.

Bevor sich langsam Erschöpfung breitmacht, wollen wir an dieser Stelle unseren Streifzug beenden. Die Aussage, dass Reykjavík kaum etwas Sehenswertes zu bieten hat, konnten wir hoffentlich entkräften.

Obwohl wir nur ein paar Highlights herausgepickt haben, die uns besonders am Herzen liegen, hat Reykjavík noch mehr zu bieten. Doch all die sehenswerten Plätze, geschichtsträchtigen Orte, lehrreichen Museen, die Vielzahl an außergewöhnlichen Läden, reizvollen Bars und Cafés aufzuzählen, würde den Rahmen sprengen. Deshalb lautet unsere Empfehlung: Macht Euch selbst auf, um die Stadt zu erkunden. Für den Neugierigen lohnt es sich allemal. Für den Geldbeutel nicht unbedingt.

Þrihnukagigur – im Innern des Vulkans ㉖

„Weltweit einmalig“: Was wir im Frühjahr 2012 im Internet entdeckt hatten, fesselte uns sofort. Aufgeregt lasen wir, was dort stand: Erstmals wurde die Möglichkeit geboten, ins Innere eines Vulkans, genauer gesagt in eine Magmakammer hinabzusteigen. Und das auf Island! Neugierde und Abenteuerlust waren geweckt. Vulkane, diese „Tore zur Hölle“ üben eine große Faszination aus. Deshalb informierten wir uns auf der offiziellen isländischen Webseite ausführlicher.

Schnell stand fest: Dieses Erlebnis lassen wir uns nicht entgehen. Noch von zu Hause aus buchten wir die Tour ins Innere eines Vulkans.

Þrihnukagígur, „Drei-Gipfel-Krater“ ist sein Name, der ihm sein Entdecker Árni B. Stefánsson gegeben hat. Er ist der einzige Vulkan auf unserer Erde, in dessen Förderkanal man hinabsteigen kann. Angeblich schläft der Vulkan seit 4.000 Jahren, wie auf der Webseite zu lesen ist, und es gäbe keine Anzeichen, dass er demnächst aufwacht.

Acht Wochen später. Seit gestern Abend stehen wir mit unserem Wohnmobil auf dem Parkplatz des Bláfell-Skigebietes, 30 Kilometer südöstlich von Reykjavik. Er ist als Treffpunkt für die abenteuerliche Tour angegeben. Schon die Fahrt hierher hat uns auf das, was uns erwartet, eingestimmt. Die

Straße führt durch moosbewachsene, alte Lavaströme. Dunkle Vulkankegel wachen stumm über allem, was sich hier tut. Und das ist jetzt im Sommer nicht viel. Nur die Teerstraße und ein verwaister Skilift deuten darauf hin, dass in diese karge, düstere und einsame Ecke auch Menschen kommen.

Pünktlich um zwölf Uhr ist unsere kleine internationale Gruppe zum Start bereit. Þorinn, eine aparte junge Isländerin, stellt sich als unsere Führerin vor.

Der Þrihnukagígur liegt etwas abseits der Straße, daher ist zunächst ein gut drei Kilometer langer Fußmarsch bis zum Base Camp angesagt. Eigentlich ein Spaziergang wie auf Wolken, müssten wir nicht ständig über spitze Lavabrocken balancieren, die aus dem dicken Moospolster herausragen. Rote Pflöcke markieren den Pfad in kurzen Abständen, denn hier kann, wie uns Þorinn versichert, auch richtiges Mistwetter herrschen. Unterwegs lässt sie uns in unterirdische Lavahöhlen und -gänge blicken, erzählt etwas über den Kontinentaldrift und wie Island in der Mitte auseinandergerissen wird. Das ist sehr anschaulich an einer Lavaspalte zu sehen, auf der wir breitbeinig mit einem Bein auf der amerikanischen und mit dem anderen auf der eurasischen Landmasse stehen.

Nach einer knappen Stunde kommen wir am Base Camp an, das aus zwei Containern und etlichen portablen Klohäuschen besteht. Auf dem Platz davor türmt sich ein wilder Haufen aus Gurtzeug und Schutzhelmen. Wir sollen uns bitte bedienen, denn ohne dürfen wir nicht hinab. Der Rucksack muss im Container bleiben, aber Kamera und Stativ dürfen mit.

Wir sind aufgeregt und angespannt, als wir hinauf zum Kraterrand stapfen. Mit den letzten Schritten wird der Rundumblick immer grandioser, in der Ferne ist sogar Reykjavik zu erkennen. Aber all das ist uninteressant, denn links von uns taucht die Krateröffnung auf.

Der Eingang in die Unterwelt ist gerade mal vier mal vier Meter groß. Darüber schwebt ein knallgelber Gitterträger, an dem ein Transportkorb hängt, befestigt mit massiven Drahtseilen. Es ist eine ähnliche Konstruktion, wie wir sie von Münchens Hochhäusern kennen. Fensterputzer schweben damit außen an den Gebäuden hinauf und hinab. Maximal sechs Personen haben im Transportkorb Platz, deshalb wird unsere Gruppe aufgeteilt. Über eine schmale Plattform, die vom Kraterrand in die gähnende Öffnung hineinragt, balanciert einer nach dem anderen hinüber zum Korb. Óli, ein isländischer Bergfex, hakt unsere Sicherheitsleine ein. Er ist unser Fahrstuhlführer in die Unterwelt. Hinter ihm hängt das Schaltpult, mit dem er den Korb in die Tiefe steuern wird. “Sagt ja nicht Liftboy zu mir. Ich bin nämlich ein Elfenkönig", witzelt er, um unsere Anspannung zu zerstreuen. Hängen wir doch am stählernen Faden über dem 120 Meter tiefen Schlot. Der ist wie eine Flasche geformt – oben mit einem engen Flaschenhals, der sich zunächst weiter verjüngt, um dann weiter unten in einen etwas unförmigen, breiten Flaschenkörper überzugehen. Die New Yorker Freiheitsstatue würde locker in diese gigantische Kammer passen.

Mit einem leichten Ruck setzt sich der Transportkorb in Bewegung. Dank Gummirollen an den Außenseiten „rollen" wir langsam an der Kraterwand hinab, bis wir nach wenigen Metern eine Engstelle erreichen. Hier wird die Krateröffnung so schmal, dass der Korb gerade so hindurchpasst. Óli hält kurz an, um ihn in die richtige Position zu bringen und uns Zeit zum Staunen zu geben. Plötzlich wieder ein Ruck – der Korb bewegt sich und Óli navigiert uns langsam und sicher durch die engste Stelle.

Unter uns herrscht Finsternis. Nur vereinzelt irren klitzekleine Lichter umher – es sind die Helmlampen der ersten Gruppe, die 15 Minuten vor uns abgestiegen ist. Langsam, ganz langsam schweben wir hinab. 120 Meter. Sechs Minuten wird es dauern, bis wir unten aufsetzen.

„Das, was ihr hier drinnen seht, ist eine ganz andere Welt als draußen", meint Óli. Die Kraterwände werden immer bunter, die Farben intensiver, je tiefer wir kommen. In der Magmakammer muss eine farbenreiche Lavasuppe gekocht haben. Was aus dem Kochtopf hochgeschleudert wurde, ist als lang gezogene, zähe Masse an der Schlotwand erstarrt.

Schließlich setzt der Korb unten auf, wir sind im Innern des Vulkans angekommen – dort wo sonst flüssiges Gestein wabert, bis es einen Weg an die Oberfläche findet und der Vulkan ausbricht. Doch Þrihnukagígur schläft seit vielen Tausend Jahren und in seinem Herzen ist es dunkel, feucht und kalt.

Nach einer Eruption verschließt normalerweise erkaltete Lava den Krater. Nicht so bei diesem Vulkan. Sein Eingang ist offen. Warum? Die glühend heiße Lava wurde nicht nach draußen geschleudert, sondern verschwand – so vermuten Experten – einfach wieder in den Tiefen der Erde. „Es ist," meinte der Vulkanologe Haraldur Sigurðsson, „als habe jemand den Stöpsel gezogen und die Magma durch den Abfluss ablaufen lassen".

Ehrfürchtig klettern wir aus dem Korb heraus und steigen vorsichtig über einen riesigen Berg aus Steinen. 50 mal 70 Meter misst die Grundfläche dieser vulkanischen Kathedrale. Eine Handvoll Scheinwerfer erleuchten die Unterwelt nur spärlich. Gut, dass wir Helme mit Lampen haben. Wir fühlen uns wie die Entdecker einer neuen, fremden und geheimnisvollen Welt, die uns fasziniert und zugleich einschüchtert.

Þorinn erklärt uns zunächst die bizarre Kulisse und schildert in ein paar Sätzen, was in der Magmakammer einst abging. Die Gesteinsbrocken, auf denen wir sitzen, seien vor langer Zeit von den Kraterwänden herabgestürzt. Ein Erdbeben war der Auslöser. „Aber keine Sorge“, beruhigt sie uns, „heute gibts bestimmt keines“. Von hier aus könnte man noch weitere 80 Meter absteigen. Aber das ist nur etwas für Höhlenforscher und Vulkanologen. Bevor wir die Unterwelt ablichten und in unseren Kameras und Köpfen speichern, ermahnt sie uns: „Bitte nehmt keine Steine als Souvenir mit! Und lasst nichts von euch hier unten zurück!“

Wie eine die gigantische Kuppel einer Kathedrale wölbt sich die Magmakammer über uns. Ganz oben sehen wir einen kleinen hellen Punkt: die Öffnung, durch die wir herabgeschwebt sind. Uns wird ganz schwindelig, wenn wir daran denken, welch ungeheuren Kräfte hier getobt und dieses Gewölbe, diese Zauberwelt erschaffen haben. Wir wagen kaum, laut zu reden. Uns fehlen eh die Worte.

Plötzlich stimmt Þorinn ein Lied an und singt mit heller, klarer Stimme eine alte isländische Volksweise. Wie verzaubert hören wir zu. Die Akustik im Herzen des Vulkans ist frappierend. Wer jetzt keine Gänsehaut bekommt, ist ein Holzklotz.

„Lasst uns einfach mal zwei Minuten ganz still sein“, meint anschließend eine junge Frau aus unserer Gruppe. Sitzen, schauen, das Einzigartige in sich aufnehmen. Die Stille im Vulkan ist überwältigend und lässt uns ehrfürchtig schaudern. Gleichzeitig sind wir glücklich und dankbar, dies erleben zu können. Nach einer guten halben Stunde geht unsere Entdeckungsreise leider zu Ende. Im Transportkorb angeleint, entschweben wir langsam der Unterwelt.

Aber wo ist unsere vertraute Welt geblieben? Wo ist Reykjavik, wo das Base Camp? Eine dicke Nebelwolke umwabert den Drei-Gipfel-Krater, als wir oben aus dem Transportkorb steigen. Es scheint, als wolle sich der Vulkan verstecken und sein Geheimnis für sich behalten. Als wolle er uns zu verstehen geben: „Das hier ist nicht eure Welt.“

Erst als wir uns dem Base Camp nähern, reißt eine Windbö den Nebel auseinander. Wir sind wieder in unserer vertrauten Welt angekommen.

Unser Tipp:

Diese Tour kann man auf der Webseite **insidethevolcano.com** *buchen. Sie wird von Mai bis Oktober angeboten und dauert insgesamt vier bis fünf Stunden. Es finden mehrere Touren pro Tag statt. Der Preis beträgt 44.000 ISK für Erwachsene (umgerechnet ca. 310 EUR) und 22.000 ISK für Kinder (Stand 2020).*

Strandarkirkja – Kraftort an der Küste ㉗

Es geschah irgendwann im 12. Jahrhundert, als isländische Seeleute vor der Südküste in einen gewaltigen Sturm und in Seenot gerieten. Sie kamen aus Norwegen und hatten Bauholz in ihrem offenen Boot geladen. In ihrer Verzweiflung beteten sie zu Gott und baten ihn um eine sichere Heimkehr. Sie gelobten, mit dem Bauholz eine Kirche zu errichten, sollten sie das Land unversehrt erreichen. Da erschien ihnen ein gleißend-heller Lichtengel und leitete sie durch die aufgewühlte Brandung in eine Bucht hinein, in der sie sicher anlanden konnten. Diese Bucht heißt heute Engilsvík, Engelsbucht.

Die Seeleute hielten ihr Versprechen und bauten eine Kirche ganz in der Nähe der Stelle, an der sie wohlbehalten an Land gingen. Sie nannten das Gotteshaus Strandarkirkja, was frei übersetzt in etwa „Kirche der Gestrandeten“ bedeutet. Seither ist sie eine Kirche der Seeleute. Ihr wird viel Wundertätiges zugeschrieben, göttliche Kräfte sollen von ihr ausgehen. So weit die Legende.

Die Ecke Islands, in der die Kirche steht, wird Selvogur genannt. Das Gebiet liegt im äußersten Südosten der Halbinsel Reykjanes, etwas südlich der Straße, die Grindavík und Þorlákshöfn verbindet. Vor 900 Jahren, als diese außergewöhnliche Rettung geschah, befanden sich hier viele Farmen, denn das Land war fruchtbar und das Meer sorgte mit seinem Fischreichtum für genügend Nahrung. Wind- und Wassererosion trugen jedoch dazu bei, dass die Menschen nach und nach abwanderten. Nur eine Handvoll Bauernhöfe wird heute noch bewirtschaftet.

Die im 12. Jahrhundert erbaute Kirche gibt es längst nicht mehr. An ihrer Stelle wurde 1888 die heutige errichtet. Sie ist eine der reichsten Islands, da sie mehr Unterstützer hat als die anderen Kirchen des Landes. Das sieht man ihr an. Schlicht, aber adrett herausgeputzt ruht das aus Holz gebaute Gotteshaus wie ein unerschütterlicher Leuchtturm auf der grünen Anhöhe unweit des Strandes. Es ist unübersehbar, dass Kirche und Garten liebevoll gepflegt werden. Ihre zart grauen Holzwände, die weiß gestrichenen Sprossenfenster und Eingangstüren geben ihr ein freundliches, sanftes Gesicht. Mit bunten Blumen bepflanzte Terrakottatöpfe säumen die Treppenstufen, die hoch zum Eingang führen. Man fühlt sich willkommen und dazu eingeladen, einzutreten und Platz zu nehmen.

Schon den ganzen Vormittag über stehen wir auf den Parkplatz zwischen dem aufgewühlten Meer und der friedlichen Strandarkirkja. Leider ist der Wettergott heute mehr als launisch, irgendwie weiß er nicht so recht, was er will. Vielleicht will er uns aber auch nur zeigen, was er alles drauf hat. Mal prasseln heftige Regengüsse aus dunkelgrauen, düsteren Wolken herab, begleitet von zornigen Windböen, die vom Strand herauftoben. Mal hört der Regen abrupt auf, die Wolken schaffen eine Lücke und lassen ein paar Sonnenstrahlen durch. Dann erhebt sich aus dem Meer ein fröhlich-bunter Regenbogen und spannt eine Brücke fast bis zum Kirchlein.

Die Schlechtwetterattacken nutzen wir, um am Tagebuch zu arbeiten, die kurzen Regenpausen, um Kirche und Umgebung anzuschauen und zu fotografieren. Die Umgebung strahlt Stille und Friedlichkeit aus. Diese Stätte hat etwas Magisches, Mystisches an sich.

Tritt man in die Kirche ein, spürt man die Ruhe und Kraft dieses Ortes. Freundlich und hell empfängt uns der Innenraum. Sofort wird den Blick nach oben gelenkt, dorthin, wo eine halbrunde Kassettendecke in feinem Hellblau und Weiß den Innenraum überspannt wie ein heiterer weiß-blauer Himmel. Lampen brennen ringsherum an allen Wänden, die einen Anstrich im sanften Terrakotta-Ton erhielten. Dann wird der Blick zwischen den dunklen Bänken hindurch vor zum Altar geleitet, dessen Einfassung das Hellblau der Decke aufnimmt. Auf dem Altarbild ist die Auferstehung Jesu Christi zu sehen. Links davon fand ein altes Harmonium einen bequemen Platz. Ob es noch jemanden gibt, der darauf spielt?

Erst nachdem wir uns ein wenig umgeschaut haben, bemerken wir das Gemälde, das im Rücken der Bänke rechts neben der Türe hängt. Auf dem Bild ist die dramatische Szene zu sehen, die zum Bau der Kirche führte. Es zeigt die in höchste Not geratenen Seeleute in dem Moment, als ihnen der Engel in Lichtgestalt erscheint. Der isländische Maler Matthias Sigfuss (1904 – 1984) soll es geschaffen haben.

Glücklicherweise kommen nicht übermäßig viele Besucher hierher, deshalb haben wir die Kirche meist für uns alleine und können die friedliche Stimmung in uns aufnehmen.

Da es gerade mal wieder nicht regnet, wollen wir auch draußen noch etwas anschauen, was wir vorher nur aus den Augenwinkeln wahrgenommen hatten.

Auf einer Anhöhe neben der Kirche steht eine helle Granitskulptur der isländischen Bildhauerin Gunnfríður Jónsdóttir (1889 – 1968). Von dem steinernen Sockel blickt eine schlicht gekleidete Frau hinaus aufs Meer, ihr Blick reicht weit in die Ferne. „Landsýn", „Land in Sicht", lautet der Titel und soll an die ungewöhnliche Geschichte der Kirche erinnern. Die Bildhauerin selbst fand ihre letzte Ruhestätte auf dem Friedhof neben der Kirche.

Beim Weitergehen fällt uns am Wiesenhang hinter der Kirche etwas Hübsches auf: es sind sechs kleine rot-weiße Holzgiebelchen im typisch isländischen Baustil. Hat hier jemand Elfen eine Heimstatt gegeben? Falls ja, wird wieder einmal deutlich, wie nahe beieinander Engel und Elfen in Island wohnen können. Immerhin gelten beide als Beschützer von uns Menschen, nur ihre Zugehörigkeit unterscheidet sie. Auf unserer weiteren Reise hoffen wir vorsorglich auf Beistand von beiden.

Die Hekla – ein böses Weib ㉘

(Pia erzählt)
„Weißt du eigentlich“, fragt mich eines Abends unser Freund Kiddi, „warum alle isländischen Vulkane weibliche Namen tragen?“

Verständnislos schaue ich ihn an und zucke mit den Schultern. Darüber habe ich noch nie nachgedacht. Er lächelt verschmitzt und meint: „Na, weil sie genauso böse sind!“

So ein Scherzbold! Wir biegen uns vor Lachen, schließlich hat er mit der Frau an seiner Seite ein echtes Goldstück erwischt.

Schauen wir uns einen der "weiblichen" Vulkane mal näher an. Die Hekla zum Beispiel. Sie liegt im Südwesten Islands, am westlichen Rand des Fjallabaks. Ganz in der Nähe leben Kiddi und seine Familie. Sie alle lieben die Hekla, als sei sie eine innige Freundin. Dabei ist sie äußerst launisch und unberechenbar – zählt sie doch zu den aktivsten Vulkanen der Insel und bricht stets ohne große Vorwarnung aus.

Die Hekla ist eine Schönheit, die man nicht übersehen kann. Wohlgeformt und sanft gerundet stellt sie mit ihren 1.491 Metern alle anderen Berge um sie herum in den Schatten. Lang gestreckt wie auf einem bequemen Sofa liegt sie inmitten ihrer Asche, umgeben von älteren und jüngeren Lavaströmen. Oft verhüllt eine Wolkenmütze ihr Haupt. Nomen est omen, denn *Hekla* heißt übersetzt “Haube”. Nur mit etwas Glück kann man sie auch mal "oben ohne" sehen. Im weißen Wintermantel strahlt sie eine trügerische Freundlichkeit aus. Im Sommer trägt sie dagegen meist ein schwarz-weiß gemustertes Kleid. Dann leuchten ihre Flanken in einem bläulichen Schwarz, das von Schneeresten durchbrochen wird.

In den letzten 1.000 Jahren hat die Hekla schon sehr viel Leid und Unheil angerichtet. Sie hat Bauernhöfe unter ihrer Asche begraben, Mensch und Tier erstickt, Wiesen und Weiden zerstört. Wie beim verheerenden Ausbruch im Jahre 1104, als sie die Bauernhöfe im fruchtbaren Þjórsá-Tal unter einer dicken Ascheschicht begrub. Die Ruinen des Gehöfts Stöng wurden zwischenzeitlich wieder ausgegraben und können besichtigt werden. Seit damals verzeichnet die Chronik rund 20 weitere Ausbrüche, die letzten ereigneten sich 1991 und 2000.

Unsere Freundin in Hella beschreibt den aktuellen Zustand des Vulkans kurz und treffend: „Die Hekla ist hochschwanger". Dabei blickt sie erwartungsvoll, beinahe zärtlich hinüber zum Vulkan. So, als warte sie darauf, bald ihr drittes Enkelkind in den Armen zu halten. Immer wieder gibt es Anzeichen, dass die Hekla auszubrechen droht. Doch bis jetzt hat sie sich stets wieder beruhigt.

Ein Ausbruch beginnt damit, dass riesige Aschemengen ausgeschleudert werden, die bis zu 30 Kilometer hoch aufsteigen können und sich über das ganze Land verteilen. Erst am Ende des Ausbruchs fließen Lavaströme an den Flanken talwärts und bedecken alles, was sich ihnen in den Weg stellt.

Wie alle Vulkane Islands wird auch die Hekla von Vulkanologen ständig überwacht, jede Regung, jede Bewegung wird registriert. Meist kündigen Erdbeben einen Ausbruch an, aber eben nicht immer.

Auf dem Weg zum Vulkan weisen Hinweistafeln eindringlich darauf hin, dass man unbedingt ein Mobiltelefon dabeihaben sollte. Im Falle eines bevorstehenden Ausbruchs werden Textnachrichten an alle Mobiltelefone verschickt, die im Umkreis der Hekla eingeloggt sind. Viel Zeit bleibt in so einem Fall jedoch nicht, um sich in Sicherheit zu bringen. Meist nur 30 bis 80 Minuten.

Schon oft haben wir uns ihr genähert, haben ihren breiten Fuß auf holprigen Pisten erkundet, ehrfürchtig die schwarze Lava berührt, kurios gebeugte Lavagestalten fotografiert und uns über jedes noch so kleine Pflänzchen gefreut, das sich in der Lava behauptet. Zweimal sind wir ihr sogar richtig nahegekommen. Hautnah sozusagen. Jedes Mal haben wir mit unserem Wohnmobil ihren Nacken ein Stück weit erklommen.

Dieses Jahr wollen wir weiter. So weit, wie es eben mit dem Auto möglich ist, um dann bis zum Gipfelkater zu wandern. Der Weg dorthin ist mühsam und anstrengend sowohl für das Fahrzeug als auch für dessen Insassen. Die Hekla will, eben typisch Frau, erobert werden.

Wir starten an einem Donnerstag Mitte Juli und biegen ein auf die F225, den Fjallabaksvegur nyrðri, dem wir gut sechs Kilometer bis zu einem kleinen Abzweig folgen. Dort geht es rechts ab. Der Zustand der Piste wird rauer, je weiter wir uns dem Nordrand der dunklen Schönheit nähern. Dabei schlängelt sich der Weg durch ein riesiges dunkles Aschefeld, Nebelschwaden umwabern den Gipfel. Der Bewuchs wird immer spärlicher, bis die Landschaft fast nur noch aus Lavaasche besteht. Ein heftiger Wind weht und zerzaust die Wolken am Gipfel. Vielleicht haben wir Glück und können heute die Hekla erobern?

Auf steiniger und löchriger Piste geht es steil, schräg und rumpelig hinauf zu einer Scharte. Je höher wir uns hinaufquälen, desto eindrucksvoller wird der Ausblick auf eine düstere, aber betörende Urlandschaft in grau und schwarz, in braun und rot. Aschekegel und erstarrte Lavaströme, heller Bims und Lavabrocken liegen zu Füßen der Hekla, Zeugnisse ihrer hitzigen Ausbrüche.

Dann erreichen wir einen ersten Sattel und legen dort unsere Mittagspause ein. Die Piste auf dem Rückgrat des Vulkans ist aber noch nicht zu Ende. Beim Essen beobachten wir Schweizer Touristen, die mit zwei gemieteten Superjeeps vergeblich versuchen, die restlichen paar Hundert Meter weiterzufahren. Sie scheitern an einer überaus steilen und schrägen Auffahrt, die sie langsam rückwärts wieder herunterrollen. Als ein Isländer mit Superjeep an uns vorbeifährt, schauen wir ihm nach. Er schlägt eine andere Richtung ein. Es gibt also noch eine andere Möglichkeit, weiterzukommen. Das weckt unsere Neugier.

Wir folgen der Piste, die zunächst ein kurzes Stück bergab führt. Unten teilt sie sich. Geradeaus kämen wir zu der Auffahrt, an der die Schweizer gescheitert sind. Linker Hand erkennen wir jedoch noch eine Fahrspur. Wir folgen ihr und können über diese Umfahrung hoch bis zum Endpunkt „klettern“. Nach wenigen Minuten stehen wir am höchsten anfahrbaren Punkt der Hekla auf 962 Höhenmetern. Von hier aus geht es nur noch auf zwei Beinen weiter auf einem steilen schmalen Fußweg, der sich hoch Richtung Gipfelkrater windet.

Warm eingepackt und ausgerüstet mit Wanderstöcken folgen wir dem Wanderpfad bergauf. Lockeres Lavagestein erschwert das Vorwärtskommen. Gut drei Kilometer trennen uns vom höchsten Punkt. Zumindest einmal wollen wir in den Schlund der Hekla blicken, einmal am Eingang zur Hel stehen. Besagt doch die nordische Mythologie, dass oben auf dem Gipfel des Vulkans der Eingang zur Hölle liege. *Hel*, die „Verhüllte“, ist der Name der Göttin, die unten im Totenreich herrscht, anschaulich beschrieben in Walter Hansens Buch „Asgarð – Entdeckungsfahrt in die germanische Götterwelt Islands“.

Plötzlich ziehen Nebelschwaden auf, nach und nach verhüllt die Hekla ihr Angesicht wieder. Die Stimmung wird mystisch, unwirklich, beinahe unheimlich. Sind wir noch auf dem richtigen Weg? Bei Nebel kann man in diesem schwarzen Lavageröll ganz schnell die Orientierung verlieren. Was sollen wir tun? Hel herausfordern? Die Tour abbrechen? Notgedrungen kehren wir um und akzeptieren, dass uns die Hekla heute nicht bei sich haben will, dass wir keinen Blick in ihr Inneres werfen können. Außerdem ist es wesentlich klüger, ein „böses Weib“ nicht herauszufordern. Denn wir wären eindeutig die Verlierer.

Unser Tipp:

Vor Auffahrt und Wanderung zum Gipfel ist ein Besuch im Hekla-Informationscenter Heklusetrið beim Hotel Leirubakki empfehlenswert (an der Straße 26 gelegen). Es informiert anschaulich über vergangene und aktuelle Aktivitäten des Vulkans.
Täglich geöffnet von 10:00 – 21:00 Uhr.

Die isländische Sprache – einen Versuch ist's wert

(Pia erzählt)
Gleich vorneweg: Wir sprechen kein Isländisch, daher stellt dieses Kapitel auch keinen Sprachführer dar. Es soll eher Ansporn sein, sich ein wenig mit dieser alten Sprache zu beschäftigen.

Das Isländische ist recht schwierig zu lernen, da es mit komplizierter Grammatik aufwartet. Aber es ist nie verkehrt, ein paar Wörter in einer fremden Sprache zu kennen.

Isländisch gehört zu den nordischen Sprachen, die alle Unterfamilien der germanischen Sprache sind. Daher kommt dem Deutsch sprechenden Reisenden sicher das eine oder andere Wort irgendwie bekannt vor, wie beispielsweise das Wort *Blindhæð*, das sich auf vielen Straßenschildern findet und „unübersichtliche Stelle“ bedeutet.

Die Sprache stammt aus dem Altnordischen und wurde von den Einwanderern aus Norwegen mitgebracht. Sie hat sich in den letzten 1.000 Jahren nur wenig verändert, was auch daran erkennbar ist, dass die Schrift noch zwei Runen aus der Wikingerzeit aufweist: das stimmhafte und stimmlose „th", im isländischen ð und Þ.

Die Isländer achten sehr auf ihre Sprache und darauf, dass sie durch kein fremdes Wort verwässert wird. Nehmen wir zum Beispiel das Wort „Computer" – in Deutschland ein allgegenwärtiges Wort. Nur manchmal spricht man noch von einem Rechner.

In Island ist der Computer eine „Zahlenzauberin", was dessen Funktionsweise zutreffend, aber auch auf eine sehr poetische Art beschreibt. Und damit in gewisser Weise die alte nordische Tradition der sogenannten Kenningar bewahrt, der poetischen Umschreibung von Begriffen.

Zurück zum Computer. Im Isländischen heißt er *Tölva*, die Zahlenzauberin. Das Wort ist eine Kombination aus dem isländischen Wort *tala* (Zahl) und *völva* (die Seherin, die Zauberin). Mit solch kreativen Wortneuschöpfungen können wir in Deutschland nicht dienen. Schade eigentlich.

Wenn sich unsere Freunde auf Isländisch unterhalten, verstehe ich mit viel Glück mal das eine oder andere Wort. Und ich höre ihnen gerne zu, denn die Sprache ist weich, sanft, sie umschmeichelt das Ohr. Während wir Deutsche unsere Wörter wie hartes Brot kauen, lässt sich der Isländer Wort für Wort auf der Zunge zergehen wie das köstliche isländische Softeis.

Immer wieder versuche ich (manchmal notgedrungen), das eine oder andere isländische Wort unterzubringen. Meistens mit zweifelhaftem Erfolg.

Vor vielen Jahren wollte ich im Supermarkt von Varmahlið in Nordisland unter anderem Kartoffeln kaufen. Leider hatte ich im Gemüseregal nicht eine einzige Packung entdeckt. Ein paar Meter weiter war ein junger Mann gerade dabei, Waren einzuräumen. Ich sprach ihn vorsichtig auf Englisch an, wo ich denn „potatoes" finden könne – und erntete verständnislose Blicke. Er verstand mein Englisch nicht. Also versuchte ich es mit dem isländischen Wort für Kartoffeln: *Kartöflur* (sg. *Kartafla*). Natürlich sprach ich das Wort so aus, wie es hier geschrieben steht. Und erntete weitere verständnislose Blicke. Schließlich gab ich auf und kaufte etwas anderes.

Inzwischen weiß ich, dass das Wort *Kartöflur* wie „Kartöplür" ausgesprochen wird, denn aus „fl" wird ein sanft gehauchtes „pl", aus dem „ur" am Ende ein gerolltes „ür". Muss man wissen! Nicht nur die isländische Grammatik ist kompliziert, auch die Aussprache. Denn ein Wort wird meist nicht so ausgesprochen, wie es schwarz auf weiß geschrieben steht.

Ein gutes, aber nicht unbedingt einfaches Beispiel ist das isländische Wort für Lava: *Hraun*. Das wird Dir auf Deiner Islandreise sehr häufig begegnen – unter anderem auch auf einer Packung Kekse, die übrigens sehr lecker schmecken. Schon oft habe ich mit meiner isländischen Freundin Helga die Aussprache dieses einsilbigen Wortes geübt: Nach einem sanft gehauchten H rollt sofort ein langes R über die Zungenspitze. Die Buchstabenfolge „au" wird im isländischen als „öi" ausgesprochen, das heißt, es muss nun ein „ö" und ein „i" nach draußen strömen, gefolgt von einem sacht an den Gaumen gedrückten „n". HRRRÖIN.

Trotz meiner intensiven Versuche habe ich es nie geschafft, das Wort so richtig isländisch rüberzubringen. Zum Glück ist Helga eine zurückhaltende Person und hat stets nur geschmunzelt ob meiner vergeblichen Versuche.

Am einfachsten auszusprechen ist das isländische Wort für „Danke": *Takk*. Einfach. Kurz. Mit zackigem Doppel-k am Ende. Als kleine Steigerung kommt noch *Takk fyrir* in Frage, was in etwa „Danke dafür" heißt. Wobei ich so meine Probleme damit habe, kurz hintereinander zwei „r" zu rollen.

Trotz aller Schwierigkeiten sei aber jedem Islandreisenden empfohlen, das eine oder andere isländische Wort zu verwenden. Im schlimmsten Fall erntet man verständnislose Blicke, im besten Fall hat man die Lacher auf seiner Seite.

Bless, bless! Tschüss, tschüss!

þingvellir – wo Islands Herz schlägt ㉙

„Was war denn das?“ Mitten in der Nacht schrecken wir aus dem Schlaf. Unser Wohnmobil wurde gerade kurz, aber heftig durchgerüttelt. Wir schauen nach draußen, sehen und hören aber nichts und niemanden. Plötzlich wird uns klar: Das war ein Erdbeben! Zu spüren bekommen wir diesen Pulsschlag der Erde auf einem der Campingplätze in þingvellir.

Erdbeben sind in Island nichts Ungewöhnliches. Denn die Insel liegt auf dem mittelatlantischen Rücken und damit in einer aktiven Vulkanzone, genauer gesagt im geologischen Grenzgebiet zwischen Nordamerika und Europa. Hier driften die nordamerikanische und die eurasische Kontinentalplatte auseinander – ungefähr zehn bis zwanzig Millimeter pro Jahr. Dabei entstehen tiefe Schluchten und Spalten, in þingvellir zum Beispiel die Almannagjá („Allmänner-Schlucht“) und die beeindruckende Silfra-Spalte.

Von Südwest nach Nordost zieht sich ein Dehnungsriss quer durch ganz Island. Die Kontinentalbewegungen reißen die Insel auseinander, lassen sie jedes Jahr ein bisschen größer werden. Dabei sind Erdbeben an der Tagesordnung. Meist sind sie zu schwach, um sie zu bemerken, ab und zu schütteln sie Teile der Insel jedoch etwas heftiger durch. „Ein Grund“, meinte unsere isländische Freundin Helga schmunzelnd, „warum man in Island kein Bild über dem Kopfende des Bettes aufhängen sollte“.

In þingvellir stehen wir nicht nur auf ziemlich unsicherem, sondern auch auf äußerst geschichtsträchtigem Boden, wurden hier doch die wichtigsten Kapitel in Islands Geschichte geschrieben. Ähnlich wie Schloss Neuschwanstein bei uns in Bayern rangiert dieser historische Ort ganz oben auf jedem Sightseeing-Programm. Nur die „Kini“-Romantik (Ludwig II, König v. Bayern, 1845 - 1886) fehlt.

Von Reykjavik aus erreicht man die Thingebene in einer Fahrstunde. Meist ist sie die erste Etappe auf dem sogenannten „Golden Circle“. Diese Rundtour dürfte die meistbefahrene im Südwesten Islands sein, kein Ausflug ist bei Touristen beliebter als der *Gullni hringur*, der goldene Ring. Werden doch mit þingvellir, dem Geysirgebiet und dem Wasserfall Gullfoss gleich drei außergewöhnliche Naturwunder angesteuert. Und das an einem Tag.

Aber nicht jedermann mag ein solch dicht gedrängtes Ausflugsprogramm. Wer auf eigene Faust und mit Wohnmobil oder Mietwagen unterwegs ist, braucht sich keiner geführten Tour anzuschließen und kann das Besichtigungsprogramm entspannt auf zwei Tage verteilen.

Wir starten zu unserem heutigen Rundgang wieder am südlichen Ende der Almannagjá, in dessen unmittelbarer Nähe inzwischen zwei große (kostenpflichtige) Parkplätze gebaut wurden. Das Parkticket erlaubt es, sein Fahrzeug einen Tag lang auf allen ausgewiesenen Parkplätzen im þingvellir-Gebiet abzustellen, sodass man zwischendurch den Standort wechseln kann. Aber (Wohnmobilisten aufgemerkt!) das Ticket berechtigt leider nicht zum Über-Nacht-Parken.

Pflichtbewusst haben wir die Parkgebühr am Automaten bezahlt, jetzt können wir beruhigt losgehen. Gleich am Beginn der Schlucht schauen wir erst einmal verdutzt drein: Seit wann schwebt denn eine hölzerne Fußgängerbrücke über dem engen Zugang? Ungläubig mustern wir die stabile Holzkonstruktion, die schwungvoll und elegant über den steinigen Pfad hinweg führt. Bei unserem letzten Besuch gab es diese Brücke noch nicht. Eine Hinweistafel an der Felswand liefert die Erklärung: Am 31. März 2011 tat sich ein Loch im Kiesweg auf. Bei einer näheren Untersuchung traf man auf eine zehn Meter tiefe und 15 Meter lange Verwerfung, die wohl ein Erdbeben verursacht hatte. Aus Sicherheitsgründen überspannt nun eine Holzbrücke den gefährdeten Bereich.

Eine weitere Schautafel beweist mit einem Foto, dass früher sogar Autos durch die enge Schlucht fuhren, die letzten allerdings bereits im November 1967. Bis zu diesem Zeitpunkt war dies die Hauptzufahrt nach þingvellir. Undenkbar angesichts des heutigen Verkehrsaufkommens, Dauerstau und Chaos wären vorprogrammiert. Doch auch ohne Fahrzeuge hat sich gerade ein Stau gebildet. Es herrscht dichter Fußgängerverkehr, da zeitgleich mit uns mehrere Reisebusse angekommen sind und sich die Fahrgäste durch das Nadelöhr am Zugang zur Schlucht zwängen. Förderlich für die Staubildung ist natürlich, dass dabei Erinnerungsfotos geknipst werden müssen.

Da wir überhaupt keine Eile haben, nehmen wir Rücksicht, üben uns in Geduld und lassen den Bustouristen den Vortritt. Ihr Zeitplan ist schließlich enger getaktet als unserer. Wir nutzen die Zeit, um die fantastische Aussicht zu genießen, hat man doch von hier aus ganz þingvellir im Blick. Das Eindrucksvollste und geologischer Anschauungsunterricht pur ist zweifellos der gigantische Riss durchs Gestein. Man erkennt überdeutlich, wie der Kontinentaldrift die Insel spaltet. Die kilometerlange Schlucht beginnt direkt vor unseren Füßen und man mag sich die gewaltigen Kräfte gar nicht vorstellen, die unablässig und in entgegengesetzter Richtung am Gestein zerren.

Davor liegt ruhig und friedlich die grüne Thingebene, die sich bis zu den Bergen am Horizont erstreckt. Richtung Süden glitzert die zartblaue Wasserfläche des þingvallavatn, des größten natürlichen Sees Islands. Das freundliche Grün und sanfte Blau gaukeln eine Friedfertigkeit vor, die trügerisch ist. Lassen wir uns davon nicht täuschen! Schaut man die Ebene genauer an, erkennt man deutlich, dass auch sie von Klüften und Spalten durchzogen ist, dass auch dort die unterirdischen Kräfte schalten und walten.

Inzwischen haben die Buspassagiere genügend Vorsprung, daher machen auch wir uns auf den Weg und laufen gemächlich hinein in die Schlucht. Auf den ersten Schritten ist der Pfad nur wenige Meter breit. Doch bald weitet sich die Almannagjá und zieht sich in die Länge wie ein glatter und tiefer Schnitt. Über viele Hundert Meter begleitet uns linker Hand eine senkrechte Felswand. Wer zu ihr aufschaut, entdeckt ganz oben vielleicht einen versteinerten Troll, der wie verloren und vergessen oben auf der Felskante sitzt und versonnen in die Ferne blickt. Vielleicht ist es aber auch nur ein einsam aufragender Felsblock, den die Erosion modelliert hat. So genau weiß man das in Island nicht.

Abgespalten und weggekippt liegt rechts des Weges ein langes Band aus Basaltgestein. Einst war es Teil der großen Felswand, doch die unterirdischen Kräfte haben schon viel geleistet und tun es weiterhin, um diese Wunde in der Erdkruste zu vergrößern.

Entlang des gut ausgeschilderten Wanderweges finden sich einige Zeugnisse der isländischen Geschichte. Die historisch bedeutendste Stätte ist zweifellos der Lögberg, der Gesetzesfelsen, an dessen Fuß sich das erste isländische Parlament konstituierte. Islands Nationalflagge markiert diesen exponierten Platz, weht tagaus, tagein selbstbewusst auf dem Gipfel. Wer die Seele Islands spüren will, sollte diesen bedeutsamen Platz kurz auf sich wirken lassen, was wegen des neuzeitlichen Trubels allerdings manchmal schwerfällt. Nun gut, in Zeiten des Althings war bestimmt genauso viel los. Der einzige Unterschied: Damals standen Hunderte von Buden und Zelten in der Thingebene – heute Pkws, Busse und Wohnmobile. Außerdem hörte man damals nur eine Sprache, heutzutage unzählige gleichzeitig.

150 Meter weiter passieren wir schauerliche Plätze wie Drekkingarhylur, ein tiefes Wasserbecken, in dem im Mittelalter zum Tode verurteilte Frauen ertränkt wurden, und die Schlucht Stekkjargjá mit dem „Galgenfelsen“. Wer hinab zur Thingebene wandert, kommt an der Schlucht Brennugjá vorbei, in der als Hexen verfolgte Frauen verbrannt wurden. Ja, Islands Geschichte hat auch ihre dunklen Seiten.

Schauen wir jetzt lieber auf den freundlicheren Teil, immerhin ist Island eine der ältesten Demokratien der Welt. Man schrieb das Jahr 930, als in der großen Ebene am þingvallavatn das erste Althing (isl. *Alþing*) abgehalten wurde, die allererste Volksversammlung der isländischen Geschichte. Demokratisch gewählt, gesetzgebend und Recht sprechend.

Die Landschaft war prädestiniert für Zusammenkünfte von Tausenden von Menschen: Die "Allmännerschlucht" bot nicht nur allen am *Alþing* teilnehmenden Männern genügend Platz (Gleichberechtigung war damals definitiv noch kein Thema), hier war auch die Akustik hervorragend. Denn die dem Lögberg gegenüberliegende Felswand sorgte dafür, dass der Gesetzessprecher beim Verlesen der Gesetze überall gehört wurde.

Im Jahr 1000 beschloss das *Alþing* die Annahme des Christentums und verhinderte damit einen Bürgerkrieg zwischen den Anhängern des nordischen Götterglaubens und den bereits zum Christentum Konvertierten. Ganz ausgemerzt wurde damals der Glaube an die nordischen Gottheiten jedoch nicht. Auch heute noch gibt es Tausende Anhänger des Asen-Glaubens in Island.

Wahrscheinlich wurde zu jener Zeit am Fluss Öxará die erste Kirche Islands erbaut, ungefähr an dem Platz, an dem heute die þingvallakirkja steht. Das Kirchlein und die fünf aneinander gereihten Holzhäuser liegen idyllisch und isländisch-unaufdringlich am jenseitigen Ufer des Flusses Öxará. Im Rücken beschützt durch ein Wäldchen, dürften sie die meist fotografierten Gebäude Islands sein.

Die weite Thingebene war perfekt zum Campieren, denn sie bot nicht nur genügend Platz für vorübergehende Behausungen und Zelte, sondern auch Weideland für die Pferde. Der Fluss Öxará versorgte die Teilnehmer mit Wasser und der þingvallavatn mit Fischen.

Bis zum Jahr 1262 war Island ein unabhängiger Staat und das jährliche *Alþing* fand stets hier in þingvellir statt. Während der ein bis zwei Wochen dauernden Volksversammlung wurden nicht nur Gesetze erlassen und Recht gesprochen, sondern auch Handel getrieben, sportliche Wettkämpfe ausgetragen und Ehen eingefädelt. Ein echtes Volksfest „auf der Wiesn", bei dem auch Fassbier nicht fehlte, wenn man den alten Schriften glauben darf.

Kämen die Altvorderen heute nach þingvellir, würden sie ganz schön dumm aus der Wäsche schauen. Wild campen wie vor 1.000 Jahren geht gar nicht mehr. Bereits 1928 wurde das Gebiet als Nationalpark ausgewiesen und gehört seit 2004 zum UNESCO-Welterbe. Campieren ist daher nur noch an ausgewiesenen Stellen erlaubt. Und isländisches Bier würde sie richtig viel Geld kosten.

Welchen Stellenwert diese Stätte bei den Isländern hat, lässt sich auch daran erkennen, dass selbst in neuerer Zeit alle wichtigen Staatsfeierlichkeiten in der Thingebene abgehalten wurden und werden – wie zum Beispiel im Jahr 1930 die 1.000-Jahr-Feier zur Gründung des ersten *Alþing*s. Auch das bedeutendste isländische Ereignis im 20. Jahrhundert, das Ende der dänischen Herrschaft und die Gründung der Republik Island, wurde am 17. Juni 1944 mit einem feierlichen Akt in þingvellir begangen.

Steigen wir nun hinunter in die Thingebene und laufen einen knappen Kilometer bis zu einem außergewöhnlichen wassergefüllten Riss in der Erde, der Silfra-Spalte. Sie tat sich nach einem heftigen Erdbeben im Jahre 1789 auf und wächst seither um bis zu 20 Millimeter pro Jahr. Das allein wäre an sich nichts Ungewöhnliches. Doch die Silfra-Spalte hat weltweit Einzigartiges zu bieten.

Das Ungewöhnlichste ist das Wasser. Es stammt vom 50 Kilometer entfernten Gletscher Langjökull und benötigt 50 bis 100 Jahre, bis es hier ans Tageslicht kommt. Auf seinem Weg durch das Lavagestein wird es gründlich gereinigt, von jeglichen Schwebstoffen befreit und tritt als weltweit klarstes Wasser zutage. Die Sichtweite unter Wasser beträgt überwältigende 100 Meter (zum Vergleich: An den besten Tauchorten unserer Erde beträgt die Sicht 30 bis 40 Meter).

Wer das zwei bis vier Grad kalte Wasser nicht scheut, kann den zweiten Superlativ direkt in der Silfra-Spalte auskosten: Schnorcheln oder Tauchen zwischen den Kontinenten. Schnorchelausflüge und geführte Unterwassertouren können bei einem Veranstalter vor Ort gebucht werden.

Und wer nicht ins kühle Nass steigen mag, kann ein Wasserexperiment der anderen Art ausprobieren. Er muss nur wenige Hundert Meter hinüber zur Peningagjá, der „Geldgrube" laufen. Seit über 100 Jahren soll diese Spalte Wünsche erfüllen. Und das geht so: Schließe Deine Augen und wünsch' Dir was. Werfe nun eine Münze in die Peningagjá. Kannst Du die Münze mit den Augen bis zum Grund verfolgen, geht Dein Wunsch in Erfüllung. Sagt die Legende. Leider gibt es keine belastbaren Aussagen darüber, ob ein Münzwurf tatsächlich zum gewünschten Erfolg führt.

Egal, ob man sich für den Besuch von þingvellir nur kurz oder länger Zeit genommen hat, nach so viel geballten Informationen zu Islands Geschichte und Geologie dürfte jedem klar sein, dass dieser Ort für die Isländer etwas ganz Besonderes ist.

Natürlich könnte man noch länger umherwandern, zum Wasserfall Öxaráfoss beispielsweise. Aber wir haben für heute genug gesehen und laufen zurück zum Parkplatz. Dabei kommen wir auch am Visitor Center vorbei, einem flachen neumodischen Klotz aus Sichtbeton und Holz. In großen Buchstaben prangt auf der gläsernen Eingangstüre *Hjarta lands og Þjoðar*, Herz des Landes und des Volkes. Ja, hier in þingvellir schlägt Islands Herz. Und manchmal so heftig, dass die Erde bebt.

Am Geysir – springende Urkräfte ㉚

Island und Geysire gehören zusammen – wie Linsen und Spätzle für die Schwäbin. Wer nach Island reist, und sei es nur für wenige Tage, will IHN sehen und erleben. Den Strokkur, das „Butterfass“, Islands zuverlässigste Springquelle, die regelmäßig und relativ pünktlich ausbricht.

Der Strokkur liegt in einem Hochtemperaturgebiet im Haukadalur. Knapp 120 Kilometer östlich von Reykjavik ist das Tal die Heimat der größten Springquellen Islands. Auf der Straße 35 nähern wir uns zum x-ten Mal diesem Touristenmagneten. Den Strokkur springen zu sehen macht süchtig. Schon von Weitem fallen die aufsteigenden Dampfschwaden auf. Sie streben empor, werden vom Wind verweht und lösen sich auf. Ein sichtbares Zeichen, dass wir bald da sind.

Linker Hand erhebt sich der lang gezogene grüne Bergrücken des Bjarnafells. Ein sanft abfallender Hügel schmiegt sich Schutz suchend davor, an dessen Westflanke eine große, rot-braune Wunde klafft. Aus zahllosen Öffnungen steigt Dampf auf, in Dutzenden von Löchern blubbert und brodelt Wasser. Ein leichter Schwefelgeruch liegt in der Luft, warme Rinnsale fließen plätschernd talwärts.

Inmitten all dieser Betriebsamkeit arbeitete seinerzeit der Stóri Geysir, der große Geysir, dem alle Springquellen dieser Welt ihren Namen verdanken. Das Wort *Geysir* stammt vom isländischen Verb *geysa* ab, was so viel bedeutet wie „sich ergießen, herausspritzen“. Vor knapp 100 Jahren ist der große Geysir jedoch in Rente gegangen. Er hat seinen Betrieb fast vollständig eingestellt. Gelegentlich und sehr unregelmäßig schießt Wasser aus seinem riesigen blauen Auge. Nur noch wenige Meter hoch und nicht mehr 60 Meter wie in seinen besten Zeiten. Als wollte er damit sagen: „Ich könnte, wenn ich wollte. Aber ich will nicht mehr“.

Die Attraktion, der Anziehungspunkt schlechthin, ist inzwischen sein etwas kleinerer Bruder Strokkur gleich nebenan. Um ihn versammeln sich die Menschenmassen, mit Smartphone oder Fotoapparat in der Hand. Auch wir haben noch eine kleine Lücke für Kamera und Stativ zwischen den Zuschauern ergattert. Und es ist nicht verkehrt, wenn man bei der Platzsuche auf die Windrichtung achtet, um nicht in den Genuss einer unfreiwilligen Gratisdusche zu kommen.

Hat man seinen Platz eingenommen, ist Geduld gefragt. Der Strokkur arbeitet zwar zuverlässig, aber man kann nicht die Uhr nach ihm stellen. Fünf bis sieben Minuten kann es dauern, bis er genügend Kraft für die nächste Eruption gesammelt hat. Sobald seine Wassersäule in den Himmel schießt, wird wild drauflosgeknipst – stehend, kniend, von Nahem, von Weitem, vorwärts oder besonders beliebt rückwärts als Selfie.

Wegen der vielen oft allzu neugierigen Touristen wurde sein Arbeitsplatz weiträumig mit einem Seil abgesperrt. Mittendrin haben helle Kieselsinterablagerungen ein fast rechteckiges, natürliches Becken geschaffen, das weit in die Tiefe reicht. Darin wogt heißes Wasser wie von Geisterhand dirigiert hin und her, auf und ab. Mal wölbt sich die Oberfläche leicht und Wasser schwappt über den Beckenrand, dann zieht sich das Wasser wieder ins Becken zurück. Schöpft zusätzliche Kraft aus den Tiefen der Erde. Für die Zuschauer mit Kamera in der Hand ist dies ein zermürbendes Spiel. Wann platzt die Wasserblase? Wann schießt der Wasserpfeil mit dumpfem Zischen in die Höhe? Jetzt, jetzt! Klick-klick. Nein, doch nicht. Der Strokkur macht es spannend.

Plötzlich, nach vielen Minuten Harren und Hoffen, wölbt eine riesige Dampfblase die Wasseroberfläche auf, die Blase zerbirst, ein dumpfes Zischen ertönt und ein Wasserpfeil schießt explosionsartig bis zu 20 Meter in die Höhe – unter lauten „Ooohhhs“ und „Aaaahhs“ der vielen Zuschauer. Ein paar klatschen vor Entzücken in die Hände.

Kaum hat der Geysir die kochend heiße Wassersäule in den Himmel geschleudert, verformt sie sich zu einer ausgebeulten Dampfwolke, die der Wind zerfasert und verweht. Über die vielen Köpfe der begeisterten Zuschauer hinweg zieht feiner Sprühnebel und überlässt den Platz über dem tiefen Schlot bereitwillig der nächsten Eruptionswolke.

Bei allen Kameras wurde fast gleichzeitig auf den Auslöser gedrückt – in der Hoffnung, den richtigen Moment eingefangen zu haben. Auch wir gehören zu denjenigen, die den Finger angespannt auf der Kamera hielten und mehrmals auslösten. Nur schwer können wir uns von diesem Naturschauspiel losreißen. Noch einmal auf einen Ausbruch warten. Nur noch einmal. Oder vielleicht zweimal? Das hoffnungsvolle Warten beginnt wieder von vorn.

Das Geysirgebiet ist ein wahrer Touristen-Hotspot, deshalb wurde es weiträumig eingezäunt. Gehwege leiten die Besucher zwischen den heißen Quellen hindurch. Leider waren die Wege bei unserem letzten Besuch in einem miserablen Zustand, das Pflaster war stellenweise weggebrochen, teilweise musste man durchs Wasser laufen.

Wer ein wenig Zeit mitbringt, dem sei ein Rundgang durch das Gelände empfohlen. Die Farbenpracht der vielen kleineren Quellen, die von rotorange bis türkisblau reicht, ist ebenso reizvoll wie der springende Strokkur. Um Abstand von den vielen Touristen zu gewinnen, steigt man am besten hoch zum Aussichtspunkt. Denn manchmal ist es hilfreich, sich vom Geschehen zu entfernen, um dessen wahre Größe und Schönheit zu erfassen.

Þorsmörk – wo Thor zu Hause ist ㉛

Þorsmörk – das klingt für uns ähnlich verheißungsvoll wie Tibesti oder Timbuktu. Lange Zeit blieb dieses Gletschertal ein unerreichbares Ziel, denn mit einem VW-Bus kommt man nicht dorthin. Für die knapp 30 Kilometer lange Strecke ist ein hochbeiniges geländegängiges Fahrzeug unabdingbar. Nicht wegen der rauen Piste, sondern wegen der oftmals tiefen und reißenden Furten.

20 Jahre nach der allerersten Islandreise war es endlich soweit, jetzt nannten wir einen Allrad-Lkw unser eigen. Schon als wir im norwegischen Bergen auf die Fähre nach Island warteten, kam ein Isländer zu unser herüber und meinte anerkennend: „Mit diesem Auto müsst ihr unbedingt nach Þorsmörk fahren.“ Na, wenn das schon ein Isländer sagt, bleibt uns nichts anderes übrig.

Þorsmörk ist ein von Gletschern und Bergen umringter Talkessel im Süden Islands, benannt nach Thor, dem Gewittergott in der isländischen Mythologie, der nicht nur mit seinem Blitze schleudernden Hammer am Himmel entlangfährt, sondern auch als Beschützer von uns Menschen gilt.

Das isländische Wort *mörk* kann sowohl Wald als auch Grenzmark bedeuten. Wir sind also im Wald bzw. im Gebiet des Gottes Thor unterwegs. Ei-

Festessen: Kiddi und Kata bitten an Þrettandinn zu Tisch

Einer von 13: Jólasveinar (Weihnachtskerle) umarmen am liebsten hübsche Mädels

Skyline: Blick auf Reykjavik vom alten Hafen aus

Künstlich: überdimensionaler Grashöcker der Künstlerin Ólöf Norda

Farbig: Innenstadt von Reykjavik

Kunstvoll: Der "Sonnenfahrer" von Jón Gunnar Árnason

Getrennt: Breitbeinig auf zwei Kontinenten stehend

Angeseilt: hinab in den Krater Þrihnukagigur

Abgeseilt: in der Magmakammer eines schlafenden Vulkans

Gestrandet: die Strandarkirkja, erbaut im Gedenken an in Seenot geratene Männer

Dramatisch: gerettet in höchster Not

Startklar: der Fennek vor der Auffahrt zum Vulkan Hekla

Mühsam: der Aufstieg zum Gipfelkrater

Lebensfeindlich: Lava und Asche, Zeugnisse der hitzigen Hekla-Ausbrüche

Geschichtsträchtig: In Þingvellir schlägt Islands Herz

Pünktlich: alle sieben Minuten bricht der Geysir Strokkur aus

gentlich trägt nur der nördliche Bereich des Tales den Namen Þorsmörk. Der südliche Teil wird *Goðaland*, Götterland, genannt. Doch Þorsmörk hat sich für das gesamte Gebiet durchgesetzt. Und ob hier nur Thor zu Hause ist oder gleich mehrere Götter, ist uns eigentlich egal.

Das grüne Tal erstreckt sich in Ost-West-Richtung und wird von den mächtigen, unberechenbaren Flüssen Markarfljót und Krossá beherrscht, die ihre trübe Nahrung aus den Gletschern erhalten. Aufgrund der geschützten Lage ist das Wetter in Þorsmörk meist besser als im Rest von Island, es regnet weniger und ist etwas wärmer. Das zeigt sich auch am Bewuchs. Lichte Birkenwäldchen durchziehen das Tal, zu deren Füßen Storchschnabel und Frauenmantel, Farne und Heidekraut üppig wachsen und gedeihen.

Das gesamte Gebiet steht unter Naturschutz, daher darf man nur auf ausgewiesenen Campingplätzen übernachten. Drei stehen bereit: Zwei Plätze liegen nördlich der Krossá im Húsadalur und Langidalur, einer südlich des Flusses in Básar. Wir haben uns bisher immer für Básar entschieden, da hier die Sonne abends etwas länger scheint.

Bevor wir heute starten, decken wir uns im Supermarkt in Hvolsvöllur mit Vorräten für die nächsten Tage ein. Dann geht´s auf der Ringstraße bis zum Seljalandsfoss, wo wir links auf die Straße 249 einbiegen.

Die ersten sechs Kilometer taleinwärts rollen unsere Räder noch ruhig und bequem auf dem Teerbelag. Das ändert sich jäh hinter dem Abzweig nach Stóramörk, jetzt beginnt die Schotterpiste mit üblem Wellblech. Deshalb lässt Klaus erst einmal gewaltig Luft ab – natürlich nur aus den Reifen, damit die Fahrt auf der ruppigen Piste etwas erträglicher wird.

Eigentlich ist es wie immer: Über der Küste hängt ein dickes Wolkenpaket, doch je weiter wir Richtung Þorsmörk vordringen, desto sonniger wird das Wetter und desto beeindruckender die Landschaft. Wir fahren geradewegs auf den Mýrdalsjökull zu, rechts von uns schiebt der Eyjafjallajökull seine Gletscherzungen talwärts und linker Hand erheben sich dunkle Bergspitzen jenseits des Flusses Markarfljót. Die Auffälligste von ihnen ist der Einhyrningur, der Einhornberg, mit seinem himmelwärts zeigenden Finger. Über den Bergen haben sich dunkle Wolken gestaut, doch unser heutiges Ziel liegt in der Sonne.

Zunächst begleitet die Piste den Fluss Markarfljót, an dessen Ufer arktische Weiden zu stattlichen Büschen heranwachsen und sich Engelwurz wirkungsvoll zu präsentieren weiß. Unzählige kleine und größere Bäche fließen vom Eyjafjallajökull herab und versorgen den Fluss mit neuer Nahrung. All diese Wasserläufe müssen durchquert werden und je nach Witterung und Jahreszeit führen sie viel, etwas oder gar kein Wasser. Bei jeder Tour zählen wir die Furten: Wir hatten schon mal 22 an der Zahl, heuer sind es nur 13, die Restlichen sind trockengefallen. Überhaupt ist der Wasserstand in allen Furten dieses Jahr relativ niedrig, selbst in den heftigsten. Wohl ein Grund, warum auch viele kleinere SUVs zur Þorsmörk fahren, was wir jedoch nicht nachvollziehen können, denn für solche Fahrzeuge können die größeren Wasserdurchquerungen zum Verhängnis werden, vor allem wenn man allzu beherzt durchbraust. Nicht zu unterschätzen sind dabei auch größere Steine und Sandbänke, die sich in den grau-braunen Fluten geschickt verbergen.

Gut 24 Kilometer weiter, nachdem wir die Furt der Steinhóltsá durchquert haben, verlassen wir die sandige Ebene des Markarfljót. Die Fahrspur zwängt sich hinein das enge, von der Krossá geschaffene Tal. Hier beginnt das Reich von Thor, wo zunächst jedem Besucher eine feuchte Prüfung abverlangt wird. Innerhalb von wenigen Kilometern müssen drei oftmals reißende Furten bewältigt werden. Wer sie gemeistert hat, darf in Thors Reich eintreten.

Eigentlich sollte man erst gegen Abend Richtung Þorsmörk fahren, auch wenn zu dieser Tageszeit der Wasserstand in den Furten am höchsten ist (was unseren Fennek jedoch nicht stört). Dann hat man die Sonne im Rücken und die kunterbunte Landschaft wird in ein weiches Abendlicht getaucht. Es zaubert warme Farben hervor und legt sich wie ein sanfter Schleier über Hügel und Berge, Gletscher und Flüsse. Daran können wir uns niemals sattsehen.

In Básar haben wir einen Lieblingsplatz – auch heute haben wir Glück und „unsere" Lücke im schütteren Birkenwald ist noch frei. Wir stehen aus einem ganz besonderen Grund genau hier so gerne. Direkt über uns wacht ein nackter Felsen, den wir Thor getauft haben. Eigentlich kann es nur der versteinerte Gewittergott sein, so unerschütterlich wie sein Haupt aus dem bewaldeten Hügel aufragt. Selbstbewusst und abgeklärt überblickt er sein Reich. Von unserem Platz aus ist sein markantes Profil deutlich zu sehen, am Kinn wächst ihm ein kleines Bärtchen aus Birkensprösslingen. Solange er beschützend auf uns herabschaut, kann uns nichts passieren. Zumindest gehen wir davon aus.

Am nächsten Morgen scheint noch immer die Sonne, daher machen wir heute das, was man in Þorsmörk hervorragend kann: wandern. Wir packen Kamera, Rucksackvesper und Wanderstecken, um ein Stück auf dem bekanntesten Wanderweg Islands, dem Laugavegur, entlang zu gehen. Gut 50 Kilometer verläuft der Weg von hier Richtung Norden bis nach Landmannalaugar und etwa 20 Kilometer in die Gegenrichtung bis Skógar. Letztere Etappe führt über den Fimmvörðuháls und an der Stelle vorbei, an der 2010 der Eyjafjallajökull bei seinem Ausbruch so viel Asche ausspuckte, dass der europäischen Flugverkehr für einige Zeit lahmgelegt wurde. Zwei neue Krater haben sich bei der Eruption aufgetan, die sinnigerweise nach den Söhnen von Thor benannt wurden: Magni (der Starke) und Móði (der Mutige). Genau diese Richtung schlagen wir heute ein.

Zunächst stapfen wir durch ein Birkenwäldchen in Serpentinen bergauf. Die steilsten (und bei Regen rutschigen) Abschnitte wurden dank grob gezimmerter Stufen aus Holzplanken etwas entschärft. Wir sagen den unbekannten freiwilligen Treppenbauern für ihre Mühe einfach mal danke.

Überall blüht weinrotes Heidekraut, lilafarbener Storchschnabel, gelber Frauenmantel. Die niedrigen Heidelbeerbüsche tragen bereits blaue Früchte, immer wieder naschen wir davon. Selbst verblühtes Knabenkraut, eine Orchideenart, entdecken wir im grünen Teppich – und einige große Pilze, die wir aber lieber weiter wachsen lassen.

Als wir das Birkenwäldchen hinter uns lassen, wird der Weg deutlich ausgesetzter. Wir erklimmen die Flanke des Fálkhöfuð und der schmale Wanderpfad zieht sich exponiert an der Südseite des Berges entlang, vorbei an natürlichen Höhlen und drohend herabblickenden Felsengesichtern.

Statt zu ihnen hinauf schauen wir lieber hinunter, denn der Blick auf Þorsmörk tief unter uns wird mit jedem weiteren Schritt eindrucksvoller, imposanter. Dazu trägt auch der isländische Sonnengott bei, dem wir in einer Verschnaufpause ein Dankeschön nach oben schicken.

Uns überholen nicht nur Wanderer, die bepackt mit schweren Rucksäcken den Laugavegur entlanggehen, sondern auch eine Gruppe junger Leute, die Weidenstecken und Weidenreisig schleppen. Diese freiwilligen Helfer wollen an der Flanke des Fálkhöfuð einen steilen Abhang bändigen, indem sie aus dem mitgebrachten Schnittgut niedrige Zäune bauen, um weitere Erdrutsche zu verhindern.

Nach zwei kurzen steilen Anstiegen klettern wir hinauf zum Kattahryggur, den Katzenrücken, ein schmaler Grat, über den sich der Wanderweg in steilen Auf- und Abstiegen hinwegzieht. Dieser Abschnitt erfordert etwas Schwindelfreiheit. Doch die Aussicht entschädigt für alles. Der 360-Grad-Panoramablick auf Thors Heimat, auf den Mýrdals- und Eyjafjallajökull sowie auf das von der Krossá geschaffene Tal ist schlicht und einfach überwältigend. Hinter dem abenteuerlichen Katzenrücken ist Brotzeit angesagt. Wir setzen uns ins weiche Gebüsch und vertilgen mit Heißhunger unser mitgebrachtes Essen.

Gestärkt machen wir uns auf den Rückweg. Bergab ist alles leichter zu bewältigen, die Steigungen sind plötzlich nicht mehr so steil, der Weg nicht mehr so anstrengend.

Nach dreieinhalb Stunden stehen wir wieder vor unserem mobilen Zuhause. Jetzt brauchen wir dringend einen Kaffee. Und zwar sofort. In der Sonne sitzend genießen wir die leckere braune Brühe und studieren schon wieder die Wanderkarte. Schließlich ist Þorsmörk ein herrliches Wandergebiet, in dem es durchaus auch kleinere Touren für solche Besucher gibt, die keine längeren Fußmärsche unternehmen können.

Um abends die letzten Sonnenstrahlen auszukosten, stellen wir zwei Campingstühle aufs Wohnmobildach und nehmen eine Flasche Rotwein sowie zwei Gläser mit hinauf. Schöner, aussichtsreicher und stimmungsvoller kann ein Abend nicht ausklingen. Skál, Thor!

Später kommt ein Isländer zu uns herüber, fragt sehr zaghaft: „May I take a photo of you?“ Na klar, er dürfe auch zu uns heraufkommen und ein Glas Wein mittrinken. Doch so viel Gastfreundschaft ist ihm nicht geheuer. Sichtlich amüsiert schießt er schnell das gewünschte Foto – und ist schon wieder weg. Schade, wir hätten ihm gerne etwas abgegeben.

Þorsmörk ist ein kleines Naturparadies und eindeutig eines der schönsten Gebiete Islands, deshalb müssen wir auf jeder Islandreise zumindest einmal hierher fahren. Wer sich auf den abenteuerlichen Weg nach Þorsmörk aufmacht (natürlich nur mit einem entsprechend ausgerüsteten Fahrzeug) sollte unbedingt ein paar Tage Zeit mitbringen. In Thors Reich kann man vieles unternehmen, aber auch Ruhe und Entspannung finden. Allerdings nicht unbedingt am ersten August-Wochenende, wenn der folgende Montag Feiertag (Tag des Handels) ist. An jenem Tagen geht in Þorsmörk die Post ab. Viele Isländer machen das lange Wochenende über Party – mit rauchenden Grills und Alkoholischem in den Gläsern.

Nur Thor blickt weiterhin stoisch von seinem aussichtsreichen Platz herab und passt auf die vielen Menschen auf. Was er von dem ausgelassenen Treiben hält, ist an seiner versteinerten Miene nicht abzulesen.

Hinweis:

Wer über kein entsprechendes Fahrzeug verfügt, um nach Þorsmörk zu fahren, kann dies auch mit öffentlichen Geländebussen tun, die in den Sommermonaten täglich ab Reykjavik verkehren. Man kann zum Beispiel auch sein Auto in Hella oder am Seljalandsfoss abstellen und erst dort in den Bus zusteigen.

Die Westmännerinseln – und das Pompeji des Nordens ㉜

Gerade beginnt das Boarding des vielleicht kürzesten Linienflugs der Welt. Wir besteigen eine zweimotorige Cessna, sind aber die einzigen Passagiere an Bord, obwohl Platz für acht wäre. Der Flug wird uns von Bakki in Südisland auf die Insel Heimaey bringen und gerade mal sechs Minuten dauern.

Kaum sind wir in der Luft, beginnt der Pilot auch schon mit dem Landeanflug. Die Zeit ist viel zu kurz, um den Ausblick auf das Inselgrüppchen aus der Vogelperspektive genießen und vor allem fotografieren zu können. Bei einem Linienflug kann man den Piloten nicht einfach bitten, mal ein paar Extrarunden zu fliegen. Schließlich hat er einen festen Flugplan einzuhalten.

Sei's, wie es ist. Der isländische Wettergott arbeitet heute sowieso nur halbherzig. Nicht einen Sonnenstrahl hat er für uns übrig.

Heimaeys Flugplatz liegt inmitten des Eilands. Den gleichnamigen Ort sieht man erst kurz vor der Landung, wenn der Pilot Richtung Flugplatz beidreht.

Die Insel ist mit knapp 14 Quadratkilometern die größte und einzig bewohnte der Westmännerinseln (isl. *Vestmannaeyjar*). All diese Inselchen sind, wie könnte es anders sein, vulkanischen Ursprungs. Zwei Feuerberge haben Heimaey ein eher unförmiges Aussehen verpasst. Im Norden schützt ein bizarr gekrümmter Finger die tief eingeschnittene Hafeneinfahrt, im Süden weist ein Knubbelfinger ins Meer hinaus. Dazwischen bläht sich ein dicker Bauch auf. Auf ihm hat sich in einer Ecke der Ort breitgemacht, direkt unterhalb der beiden Vulkankegel Helgafell und Eldfell, die hinter den letzten Häusern aufragen und alles zu beherrschen scheinen.

Da unser fahrbarer Untersatz auf Island blieb, müssen wir die Insel zu Fuß erkunden. Aber wo sollen wir zuerst hin: in den Ort oder auf den Feuerberg? Der Vulkan gewinnt. Sein Name ist Eldfell und der ist Programm, er bedeutet nämlich Feuerberg. Es ist genau jener Vulkan, der für das schlimmste und einschneidendste Ereignis in der Geschichte der Insel verantwortlich ist. Mit seinem Ausbruch im Jahr 1973 sorgte er weltweit für Aufsehen und brachte unglaublich viel Unheil über die Inselbewohner. Aber dazu später mehr.

Zunächst umrunden wir zur Hälfte den Vulkan Helgafell, bis wir nach ungefähr zwei Kilometern am Aufstieg zum Eldfell ankommen. Ab jetzt wird's richtig mühsam: Auf losem Lavagestein steigen und stolpern wir hinauf zum Krater. Immer zwei Schritte vor und einen halben zurück. Je höher wir uns hinaufmühen, desto mehr verändert sich die Farbe der Lava. War sie unten noch dunkel und schwarz, wechselt sie langsam zu rot. Und es ist erstaunlich, wie viele verschiedene Rottöne ein Vulkan hervorbringen kann: von einem tiefen Dunkelrot bis zum satten Hellrot.

Endlich erreichen wir den Kraterrand. Dort erwarten uns einige regungslos herumstehende Lava-Gesellen: sogenannte Hornitos, aufrechte und bizarr geformte Lavagebilde, eines davon sogar mit einer natürlichen Öffnung auf halber Höhe zum Durchgucken.

Auch wenn hier oben ein strammer Wind um unsere Nasen pfeift, müssen die Füße nicht frieren, denn die Lava unter unseren Sohlen ist in ihrem Innern immer noch recht heiß.

Jammerschade, dass der nordische Wettergott heute nur tief hängende Wolken im Angebot hat. Das macht die Aussicht nicht gerade grandios. Was man aber recht gut erkennen kann, ist der Lavastrom, wie er sich 1973 seinen Weg talwärts suchte und dabei Richtung Hafen und Ort wälzte – über Häuser hinweg oder knapp an ihnen vorbei. Ein Platz, an dem man sich klein und unbedeutend vorkommt angesichts der unglaublichen Naturgewalt eines Vulkans.

Allzu lange verweilen wir nicht auf dem Eldfell. Das trübe Wetter schlägt uns in die Flucht, uns verlangt es eher nach braunem Kaffee als nach bunter

Lava. Bereits eine Stunde später beginnt wieder das Boarding für den kürzesten aller Linienflüge. Es ist dieselbe Maschine wie heute Morgen, nur der Pilot ist ein anderer.

Der erste Eindruck von Heimaey hat uns trotz eines missgelaunten Wettergottes begeistert und wir wollen unbedingt noch mal wiederkommen, dann möglichst für ein paar Tage und mit dem Wohnmobil.

Die Gelegenheit dazu haben wir ein paar Jahre später. Wir sind mit unseren isländischen Freunden Helga und Kalli sowie ihrem Allradwohnmobil im Hafen von Landeyjahöfn verabredet. Nach einer herzlichen Begrüßung überraschen sie uns: Helga hat die Fährtickets bereits gekauft, sodass wir gleich an Bord können.

Auch sie haben einen zum Wohnmobil umgebauten MAN 4x4. Und nicht nur wir Menschen mögen uns, nein, auch die zwei MANs vertragen sich prima. Schließlich standen die beiden Wohnmobile in der Halle unserer Freunde ein paar Monate einträchtig Seite an Seite. Damals brachten wir unseren MAN im Winter nach Island (natürlich verbunden mit einer Reise), ließen ihn in der warmen Halle zurück und holten ihn erst im Sommer wieder ab (für unsere Hochzeitsreise durch Island). Wer jetzt meint, dass das einfach so geht, irrt sich. Es war ein langwieriger Prozess, bis der isländische Zoll mitgemacht hat.

Aber wir sind abgeschweift, eigentlich sind wir ja auf dem Weg zu den Westmännerinseln. Von Landeyjahöfn aus steuert die kleine Fähre Herjólfur mehrmals täglich den kleinen Archipel an. Bis vor wenigen Jahren fuhr das Fährschiff noch ab þorlakshöfn dreieinhalb Stunden entlang der stürmischen Südküste nach Heimaey. Was uns immer davon abgehalten hatte, die Fähre zu benutzen.

Lange galt Islands sandige Küste, die unmittelbar gegenüber den Westmännerinseln liegt, als vollkommen ungeeignet, um dort einen Hafen zu errichten, da er ständig zu versanden droht. Schließlich wagte man das Abenteuer doch, sodass im Sommer 2010 der kleine Hafen Landeyjahöfn eröffnet werden konnte, quasi ums Eck beim Flugplatz von Bakki. Von hier aus dauert die Überfahrt nur gut 30 Minuten, was uns und unseren Mägen wesentlich sympathischer ist. Bei Schlechtwetter wird allerdings immer noch þorlakshöfn angefahren. Heute zum Glück nicht.

Ziemlich breit lacht die Sonne vom Himmel und der Wind bläst nur mäßig leicht. Eine ruhige Überfahrt erwartet uns, die wir draußen an Deck verbringen.

Gemütlich tuckert das Schiff zwischen den unbewohnten Westmännerinseln hindurch. Dann nimmt es Kurs auf Heimaeys enge Hafeneinfahrt. Sie liegt etwas versteckt, ist aber ziemlich spektakulär. Langsam schiebt sich das Fährschiff entlang des nördlichen Inselfingers zwischen steilen Felswänden und dem Lavastrom hindurch in den geschützten Hafen. Zwei weit ins Fahrwasser reichende Molen müssen dabei in einer engen S-Kurve umschifft werden.

Heimaey empfängt uns äußerst freundlich. Insel und Ort liegen in der Sonne, genauso wie die beiden Vulkane, die im Moment überhaupt nichts Bedrohliches ausstrahlen. Unser erster Besuch gilt natürlich wieder dem Eldfell. Aber nicht seinem Krater, sondern dem Zerstörungswerk zu seinen Füßen.

Rund 5.000 Jahre lang schlief der Vulkan, bis er 1973 überraschend und sehr heftig erwachte. Was damals in der Nacht vom 22. auf den 23. Januar geschah, war für die Inselbewohner schiere Dramatik und Bedrohung pur. Ein Lavastrom wälzte nicht nur unzählige Häuser nieder, sondern drohte auch, die Hafeneinfahrt zu versperren. Außerdem spuckte der Eldfell riesige Mengen an Asche aus, deren Wolke bis zu neun Kilometer in den Himmel reichte. Lava und Asche begruben etwa 400 Häuser unter sich und zerstörten weitere 400. In einer gewaltigen Kraftanstrengung wurden noch in derselben Nacht alle der über 5.000 Einwohner evakuiert. Nur ein paar Freiwillige blieben zurück.

Was spielte sich in den Köpfen der Menschen ab, als sie ohnmächtig zuschauen mussten, wie glühende Lava und dunkler Ascheregen ihr Hab und Gut bedrohte oder gleich ganz verschwinden ließ? Dass sie dem Vulkan wohl verziehen haben, zeigt die Tatsache, dass die meisten der Betroffenen nach Monaten wieder zurückkehrten und sich ein neues Heim schufen.

Auch unser Freund Kalli war als junger Mann bei der Aktion dabei. Wie es der Zufall will, hat er heute Morgen im Hafen von Heimaey das alte Schiff „Kristbjorg“ entdeckt, auf dem er damals zwei Jahre lang gearbeitet hatte, auch während der Zeit der Evakuierung.

Die Folgen des dramatischen Geschehens kann jeder Besucher heute im sogenannten „Pompeji des Nordens“ anschauen. So tauften die Inselbewohner die Ausgrabungsstelle in der ehemaligen Straße Suðurvegur, in der die Ruinen einiger Häuser wieder freigelegt wurden. Für die Bewohner des Hauses Nummer 10 muss der Ausbruch besonders katastrophal gewesen sein: Sie hatten ihr Heim erst 1972 gebaut – ein Jahr vor dem Ausbruch.

Aber nichts ist so schlecht, dass es nicht auch zu etwas gut ist. Die Insel Heimaey wuchs mit dem Ausbruch um ungefähr zweieinhalb Quadratkilometer. Zwar verkleinerte der Lavastrom die Hafeneinfahrt etwas, aber die erstarrte Lava liegt so günstig, dass sie den Hafen inzwischen noch besser gegen Sturm und Wellen schützt. Außerdem wird die Wärmeenergie des in seinem Innern immer noch heißen Lavastroms genutzt. Und das geht so: Wasser wird in die heiße Lava hineingepumpt und mit dem entstehenden Dampf werden Häuser beheizt und Trinkwasser erwärmt. Die Isländer sind schon unglaublich kreativ, wenn es darum geht, die pure Energie der Vulkane zu nutzen.

Nach so viel Dramatik wollen wir auch mal die eher freundliche Seite der Insel sehen anstatt deren furchterregende. Grün statt Schwarz sozusagen. Deshalb steuern wir Stórhöfði an, den Aussichtspunkt am südlichsten Ende, das zugleich Europas windigster Ort sein soll. Das erfahren wir allerdings erst, als wir dort ankommen. Sonst hätten wir uns den Abstecher vielleicht zweimal überlegt.

Auf Heimaey weht der Wind fast ständig und hier draußen noch etwas heftiger, im Moment ist er aber erträglich. Sturmböen möchten wir an diesem exponierten Platz nicht erleben. Die Landzunge Stórhöfði ragt gut 100 Meter steil aus dem Meer, ist oben aber flach und grün. Dort treffen wir auf typische Islandbewohner: Vierbeinige und Geflügelte, genauer gesagt Schafe und Papageitaucher. Die Schafe bedienen sich gerade ausgiebig am frischen Grün, während die Papageitaucher schwindelfrei und gelassen den gedeckten Tisch tief unter ihnen betrachten.

In Island begegnen wir den Schafen und ihren vorwurfsvollen Blicken ja oft und überall. Deshalb müssen sie nicht annehmen, dass wir wegen ihnen hier sind. Nein, uns interessieren heute nur die unterhaltsamen Papageitaucher. Auf Heimaey nisten sie zu Tausenden, genießen ihre Sommerfrische aussichtsreich im obersten Stockwerk der steilen Klippen.

Ein kurzer Fußmarsch am Rand der Felsen entlang bringt uns zu einem eigens eingerichteten Beobachtungsplatz. Schon unterwegs sehen wir viele Dutzende der bunten Vögel, wie sie versonnen am Abgrund sitzen, irgendwann hinaus aufs Meer fliegen, mit Sandaalen im Schnabel zurückkommen und dabei tollpatschige Landungen vollführen. Diejenigen, die gerade nichts zu tun haben, hocken entspannt auf ihrem Lieblingsplatz und beobachten ihre Kollegen bei der Arbeit.

Auf Stórhöfði sind die Tiere allerdings sehr scheu und lassen uns nicht sehr nah an sich ran. Wahrscheinlich, weil sie auf der Insel schon immer von den Menschen bejagt wurden. Eier und Fleisch der Vögel waren in den vergangenen Jahrhunderten eine willkommene Mahlzeit. Inzwischen haben die meisten Isländer sie vom Speisezettel gestrichen, was uns stellvertretend für die Vögel sehr freut.

Heute übernachten wir auf dem Campingplatz im Herjólfsdalur. Wegen des permanenten Windes bauen wir aus beiden Fahrzeugen und Windschutzplanen eine behagliche Wagenburg. Später wird gemeinsam gekocht und gegrillt. Am Grill: Kalli. Am Herd: Helga und Pia. An der Getränkeausgabe: Klaus. *Skál!*

Am nächsten Vormittag überraschen uns Helga und Kalli erneut mit einem Bootsticket: dieses Mal mit einer Rundfahrt um Heimaey. Im Hafen gehen wir an Bord des Motorboots „Vikingur", an dessen Ruder oben an Deck ein echter Wikinger steht, zumindest stellt man sich so einen echten Nordmann vor: groß, kräftig und mit schulterlangen Haaren. Souverän steuert er das Boot aus dem Hafen – und das alles im kurzärmeligen Hemd! Trotz warmer Jacken fröstelt es uns bei seinem Anblick.

Wieder einmal hat der nordische Wettergott nur Wolken im Tagesangebot. Trotz Einheitsgrau bietet die Fahrt einen ganz anderen Blickwinkel auf die Insel. Ringsherum ist die Steilküste durchlöchert wie Schweizer Käse. Die ewige Wucht des Wassers hat viele Höhlen im Vulkangestein geschaffen und teils wundersame Figuren herausmodelliert wie einen Elefantenkopf, dessen Rüssel in die Tiefen des Wassers eintaucht. Oder ein altes Trollweib mit Stock in der Hand und auf einem Felsen im Meer sitzend.

Wir umrunden Heimaey im Uhrzeigersinn, alle Westmännerinseln ziehen dabei an uns vorbei. Wie viele es genau sind? Man sagt, es seien 14. Aber was nun eine Insel ist oder einfach ein Stück Fels, wagen wir nicht zu beurteilen. Ganz im Süden können wir in der Ferne das jüngste Mitglied im Inselverbund erkennen: Surtsey. Namenspatron ist Surtur, der Feuerriese in der nordischen Sagenwelt. Das Inselchen tauchte 1963 bei einem Vulkanausbruch aus den Tiefen des Atlantiks auf, Knall auf Fall sozusagen. Seither steht Surtsey unter Naturschutz, keiner darf es betreten. Nur ein paar Forscher dürfen an Land, um zu dokumentieren, wie sich nach und nach Tiere und Pflanzen das nagelneue Stück Island erobern.

Obwohl eine äußerst frische Brise um unsere Nasen weht, verbringen wir die Rundfahrt fotografierend an Deck, natürlich warm eingepackt – ganz im

Gegensatz zu unserem gestählten Wikingerkapitän. Nach knapp eineinhalb Stunden und kurz vor der Einfahrt in den Hafen drosselt er plötzlich die Geschwindigkeit und manövriert das Boot vorsichtig in eine Höhle hinein. Sie heißt Klettshellir, Felsenhöhle. Ein nicht gerade einfallsreicher, aber zutreffender Name.

Drinnen stellt er den Motor ab und holt ein Saxofon hervor, um uns die hervorragende Akustik dieser Höhle näherzubringen. Hautnah sozusagen. Denn kaum erklingen in dieser ungewöhnlichen Konzerthalle die ersten Töne, stellen sich bei uns sämtliche Härchen auf. Auch jetzt noch beim Schreiben. Das kurze Konzert geht unter die Haut und ist der ergreifende Abschluss unserer Inseltour. Unglaublich, was ein abgehärteter Wikinger so alles drauf hat!

Mahlzeit! – Ein Rezept vom langsamen Pferd

(Pia erzählt)

Auf dem Tisch steht ein Topf mit dampfender Gulaschsuppe. Es ist Mitte August und wir sind zum Abendessen bei unseren Freunden Helga und Kalli eingeladen. Helga hat gekocht und wir spendieren den Wein dazu. Nachdem sie unsere Teller gefüllt hat, lässt sie uns die Suppe erst probieren, bevor sie zwei Fragen an uns richtet.

„Schmeckt es euch?“, erkundigt sie sich vorsichtig.

„Oh ja, das ist sehr lecker“, antworten wir unisono.

„Wisst ihr eigentlich, was ihr da esst?“, lautet ihre zweite Frage.

„Ja natürlich, eine Gulaschsuppe.“

Helga zögert etwas: „Ich muss euch was gestehen. Das Fleisch in der Suppe stammt nicht vom Rind, sondern vom Pferd.“

Erwartungsvoll schaut sie uns an, wie wir auf diese Nachricht reagieren. Zugegeben, die Fleischbrocken der Suppe sind ungewöhnlich zart. Doch wir hätten sie nie und nimmer für Pferdefleisch gehalten! Aber wir können Helga beruhigen, Fleisch und Suppe schmecken uns auch nach ihrer Enthüllung. Während des Essens erzählt sie uns die ganze Geschichte:

„Das Fleisch stammt von einem Fohlen, das auf dem elterlichen Hof unseres Schwiegersohnes zur Welt kam. Das Fohlen war bei der Geburt sehr schwach. So schwach, dass es kaum eine Chance hatte, den nächsten Winter zu überstehen. Und wisst ihr, was man in Island mit so einem Tier macht? Man schlachtet es und isst es auf."

Mit dieser Gulaschsuppe kamen wir vor vielen Jahren erstmals und völlig überraschend in den kulinarischen Genuss von Pferdefleisch. *Hrossakjöt* zu essen ist in Island nichts Ungewöhnliches und – wie bei unseren Freunden – recht beliebt, denn das Fleisch ist fettarm und reich an Eiweiß. In manchen isländischen Restaurants steht Pferdefleisch sogar auf der Speisekarte, wie zum Beispiel im Restaurant Strönd bei Hvollsvöllur, das ein *Icelandic Horse Sirloin Steak* anbietet. Ungefähr 10.000 Fohlen und Pferde werden in Island jährlich zur Fleischproduktion geschlachtet, vor allem Pferde, die sich nicht zur Zucht eignen oder die überzählig sind.

Wer jetzt den moralischen Zeigefinger hebt, sollte eines bedenken: All diese Tiere wachsen halbwild und in einer Freiheit auf, von der die allermeisten unserer deutschen Nutztiere nur träumen können. Islandpferde leben draußen und suchen sich ihre Nahrung selbst, nur selten wird zugefüttert wie zum Beispiel in strengen Wintern. Deshalb müssen Pferdezüchter auch genau abschätzen, wie viele Tiere sie der eher dürftigen Vegetation zumuten können.

Die robusten, stämmigen Pferde wurden im 10. Jahrhundert von den ersten norwegischen Siedlern mit nach Island gebracht. Und bereits vor über 1.000 Jahren beschloss das isländische Alþing, dass keine anderen Pferderassen ins Land dürfen. Das gilt noch immer. Deshalb zählt das Islandpferd auch zu den reinsten Pferderassen der Welt. Ungefähr 40.000 Tiere gibt es momentan auf Island und wenn ein Pferd Island verlässt, darf es nie wieder zurück auf die Insel. Islandpferde haben meist einen gutmütigen, sanften Charakter und sind – im Gegensatz zu den Schafen – selten kamerascheu. Viele kommen neugierig angetrottet, wenn man sich ihnen nähert und lassen sich bereitwillig fotografieren. Die Tiere strahlen eine stoische Ruhe und Gelassenheit aus, als könne sie nichts erschüttern. Und das ist wirklich so. Denn auch das schlechteste Islandwetter nehmen sie mit schier unerschöpflichem Gleichmut hin. Ach, wenn wir dazu nur auch imstande wären.

Auch Nicht-Reiter können unbesorgt einen Ausflug auf dem Rücken eines Islandpferdes unternehmen.

Wenn Du Dich als Greenhorn outest, wird Dir auf der Farm höchstwahrscheinlich das gutmütigste Tier zugeteilt. Ich spreche aus eigener Erfahrung, denn ich bekam bei meinem ersten Reitausflug Björk („Birke") zugewiesen, das langsamste und bedächtigste Tier der Herde, während Klaus aufgrund seiner langjährigen Reiterfahrung auf dem Rücken von Sveppur („Pilz"), einem lebhafteren Pferd Platz nahm. Björk hatte eindeutig keine Lust auf einen Ausflug und trottete beim Gruppenausritt am liebsten als Schlusslicht hinterher, zeigte dafür aber an jedem Grashalm Interesse. Und ich habe, Björk sei Dank, meine allererste Reitstunde ohne irgendwelche Blessuren überstanden.

Weil wir gerade beim langsamen Pferd sind: Das beste Pferdefleisch, das wir jemals gegessen haben, serviert uns Helga ein paar Jahre später, als sie wieder einmal ein Abschiedsessen für uns kocht. Dazu hat sie beim örtlichen Metzger zwei ganze Filets vom Pferd besorgt – eines vom erwachsenen und eines vom jungen einjährigen Pferd.

Nachdem das Fleisch mit Marinade eingestrichen und dick in Plastikfolie eingewickelt wurde, dürfen beide Päckchen im Backofen bei 60 Grad ganz langsam garen. Ungefähr drei bis vier Stunden.

Obwohl Helga am Abend auch gekochte Kartoffeln und einen Salat dazu serviert, spielen beide Beilagen eher eine Nebenrolle. Eindeutiger Mittel- und Höhepunkt auf dem Tisch sind die Filets. Kurz gesagt: Das Fleisch ist ein Gedicht. Ach, was sag' ich: ein Heldengedicht! Virtuos gegart, meisterhaft zart und sehr lecker. Vor allem das Filet vom jungen Pferd zergeht butterweich auf der Zunge. Verzückt genießen wir jeden einzelnen Bissen.

Nachdem sich Helga auch beim Dessert selbst übertrifft und eine französische Schokotarte mit Schlagsahne und Erdbeeren auftischt, erreichen wir alle irgendwann das Ende unserer Kapazitäten. Kugelrund und pappsatt sitzen ein isländisches und ein deutsches Ehepaar am Tisch und stoßen begeistert mit Rotwein auf die Köchin an. So gut und so viel haben wir schon lange nicht mehr gegessen. Liebe Helga, Du bekommst von uns drei Sterne!

Für Interessierte füge ich unten Helgas Rezept bei, muss aber gestehen, dass ich das Gericht nie nachgekocht habe, da ich keine passionierte Köchin bin. Ein gutes Essen weiß ich allerdings sehr zu schätzen.

Verði þér að góðu – Guten Appetit!

Ein Rezept vom langsamen Pferd

Aus Senf, Salz, Pfeffer und Knoblauchpulver eine Marinade herstellen und das Fleisch damit bestreichen. Anschließend das Filet in fünf bis sechs Lagen Frischhaltefolie einwickeln und am besten einige Zeit im Kühlschrank ruhen lassen.
Den Backofen auf 60 Grad (Ober-und Unterhitze) aufheizen. Nun darf das Fleisch drei bis vier Stunden (je nach Dicke des Filets) langsam garen.
Danach wird in einer Pfanne etwas Öl und Butter erhitzt und das ausgepackte Fleisch rundherum kurz und kräftig angebraten. Anschließend muss das Filet für 10 bis 15 Minuten unter Alufolie ruhen, bevor es aufgeschnitten werden kann.

Im Südosten

Seljalandsfoss ㉝, Skógafoss ㉞, Svartifoss ㉟ – drei Wasserfälle, drei Charaktere

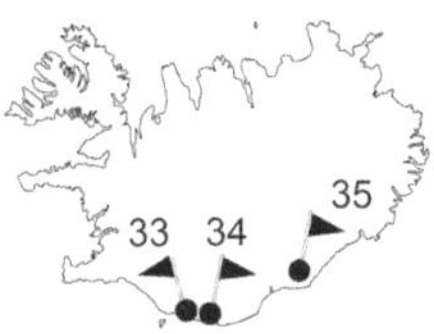

Wagemutig stürzen sich Dutzende von Wasserfällen an der Südküste Islands von den steilen Hängen herab. Die Abbruchkanten bildeten früher einmal die Küstenlinie. Da sich das Land in den letzten Jahrtausenden jedoch stetig anhob, wanderten die Klippen landeinwärts. Deshalb können viele dieser kühnen Kaskaden problemlos teils mit dem Auto, teils zu Fuß erreicht werden.

Mit den Wasserfällen ist es ähnlich wie mit uns Menschen: Jeder hat seinen ganz eigenen Charakter. Manche kommen eher bescheiden und unauffällig daher, manche großspurig und theatralisch. Jeder hat sich seine eigene Bühne geschaffen und jeder zelebriert seinen Auftritt ein wenig anders. Drei besonders Malerische stellen wir auf den folgenden Seiten vor.

Um es gleich vorneweg zu sagen: Die Zeiten sind leider vorbei, in denen man diese drei für sich allein hatte – mit viel Glück vielleicht noch in der absoluten Nebensaison oder am frühen Morgen beziehungsweise späten Abend. Die übrige Zeit teilt man sich diese drei Persönlichkeiten mit unglaublich vielen Menschen aller Nationen. Nichtsdestotrotz sind sie einen Besuch wert.

Unser erster Stopp gilt dem Seljalandsfoss, der seine Heimat 21 Kilometer hinter Hvolsvöllur hat. Schon von Weitem ist er zu sehen, auch wenn er nicht direkt an der Ringstraße liegt. Auf einer langen Brücke überqueren wir den Fluss Markarfljót, der an dieser Stelle breitbeinig dem Meer zustrebt. Gleich danach biegen wir links ein in die Straße 249 und schon haben wir das Ziel erreicht, den Parkplatz am Seljalandsfoss.

Was macht diesen Wasserfall so besonders? Um das herauszufinden, sollte man sich wasserdicht einpacken.

Da wir heute Morgen noch vor dem großen Ansturm ankommen, ist Parken kein Problem. Zwei Stunden später sieht die Situation anders aus. Zunächst erledigen wir das Vordringlichste überhaupt: Für 700 isländische Kronen ziehen wir ein Parkticket am Automaten und stecken es gut sichtbar hinter die Windschutzscheibe. Denn der Parkplatzwächter ist äußerst penibel und schaut sich jedes parkende Auto sehr genau an. Jetzt können wir uns beruhigt dem Wasserfall zuwenden, denn das Ticket gilt den ganzen Tag.

Der Seljalandsfoss erhält sein Wasser vom Eyjafjallajökull. Dem Gletscher entspringt ganz im Westen ein kleiner Fluss namens Seljalandsá. Er fließt über die gleichnamige Hochebene bis an den Rand des Plateaus, von wo er sich 66 Meter in die Tiefe fallen lässt und von einem Wasserbecken aufgefangen wird. Eigentlich ist der Wasserfall nicht besonders mächtig, sein Nass fällt eher durchscheinend wie ein luftiger Vorhang herab. Doch dahinter verbirgt er sein Geheimnis: eine breite, begehbare Aushöhlung im Gestein.

Ein kurzer Fußweg bringt die vielen Neugierigen bis an den Wasserfall heran. Über feuchte Treppenstufen führt der Pfad ein paar Meter hinauf, um dann hinter den stürzenden Wassermassen zu verschwinden. Bei gefühlten 100 Prozent Luftfeuchtigkeit geht es hinter dem tosenden Nass vorbei. Leicht triefend taucht der Besucher dann auf der anderen Seite wieder auf.

Schon beim Näherkommen spürt man feinen Sprühnebel im Gesicht und spätestens beim Treppensteigen wird man patschnass. Wer sich hinter den Wasserfall wagt, sollte sich und seine Kamera gut schützen und festes Schuhwerk tragen. Der schmale Trampelpfad hinter dem Wasservorhang ist äußerst rutschig, und oft herrscht dichtes Gedränge. Aber es hilft nichts – wer diese besondere Erfahrung machen möchte, muss da durch.

Morgens ist übrigens keine gute Zeit, um den Seljalandsfoss abzulichten. Für farbenprächtige, eindrucksvolle Fotos ist der Abend besser geeignet. Wenn dann noch das Wetter gut gelaunt ist, darf man sich getrost einen Glückspilz nennen. Weil die untergehende Sonne ihr ganzes Repertoire an Rot- und Gelbtönen hervorholt, den Himmel damit bemalt und in eine zauberhafte Kulisse verwandelt. Um diese Szene zu beschreiben, genügt ein Wort: überwältigend.

Da im Moment keine Sonne scheint und die Zahl der Besucher minütlich steigt, verkneifen wir uns das Fotografieren. Wir sagen dem Seljalandsfoss einfach nur „Hallo" und schauen ihm eine Weile bei seiner gleichförmigen Arbeit zu. Er ist ja inzwischen eine richtige Berühmtheit geworden – äußerst beliebt und umschwärmt. Ein Grund, warum es seit einigen Jahren neben den unverzichtbaren Toilettenhäuschen auch einen Souvenirshop und einen Pylsur-Stand gibt. Den erstgenannten Laden brauchen wir nicht zwingend zum Überleben, Letzteren schon eher.

Dabei gehörte der Seljalandsfoss früher zu den eher Unauffälligen. Es gab Zeiten, da hat sich kein Mensch um den Wasserfall gekümmert, obwohl die alte Ringstraße direkt an ihm vorbei führte. Damals, in den 1980er-Jahren, führte er ein stilles, unbeachtetes Dasein. Ob er heute glücklicher ist, wenn jedes Jahr gut 500.000 Touristen um ihn herumtänzeln? Die Antwort auf die Frage bleibt er uns schuldig.

Inzwischen werden die Parkplätze knapp, Reisebusse wechseln sich ab im Kommen und Gehen und am Hot Dog- und Souvenirshop ist die Hölle los. Deshalb entschließen wir uns zur Weiterfahrt. Aber erst, nachdem wir einen Hot Dog verspeist haben.

Die nächste nicht minder attraktive Wasserfall-Berühmtheit ist nur ungefähr 20 Kilometer entfernt. Sein Name: Skógafoss, der „Wald-Wasserfall". Von einem Wald ist allerdings nichts mehr übrig. Den Namen bekam er zu einer Zeit, als diese Gegend noch mit Bäumen bewachsen war, was jedoch elf- oder zwölfhundert Jahre zurückliegt.

Seine üppige Nahrung erhält der Wasserfall durch den Fluss Skógá, der im Osten des Eyjafjallajökulls entspringt. Wenige Kilometer vor der Mündung ins Meer stürzt sein Wasser eindrucksvolle 60 Meter herab. Schon von der

Ringstraße aus zieht der Skógafoss alle Blicke auf sich, sein ebenmäßiger Wasservorhang ist unübersehbar. Auf einer Breite von 25 Metern fällt er wie ein überdimensionaler duftiger Brautschleier herab. Vielleicht wählen ihn deshalb viele heiratswillige Touristen als Hintergrundmotiv für ihr Hochzeitsfoto?

Auf dem großen Parkplatz suchen wir uns ein stilles Eckchen ganz weit hinten aus. Hier ist sogar das Campen erlaubt (zum Kassieren kommt morgens jemand vorbei). Gerade als wir unseren Nachmittags-Espresso trinken, dringen erste Sonnenstrahlen durch das Himmelsgrau und setzen den Wasserfall endlich ins rechte Licht. Erst verhalten, dann immer kräftiger leuchtend erscheint der Skógafoss-Regenbogen und spannt sich quer über den Fluss. Wir lassen alles stehen und liegen und suchen uns inmitten von weiteren Fotografierwütigen einen Platz für Kamera und Stativ, zwischen Selfie-Knipsern und einem Hochzeitspaar.

Leider ist es kaum möglich, den Wasserfall ohne winkende oder wild gestikulierende Menschen abzulichten. Zu viel ist um diese Uhrzeit hier los. Aber wir haben ja noch die Abendstunden vor uns, denn wir haben spontan beschlossen, hier zu übernachten.

Neben den donnernden Wassermassen ist noch ein anderes Geräusch zu hören. Lautstark macht sich ein drolliges Fotomotiv bemerkbar, das nicht ganz so viel Beachtung findet wie der Wasserfall. Gerade findet der herbstliche Schafabtrieb statt und es ist nicht zu übersehen, dass zu den Bauernhöfen im Ort Skógar Hunderte von Schafen gehören. Die Wiesen um uns herum sind bereits weiß-schwarz gesprenkelt, weitere Tiere streben ungelenk galoppierend und eher widerwillig ihrem Winterquartier zu. Diejenigen, die schon angekommen sind, haben sich als weiße und schwarze Wollknäuel weiträumig auf den grünen Weideflächen verteilt und stimmen immer wieder ein dissonantes Blökkonzert an. Vielstimmig äußern sie ihren Unmut über die aktuelle Situation: eingezäunt und fern der großen Freiheit.

Aber wenden wir uns wieder dem Wasserfall zu. Rechts von ihm krümmt sich ein Pfad steil nach oben. Zumindest am Beginn ist das Hochsteigen äußerst mühsam, da die Stufen extrem hoch sind. Etwas ist beim Berechnen der Stufenhöhe danebengegangen, denn aus jeder Trittstufe könnte man zwei machen. Oben kommt man dem Absturz des Wassers ganz nah, nur getrennt durch ein eher halbherzig angebrachtes Seil. Ungestüm schießt der Fluss Skógá über die Felskante hinaus und lässt sein Wasser kraftvoll hinunterfallen, um dann träge und erschöpft dem Meer zuzuströmen – als habe er seine ganze Kraft in den Fall investiert.

Der Skógafoss ist zwar nicht der mächtigste, aber bestimmt einer der schönsten Wasserfälle Islands. Außerdem birgt er ein kleines Geheimnis.

Wer durch Island reist, der trifft unweigerlich auf Sagen und Legenden. Das Land ist gespickt mit ihnen, beinahe jedem Ort und jedem Naturereignis wohnt eine Geschichte inne. So auch dem Skógafoss. Sie handelt von Þrasi Þórólfsson, der sich im 10. Jahrhundert als erster Siedler hier in Skógar niederließ. Er soll einst hinter dem Wasserfall eine mit Gold gefüllte Kiste versteckt haben, die jedoch bis heute nicht gefunden wurde. Dabei gab es der Sage nach vor vielen Jahrhunderten bereits einen ersten Versuch, sie aufzuspüren. Ein Junge machte sich auf die Suche, entdeckte die Kiste, bekam aber nur einen Griff zu fassen, der prompt abriss. Die Kiste blieb, wo sie war. Und der Griff? Der kann im Volkskundemuseum von Skógar bestaunt werden. Jetzt stellt sich natürlich die Frage: Ist das alles nur ein Märchen oder wartet die Kiste noch immer auf einen Finder?

Statt nach des Rätsels Lösung zu suchen, machen wir uns lieber auf den Weg zum nächsten Wasserfall. Und der kommt wie ein kräftiger Espresso daher: klein – schwarz – stark. Sein Name: Svartifoss, der schwarze Wasserfall.

Vom Skógafoss aus sind wir weiter Richtung Osten gefahren. Vorbei am Mýrdalsjökull, über die Sandergebiete an Islands Südküste und durch das riesige Lavafeld Eldhraun. Gut 200 Kilometer haben wir auf der Ringstraße zurückgelegt, bis wir schließlich links in die Straße 998 einbiegen, die uns nach Skaftafell bringt.

Skaftafell – in dem Namen schwingt viel Naturpoesie mit. Den Besucher erwartet eine ungewöhnlich grüne Oase inmitten einer Landschaft voller Kontraste. Dicht bewachsen mit Bäumen und Wildblumen ist der Nationalpark Skaftafell ein wohltuender Ruhepol zwischen bedrohlich-schwarzen Sanderflächen und lebensfeindlich-weißen Gletschern. Wegen der geschützten Lage herrscht hier ein milderes Klima, das Wetter ist meist etwas besser und beständiger. Den Nationalpark durchziehen viele Wanderwege, der meistbegangene führt natürlich zum Svartifoss. Da diese Wanderung in die Kategorie „einfach“ gehört, sind dementsprechend viele unterwegs.

Der Weg beginnt hinter dem Besucherzentrum. Zweieinhalb Kilometer und 190 Höhenmeter müssen überwunden werden, alles in allem also keine übermäßig anstrengende Tour. Doch zwei Stunden sollte man für Hin- und Rückweg schon einplanen. Wir starten um die Mittagszeit in der Hoffnung, dass um diese Zeit etwas weniger Leute unterwegs sind. Der Weg ist breit, gut präpariert und das Ziel Svartifoss kann nicht verfehlt werden. Zunächst laufen wir entlang eines bewaldeten Hügels bergauf, vorbei an den Wasserfällen Hundafoss und Magnusárfoss, die jedoch eher in die Kategorie „ganz nett“ gehören und bei Weitem nicht so viel Beachtung finden wie unser heutiges Ziel.

Sobald eine Hochebene erreicht ist, geht's gemächlicher bergauf, immer am Stórilækur (dem „großer Bach“) entlang. Inmitten von Birken, Ebereschen und Weiden taucht in der Ferne ein dunkler Felsabbruch auf, der durch einen senkrechten weißen Strich zweigeteilt ist: der Schauplatz des Svartifoss. Ab hier spielt dieser Wasserfall uneingeschränkt die Hauptrolle – alle streben ihm zu, jeder will ihn sehen.

Nach wenigen 100 Metern steigt der Wanderweg hinab zum Fluss, den man auf einer Brücke überqueren kann. Aber stopp – nicht einfach drübergehen. Sonst verpasst man den prächtigen Blick, der sich vom Steg aus bietet. Unterhalb der Brücke sitzen zwei, drei Wanderer auf Steinen direkt im Flussbett, betrachten gebannt die Bühne und das Schauspiel des Wassers.

Ein wenig weiter entfernt erhebt sich ein imposantes Halbrund aus schwarzen Basaltsäulen. Sie sind das faszinierende Resultat erstarrender Lava. Wenn sich vulkanisches Basaltgestein abkühlt, entstehen dabei tiefe Risse. Übrig bleiben ebenmäßige Säulen, oftmals sechseckig, wie von Menschenhand behauen.

Diese dicht an dicht stehenden Säulen hat sich der Svartifoss als Bühne ausgesucht. Und es lässt sich nicht leugnen: Er weiß sich wirkungsvoll zu präsentieren. Beinahe weltentrückt.

Anstatt auf dem Rundweg weiterzugehen, laufen wir nochmals ein kurzes Stück zurück und nehmen einen schmalen Fußweg, auf dem man direkt zum Wasserfall und zu einer kleinen Aussichtsplattform klettern kann. Im Moment ist niemand hier unten. So können wir den Logenplatz mit Stativ und Kamera belegen, auf den Wasserfall ausrichten und in aller Ruhe fotografieren. Der Svartifoss ist nicht sehr hoch und nicht sehr mächtig, aber eine echte Augenweide. In einem schlanken, aber kraftvollen Strahl fällt er 20 Meter herab, ergießt sich über dunkle Basaltsäulen, die akkurat wie Orgelpfeifen angeordnet sind. Man muss es bewundernd anerkennen: Baumeister Natur hat sich bei diesem Werk mal wieder selbst übertroffen.

Andächtig blicken wir ein paar Minuten lang auf das eindrucksvolle Halbrund. Dann hören wir etliche Stimmen, die näherkommen. Weitere mit Kamera und Stativ beladene Besucher steigen herab, drängen vor zum Logenplatz, jeder will natürlich einen möglichst guten Platz ergattern. Schnell packen wir zusammen und verabschieden uns zufrieden und fröhlich vom schwarzen Wasserfall. Denn unser Timing, über die Mittagszeit hierher zu wandern, hat sich als perfekt erwiesen. Hatten wir den Svartifoss doch kurzzeitig ganz für uns alleine.

Das isländische Wetter – warte fünfzehn Minuten

Guðmundur arbeitet hart. So richtig hart. Ununterbrochen seit gut 36 Stunden. Manchmal stöhnt er, manchmal grummelt er, aber er ist nicht zu bremsen, macht immer weiter. Zwischendurch gönnt er sich kurze Verschnaufpausen von ein paar Minuten. Schöpft neue Kraft. Dann tobt und wütet er erneut.

Guðmundur heißt das Island-Tief, das derzeit die Insel fest im Griff hat. Ob es tatsächlich so heißt, wissen wir nicht. Wir haben ihm einfach diesen isländischen Vornamen gegeben, weil er in Island genauso weit verbreitet ist wie die Tiefs auf unserer Wetterkarte.

Mitte September ist schon überschritten, als wir auf einem Campingplatz in Südisland übernachten. Umgeben von Wasser. Die Wiese, auf der wir seit gestern Abend stehen, ist inzwischen ein einziger See. Drei Wohnmobile haben sich an den äußersten Wiesenrand gequetscht, eines davon sind wir. Verloren parken wir neben den Wasserlachen. Seit eineinhalb Tagen regnet und stürmt es ohne Pause. Der Himmel besteht aus einer grauen, nassen Einheitsmasse. Ohne Schattierungen. Ohne Lichtblicke.

Die Nacht war mit zehn Grad ungewöhnlich mild. Frustriert sind wir trotzdem, denn laut „himmlischem Arbeitsplan“ wird Guðmundur noch mindestens eineinhalb Tage weitermachen, bis ihm die Puste ausgeht und er erschöpft dem nächsten zornigen Island-Tief Platz macht. Unser Wohnmobil haben wir mit der Schnauze in den Wind gestellt, um nicht die volle Breitseite abzubekommen. In den riesigen Wasserlachen neben uns kräuselt sich das Wasser, Regen peitscht darüber hinweg. Wir schätzen uns glücklich, im warmen Auto zu sitzen und beim Frühstück von unserem behaglichen Heim aus Guðmundur bei der Arbeit zusehen zu können. Uns tun nur die Islandpferde leid, die sich allen Wettern ausgesetzt auf der Wiese nebenan zusammengerottet haben. Sie stehen mit dem „Heck" im Wind und ertragen geduldig die isländischen Wetterkapriolen.

Das Unberechenbarste an Island sind nicht nur die Vulkane – es ist auch das Wetter. Selbst den isländischen Wettervorhersagen im Internet (die wir möglichst täglich konsultieren) ist nicht immer zu trauen. Mal bricht ein Tiefdruckgebiet schneller zusammen als prognostiziert, mal wütet ein Sturm heftiger als vorhergesagt, mal scheint die Sonne, obwohl sie es laut Vorhersage gar nicht dürfte. In Island muss man selbst im Hochsommer mit allen Wettern rechnen, einschließlich Schneefall. Doch es gibt auch Tage, an denen es richtig heiß wird. Wie vor einigen Jahren, als wir Ende Juli den 812 Meter hohen Laki-Krater besteigen wollen.

Das Außenthermometer zeigt knapp 30 Grad an, wir tragen T-Shirt und Wasserflasche. Bis zum Kraterrand benötigt man eine gute halbe Stunde, was bei 30 Grad zwar schweißtreibend, aber problemlos machbar ist. Später beim Abstieg begegnet uns ein Ehepaar. Abgekämpft fragen sie uns, wie weit es denn noch bis zum Gipfel sei. „Höchstens noch zehn Minuten", lautet unsere Antwort. Deprimiert lassen sie uns wissen, dass sie von Island ziemlich enttäuscht seien.

„Wir kommen aus Tel Aviv. Dort sind die Sommer mit über 40 Grad sehr heiß. Deshalb hatten wir gehofft, in Island kühle Urlaubstage verbringen zu können. Mit solchen Temperaturen haben wir nie und nimmer gerechnet!" Frustriert steigen sie weiter bergauf. So viel zum Thema Island-Wetter ...

Scheint die Sonne, ist es überall schön. Ganz besonders aber in Island. Das Licht zaubert spektakuläre Stimmungen, da der Blick aufgrund der geringen Luftverschmutzung klar und rein ist. Steht ein Wetterwechsel bevor, kündigen abenteuerliche Wolkengebilde dies an. Dann tauchen am Himmel unschlagbare Fotomotive auf wie bedrohlich wirkende Wattebäusche, hinter denen die Sonne hervorbricht oder Wolkenfetzen, die an Raumschiffe erinnern. Oft zaubern Sonnenstrahlen und Regentropfen gemeinsam einen Regenbogen. Neben den Polarlichtern sind diese fröhlich-bunten Himmelsbrücken die zauberhaftesten Naturerscheinungen überhaupt. Leider gibt es auch einen richtig üblen Wettergesellen: den isländischen Wind. Er kann wie die Vulkane extrem launisch sein, unberechenbar und wütend. Brüllend und tobend wie ein Berserker schleudert er uns seine miese Laune um die Ohren, lässt sie an allem und jedem aus. Seine schlimmste Geheimwaffe sind Windböen, die er liebend gerne einsetzt. In kurzen, aber heftigen Attacken greift er alles an, was sich ihm in den Weg stellt. Nur um gleich darauf Ruhe zu geben. Eine trügerische Ruhe. Jedes Mal freuen wir uns, wenn eine Attacke vorüber ist und hoffen, es war die Letzte. Aber der Wind macht nur Pause, um Luft zu holen. Nach wenigen Minuten hat er genügend Kraft gesammelt, um wieder zuzuschlagen. So wie Guðmundur. Mit Sturmböen, die er aus seinen dick aufgeblähten Wangen bläst, rüttelt und schüttelt er unser Wohnmobil so heftig durch, dass sogar das Wasser in unseren Tanks hin- und herschwappt. Diese zermürbende Taktik hält er ohne weiteres mehrere Stunden durch. Wir aber nicht. Deshalb machen wir uns aus dem Staub und schauen, wo wir vor seinen Angriffen sicher sind.

„Wenn dir unser Wetter nicht gefällt, warte fünfzehn Minuten", lautet der stereotype Satz, den jeder Islandreisende irgendwann zu hören bekommt. Soll heißen, wenn es gerade stürmt und schneit, kann schon in ein paar Minuten wieder die Sonne vom blauen Himmel lachen. Oder auch nicht. Denn es kann auch bedeuten: „Vielleicht kommt's noch schlimmer." Aber ändern wird sich das Wetter auf alle Fälle.

Deshalb planen die Isländer nichts. Schon gar nicht für längere Zeit im Voraus. Keinen Ausflug, kein Grillfest, keinen Wochenendtrip. Das Wetter kommt, wie es kommt – und dann ist Spontanität gefragt.

Auch wir haben uns diese Vorgehensweise angeeignet und legen sie jedem Islandreisenden ans Herz. Denn am Wetter etwas ändern zu wollen geht nicht. Also muss man es akzeptieren und aushalten. Wer das nicht kann, sollte lieber nicht nach Island reisen. Deshalb unser Rat: Macht es am besten so wie die Isländer selbst! Nutzt das Wetter, wenn es schön ist. Gleich. Sofort.

Þakgil – die behütete Schlucht ㊱

Im Westen werden die ersten Bergspitzen von der Sonne angestrahlt. Ein steinerner Troll reckt sein Gesicht der Wärme entgegen und blickt dabei auf den fast vollen Mond, der noch hoch am Himmel steht. Ringsum auf den Bergrücken sitzen weitere versteinerte Gestalten, zumindest sehen sie aus wie jene mystischen Wesen, die es überall auf Island geben soll. In der vergangenen Nacht haben sie gut auf alle hier unten aufgepasst und nun beobachten sie regungslos das langsam einsetzende Treiben.

Gegen halb neun erreichen auch uns die ersten Sonnenstrahlen. Ein sonniger, aber kühler Morgen beginnt auf dem zauberhaften Campingplatz in der Þakgil.

Die Schlucht Þakgil ist ein weniger bekanntes Reiseziel im Süden Islands, denn sie liegt gut versteckt in den Bergen zwischen dem Gletscher Mýrdalsjökull und dem Mýrdalssander, nur 16 Kilometer von der Ringstraße entfernt. Der Name Þakgil (übersetzt „Dachschlucht“) lässt vermuten, dass die Schlucht behütet und geschützt liegen muss. Und so ist es auch: Steil aufragende moosbedeckte Bergwände schirmen sie von allen isländischen Wettern ab, nur ein schmaler Zugang im Südosten gestattet das Hineinkommen. Daher ist hier das Wetter (ähnlich wie in Þorsmörk) häufig besser als anderswo.

Obwohl die Þakgil nur auf 150 Metern Höhe liegt, ist es mit knapp vier Plusgraden an diesem Morgen Mitte September noch recht frisch. Viel ist nicht mehr los, nur ein paar Wohnmobile haben sich gestern auf der Campingwiese eingefunden. Wer ohne mobiles Heim oder Zelt hierher kommt, könnte eine der neun Holzhütten mieten.

Allen Gästen steht ein ungewöhnlicher Aufenthaltsraum zur Verfügung. In einer natürlichen Felshöhle wurde mit Bänken und Tischen ein „Esszimmer“ eingerichtet. Ganz hinten im Halbdunkel fand sogar ein heimeliger Holzofen seinen Platz. Doch er wärmt niemanden mehr und steht genauso verlassen da wie der große Grill am Eingang, denn wir haben bereits Nachsaison. Im Höhleninnern ist es feuchtkalt, von der Decke tropft Wasser herab. In den Wandnischen brennen zwar Teelichter, doch niemand will sich in das klamme Loch setzen – dazu müsste erst der Holzofen gewaltig bullern. Angesichts der Außentemperatur bevorzugen auch wir das warme Wohnmobil. Wer eine unberührte, wildromantische Islandlandschaft mag und zudem noch gerne bergwandert, der sollte die Þakgil auf seine Island-Besuchsliste setzen. Es gibt drei ausgeschilderte (und teilweise anspruchsvolle) Wanderrouten zwischen 12 und 17 Kilometern Länge. Aber schon allein die Fahrt hierher ist Freude und Vergnügen, Hochgenuss und Augenschmaus.

Heute wollen wir uns wieder auf den Rückweg zur Ringstraße machen. Über eine Rechtskurve verlassen wir die Schlucht, fahren um die Felsen herum und schon ist der idyllische Platz verschwunden. Rechter Hand begleitet uns das Flüsslein Afrettisá in seinem breiten Bachbett. Dann geht's hinauf auf ein dunkles, steinig-sandiges Hochplateau, von dem aus wir das breite schwarze Sandergebiet überblicken können, das der Fluss Múlakvisl geschaffen hat. Er wird gespeist vom Mýrdalsjökull, seine Quelle liegt in der Katla-Caldera. Wehe, wenn der Vulkan Katla unruhig wird. Dann bringt er das über ihm liegende Eis zum Schmelzen und der Weg in die Þakgil wäre nicht nur unpassierbar, sondern lebensgefährlich. Fluss und Vulkan würden eine wahre Flut durch die Täler rauschen lassen, bis zu 300.000 Kubikmeter Gletscherwasser pro Sekunde würden alles mit sich reißen und das weite Tal überschwemmen.

Nach Passieren des Plateaus überqueren wir langsam und vorsichtig den Fluss über eine hölzerne Brücke. Heute fließt er schmal und zahm unter uns hindurch. Nur die Piste ist in einem denkbar schlechten Zustand. Eigentlich kann die Strecke nach Þakgil auch mit normalem Pkw befahren werden. Doch so spät im Jahr wird der Weg nicht mehr instand gehalten. Die Fahrspur weist tiefe Löcher und Auswaschungen auf, teilweise ist der Fahrbandrand weggebrochen. Aufmerksames umsichtiges Fahren ist angesagt. In zwei Serpentinen erklimmen wir den steilen Hang hinauf zur grünen Hochebene Höfðabrekkuheiðar. Vorsichtig passieren wir ein tiefes Loch in der Fahrspur, das mit rot-weißen Kegeln markiert ist. Unser Fennek passt gerade so daran vorbei. Oben angekommen, ruft Pia: „Stopp! Foto!“ Klaus weiß aus langjähriger Erfahrung, dass er sofort anhalten muss. Was für eine Aussicht, was für ein Farbenspiel in Grün und Schwarz, in Blau und Weiß. Nach Norden und Osten breitet sich der schwarze Sander des Flusses Múlakvisl aus, der sich mäandernd seinen Weg zum Meer gesucht hat, zwischen grün bewachsenen Kegelbergen und sanft geschwungenen Bergrücken hindurch. Der Himmel lässt das schmutzig-trübe Wasser des Flusses in sanftem Hellblau glänzen.

Im Nordwesten ruht der Mýrdalsjökull erhaben und trügerisch, unter seinem unschuldigen Weiß verbirgt er die unberechenbare Katla. Nach Süden und Westen dehnt sich die grüne Höfðabrekkuheiðar aus. Auf ihren Heidewiesen gedeihen klitzekleine, hellgelbe Frauenmäntelchen, robuste schwarze Krähenbeeren und mittendrin geduckte silbergraue Krüppelweiden, im Sommer eine Festtafel für Schafe. Jetzt ist alles verwaist, vor einigen Tagen wurden die Wollknäuel in ihre Winterquartiere verfrachtet.

Wenige Kilometer weiter umgibt uns eine verwunschene steinerne Stadt. Die Erosion hat aus dem dunklen Tuffstein teils groteske Formationen geschaffen: Wir bilden uns ein, kleine Häuser und baufällige Hütten zu sehen. Aushöhlungen im weichen Gestein erscheinen wie riesenhafte Gesichter. Grimmige Trolle hocken beunruhigend nah neben uns und eigenwillige Drachenköpfe starren uns an. Wo sind wir da bloß gelandet? Zwischen all den Gebilden hindurch erkennen wir in der Ferne den Nordatlantik und davor den breiten schwarzen Mýrdalssandur. Er hält den Hjörleifshöfði fest umschlossen, eine lang gestreckte Erhebung, die wie ein auf Grund gelaufenes Schiff im dunklen Sand ankert.

Wir folgen dem Lauf der Múlakvisl weiter Richtung Ringstraße. An einem Bauernhof gucken uns Schafe neugierig an, eines spiegelt sich im Wasser einer größeren Pfütze. Vermutlich hat es gerade überprüft, ob die wuschelige Frisur noch sitzt.

An der Einmündung zur Ringstraße angekommen, nimmt der Fluss den Weg geradeaus zum Meer, wir biegen rechts ab Richtung Vík. Über unseren Ausflug zur Þakgil sind wir richtig glücklich und zufrieden, fuhren wir auf unseren früheren Reisen am Abzweig doch immer vorbei. Uns war nicht bewusst, wie schön nicht nur der Weg, sondern auch die versteckte Þakgil ist. Es war ganz bestimmt nicht unser letzter Besuch.

Für diese „Island-Erfahrung" braucht man nicht unbedingt ein geländegängiges Fahrzeug. Denn das größte Wagnis der Tour liegt verborgen unter dem Mýrdalsjökull, heißt Katla und ist einer der am meisten gefürchteten Vulkane Islands. Liegt die Þakgil auch gut behütet, kann sich die Traumlandschaft in kurzer Zeit in einen Albtraum verwandeln. Denn sollte ein Ausbruch der Katla drohen, muss man die Schlucht in Windeseile verlassen, um nicht von den Wassermassen überrollt zu werden. Daher ist der Aufseher des Campingplatzes auch in ständiger Rufbereitschaft, wie er uns am gestrigen Abend beruhigend mitteilte. Aktuell schläft die Katla zwar, aber wie lange weiß keiner.

Lakagígar – Islands heftigste Wunde ㊲

Inmitten der Feuerlava haben wir kurz angehalten, um einige Fotos zu machen. Rings um uns herum ist die Landschaft buckelig, wellig und zerfurcht, durchzogen von Rissen, Spalten und Gräben. Unpassierbar.

Nur die Ringstraße durchschneidet diesen riesigen Lavastrom im Süden Islands. Wäre das Teerband nicht da, käme man mit einem Fahrzeug unmöglich weiter, selbst zu Fuß wäre es ein aussichtsloses Unterfangen. Das Betreten dieser fragilen Natur ist heutzutage nicht mehr erlaubt, denn die schwarze Lava ist inzwischen mit einem dicken Moosteppich überzogen, der auf Fußtritte äußerst empfindlich reagiert. Die zarten Moospflänzchen lassen den Lavastrom in einem angenehmen Grünton leuchten. Während der letzten Tage hat es viel geregnet, sodass sie sich ordentlich satt trinken konnten.

Eldhraun, die Feuerlava, ist riesig. Mit 565 Quadratkilometern ist sie nicht nur das größte Lavafeld Islands, sondern eines der größten der Welt.

Wir sind heute auf dem Weg dorthin, wo die Lava einst das Licht der Welt erblickte: zu den Laki-Kratern, isländisch *Lakagígar*. Dort feuerte die Erde aus ungefähr 130 Kratern gleichzeitig glühende Lava, Asche und Gaswolken – und beschwor damit nicht nur die größte Naturkatastrophe seit der Besiedlung Islands herauf, sondern auch eine der Schlimmsten und Folgenreichsten der letzten 2.000 Jahre. Die Laki-Krater sind so spektakulär, dass wir sie bereits zum dritten Mal besuchen wollen. Für die Tour haben wir zwei Tage geplant, denn die Krater muss man sich auf einer 90 Kilometer langen Holperpiste regelrecht erarbeiten.

Sechs Kilometer vor Kirkjubæjarklaustur biegen wir links ein in die Straße Nummer 206. Schon zwei Kilometer weiter bekommt sie ein „F“ verpasst, das heißt, ab hier ist ein robustes Allradfahrzeug unabdingbar, denn die Piste zur Laki ist teils steinig, teils erdig, aber immer löchrig und ausgefahren.

Auch aufgrund des heftigen Windes wirbeln wir ordentlich Staub auf. Um uns herum wellt sich sanftes Hügelland, moosbewachsen und karg. Die Fahrspur windet sich mal hügelauf-, mal hügelabwärts, doch von den Kratern ist weit und breit noch nichts zu sehen.

Nach gut 30 Kilometern stehen wir vor einer größeren Furt. Etliche Verkehrszeichen mahnen zur vorsichtigen Durchquerung, eines davon steht sogar mitten im Fluss. Im Wasser ist außerdem ein Netz gespannt, damit man ja nicht vom rechten Weg abkommt. Der Schilderwald zeigt aber auch, dass einige unbedarft durch Flüsse fahren. Das haben wir leider schon zu oft gesehen und einmal sogar miterlebt, wie jemand sein (gemietetes) Fahrzeug im Fluss versenkte und mit Motorschaden im Wasser liegen blieb.

Langsam tauchen in der Ferne die ersten dunklen Kraterkegel auf. Nach weiteren fünf durchgerüttelten Kilometern erreichen wir den Beginn des sogenannten „Laki-Kringels", einer Rundtour durch die Naturkatastrophe, Erdgeschichte zum Anschauen sozusagen.

Ein Schild besagt, dass es geradeaus zu den Laki-Kratern geht und links als Sackgasse zur Hütte Blágil. Man lässt bewusst alle Besucher die Runde gegen den Uhrzeigersinn drehen, um Gegenverkehr und damit Ausweichmanöver in der fragilen Natur zu vermeiden. Dagegen ist nichts einzuwenden, also folgen wir der vorgegebenen Richtung.

Ab jetzt bringt uns die Piste kurvenreich und holperig durch die dunklen Hinterlassenschaften der gewaltigen Laki-Eruptionen des Jahres 1783. Seit damals hat sich die Natur das Terrain teilweise zurückerobert, indem sie die Wunden mit einer dicken hellgrauen oder hellgrünen Moosschicht bedeckte. Trotzdem sind die düsteren Farben der Lava noch allgegenwärtig. Wie aufgeplatzte Beulen prägen unübersehbar schwarze und rote Vulkankegel das Landschaftsbild.

Vor gut 230 Jahren ging hier so richtig die Post ab. Am Pfingstsonntag des Jahres 1783 spie die Erde aus einer langen Reihe von ungefähr 130 Kratern und in gewaltigen Eruptionen flüssiges Gestein und giftige Gase, Lavabrocken und Asche – in unglaublichen Mengen und mit schlimmen Auswirkungen auch auf das restliche Europa, das daraufhin einen extrem kalten Sommer mit Missernten erleben musste. Acht Monate währten die Ausbrüche, sie endeten erst im Februar des folgenden Jahres. Danach war in Island nichts mehr so wie vorher.

Etwa ein Fünftel der isländischen Bevölkerung und über 70 Prozent des Viehbestandes starben an den Folgen dieser ungeheuren Naturkatastrophe. Auch Europa blieb von Aschewolken nicht verschont. Manche Historiker vertreten gar die These, dass diese furchtbaren Auswirkungen die Französische Revolution befeuert hätten.

Wir haben heutzutage das große Glück, die Überbleibsel dieses Höllenspektakels sicher und gefahrlos anschauen zu können, denn alle Vulkanschlote schlafen seither. Eigentlich kein Wunder, schließlich hatten sie sich gehörig verausgabt.

Den ersten Stopp legen wir am höchsten Krater Laki ein, nach dem diese heftige Wunde in der Erdkruste benannt ist. 818 Meter ist er hoch, ein ausgeschilderter Weg führt hinauf.

Unser Wohnmobil stellen wir auf einem Parkplatz ab und laufen vor bis zu einer Absperrung, an der es nur noch zu Fuß weiter geht. Kaum haben wir die Absperrung passiert, bekommen wir von der dort wartenden Rangerin wortlos eine Broschüre in die Hand gedrückt. „Prima“, denken wir uns, „ein Infoblatt zur Laki.“

Doch schon zwei Sekunden später wissen wir, dass das nicht stimmt – es ist ein Flyer, der Hinweise zum Befahren der Pisten enthält. Die Rangerin (oder sollen wir besser sagen, der weibliche Feldwebel?) hat wohl beobachtet, dass wir mit einem Allradwohnmobil unterwegs sind. In einem äußerst harschen Befehlston weist sie uns darauf hin, dass man NIEMALS offroad fahren dürfe. Unter keinen Umständen! Strengstens verboten! Nicht mal mit einem Rad dürfe man die offizielle Piste auch nur für einen Zentimeter verlassen! Auch den markierten Wanderweg hinauf zum Krater sollen wir peinlichst einhalten. Kein Pflänzlein dürfe beschädigt, kein Fußabdruck abseits hinterlassen werden. Fußgänger, die ein paar Schritte auf der Fahrbahn laufen, weist sie Minuten später bissig darauf hin, dass dies verboten sei. Dazu gebe es Wanderwege.

Okay, hier ist Naturschutzgebiet und wir verstehen, dass die zerbrechliche Natur geschützt werden muss, vor allem angesichts der Touristenströme, denn inzwischen besuchen jährlich Tausende die Laki-Krater. Aber muss man dabei dermaßen unfreundlich sein?

Kopfschüttelnd machen wir uns auf den Weg bergauf – immer darauf bedacht, möglichst „in der Spur“ zu bleiben und ja kein Pflänzchen zu touchieren. Der heftig blasende Wind macht uns dabei schwer zu schaffen. Vornübergebeugt stemmen wir uns Schritt für Schritt hinauf, wollen unbedingt den Gipfel erreichen. Denn nur von dort oben überblickt man die ganze erdgeschichtliche Tragödie. Bis zum Rand des Gletschers Vatnajökull im Nordosten und weit nach Südwesten ziehen sich Kraterkegel, aneinandergereiht wie Perlen auf einer Schnur. „Sind wir wirklich noch auf unserer Erde oder schon auf einem fernen Planeten?“, fragt man sich unwillkürlich beim Anblick der unzähligen Beulen und Geschwüre.

Lange bleiben wir nicht oben, da der Wettergott aus dicken Backen bläst und uns beinahe umpustet. Schon bald machen wir uns an den vorsichtigen Abstieg und geben dabei wieder besonders auf jede Pflanze acht.

Unten angekommen, haben wir auf eine erneute Begegnung mit der unhöflichen Rangerin nicht die geringste Lust. Vielleicht können wir die Dame irgendwie umgehen? Doch überrascht stellen wir fest, dass inzwischen ein junger Mann zum Dienst eingeteilt wurde, der überaus freundlich fragt, wie uns die Tour gefallen habe und ob wir noch Fragen hätten. So geht es also auch!

Auf dem Laki-Kringel fahren wir weiter durch das dunkle, fast unheimliche Vulkangebiet aus tiefschwarzer Asche und Lavagestein, vorbei an ungewöhnlichen Formationen und zwischen ramponierten Kratern hindurch. Es fühlt sich an wie der Besuch in einer Urlandschaft am Beginn der Zeit. Auch wenn heute alles ganz harmlos wirkt, sind die Kräfte der Natur unübersehbar.

Nach fünf Kilometern weiter taucht links erneut ein kleiner Parkplatz auf. Dort machen wir das Wichtigste am Mittag: Kaffeepause, denn man muss die stetig wechselnden und tief beeindruckenden Aus- und Einblicke auch einmal sacken lassen.

Nebenan auf einer Hinweistafel lesen wir, dass von hier aus der Krater Tjarnargígur über einen zehnminütigen Fußmarsch erreichbar sei. Noch ein Krater? Warum nicht! Ein (sogar rollstuhlgerechter) Pfad führt uns hin. Auf den letzten Metern bedecken Holzbohlen den Weg zum Kraterrand, damit die Besucher nicht die übrig gebliebenen Moospflänzchen niedertrampeln.

Es zeigt sich, dass es gut war, unserer Aufnahmefähigkeit eine kurze Pause zu gönnen, denn wieder tut sich vor uns ein vulkanisches Naturwunder auf. Regungslos, als könne er kein Wässerchen trüben, schlummert im grau-grün bemoosten Krater ein tiefblauer See. Oder schimmert er eher grünlich? Egal, jedenfalls ist das, was wir sehen, faszinierend. Wieder einmal fragen wir uns verwundert, wie es möglich ist, dass ein Feuerberg eine solche Friedfertigkeit ausstrahlen kann.

Zurück am Fennek drehen wir weiter die Laki-Runde. Auf der Piste und abseits eines schützenden Kraters weht der Wind immer noch sehr heftig. Ständig überholt uns unsere eigene Staubwolke, was vor allem beim Anhalten und Fotografieren sehr lästig ist.

Später lotst uns die Fahrspur durch eine Lücke im Lavastrom hinab in ein schmales Flussbett und mitten in eine grüne Oase hinein. Jetzt geht es noch durch eine kleine Furt hindurch, dann hat uns die dunkle Lavawüste wieder.

Rechter Hand begleitet uns ein stückweit die Sanderebene des Flusses Skaftá. Dort hat der Wind leichtes Spiel mit dem Sand. Kraftvoll treibt er eine riesige gelbe Staubwolke Richtung Südosten, sie wird uns auf dem Rückweg bis zur Ringstraße begleiten.

Wieder einmal hat uns die Laki-Rundfahrt tief beeindruckt und vor Augen geführt, wie unbedeutend wir Menschen eigentlich sind, dass die Natur immer noch das Sagen hat. Mit einer Ausnahme vielleicht: der des unfreundlichen weiblichen Ranger-„Feldwebels".

Deshalb hoffen wir inständig, dass sich sämtliche Laki-Kater bei einem erneuten Ausbruch an die strengen Vorgaben des Naturschutzes halten. Dass sie ihre Lava nur auf den ausgewiesenen Wegen fließen lassen und keine Pflänzchen beschädigen. Sonst drohen ihnen strenge Strafen!

Skálafellsjökull – auf zum Gletscher! (38)

Staunend auf einem Gletscher stehen, in die faszinierende Eiswelt eintauchen – das sind eindrucksvolle Erfahrungen, die auch zu einer Islandreise gehören. Doch eine Gletschertour ohne Führer zu machen, ist lebensgefährlich. Um das Eis hautnah erleben zu können, muss man an einer organisierten Tour teilnehmen. Alles andere wäre purer Leichtsinn.

Wer (so wie wir) keine längere Gletscherwandung unternehmen kann, aber einem Gletscher ganz nah kommen möchte, dem bietet sich an einigen Stellen die Möglichkeit dazu, wie zum Beispiel an den Gletscherzungen Svinafellsjökull und Skálafellsjökull. Beide liegen am Südrand des Vatnajökulls und können mit dem eigenen Fahrzeug angesteuert werden. Dabei ist der Svinafellsjökull relativ leicht erreichbar, man benötigt für die zwei Kilometer lange Stichstraße nur gute Nerven, da die Fahrspur wie Schweizer Käse durchlöchert ist.

Die 16 Kilometer zum Skálafellsjökull dagegen sind etwas mühevoller und nur was für geübte Lenker von Allradfahrzeugen. Deshalb trägt die Straßennummer 985 auch ein „F“ davor.

Wir brauchen wieder mal eine kleine Portion Abenteuer, deshalb haben wir den Skálafellsjökull, den „Schüsselberg-Gletscher“, zu unserem heutigen Ziel erkoren. Warum er gerade diesen Namen trägt und wo sich die Schüssel, die Schale oder welches Gefäß auch immer versteckt, konnten wir nicht in Erfahrung bringen.

Dort, wo die F985 von der Ringstraße abzweigt, wurde ein kleiner Parkplatz angelegt. Ab hier kann man sich einer organisierten Tour zum Gletscher anschließen. Mit Superjeep geht’s hinauf zur Gletscherhütte Jöklasel und von dort mit dem Jeep oder mit Schnee-Scootern weiter aufs Eis. Wir haben jedoch nicht vor, an einem geführten Ausflug teilzunehmen. Knapp 200 Euro pro Person für eine Vier-Stunden-Tour sind einer sparsamen Schwäbin einfach zu teuer.

Um hoch zum Skálafells-Gletscher zu fahren, nehmen wir lieber unseren Fennek und ordnen ihn heute einfach in die Kategorie Superjeep ein. Wobei für die 16 Kilometer Pistenfahrt hinauf zum ewigen Eis eigentlich kein Bigfoot erforderlich ist, ein halbwegs geländegängiges Fahrzeug und Übung im Bergpisten-Fahren tun’s auch.

Das Abenteuer verschieben wir allerdings auf morgen. Jetzt am Abend haben wir eher Gemütlichkeit im Sinn, daher stellen wir unser Wohnmobil an den Rand des Parkplatzes und hoffen auf eine ruhige Nacht. Bis in die sehr frühen Morgenstunden haben wir sie auch. Dann hören wir, wie hinter uns drei Lkws eingeparkt werden. Wir nehmen es zur Kenntnis und schlafen weiter.

Nach dem Aufstehen blinzeln wir verschlafen hinaus und stellen überrascht fest, dass die Lkws riesige Holzbauteile geladen haben. Irgendwo wird wohl ein Holzhaus gebaut.

Die Landschaft um uns herum ist mit Raureif bedeckt und auf unserer Dachluke haben sich bezaubernde Eisblumen gebildet. Die Temperatur lag heute Nacht wohl unter null Grad. Na gut, wir haben Anfang Oktober und daher darf sie das auch. Aber es herrscht perfektes Wetter für eine Gletscherbegegnung, denn es ist sonnig und windstill. Daher loben wir den Wettergott während des Frühstücks in den höchsten Tönen für seine gute Laune.

Kurz darauf starten zwei der drei Laster und wir schauen ihnen verblüfft hinterher. Nehmen sie doch denselben Weg, den auch wir fahren wollen: die F985 hinauf zum Gletscher! „Alle Achtung“, bemerken wir wie aus einem Munde. Man muss seinen Lkw schon sehr gut beherrschen, um ihn dort hinauf zu lenken. Aber was ist der Grund für diese Aktion? Oben am Gletscher steht doch die Hütte Jöklasel.

Wir lassen den Lastern genügend Vorsprung, genauso wie dem Superjeep, der gerade die ersten wartenden Gäste einsammelt, und fahren erst kurz nach neun Uhr los. Zunächst geht es in ersten Serpentinen bergauf. Noch ist die Piste in recht gutem Zustand. Noch. Nach drei Kilometern taucht rechts der Stausee Fremstavatn auf, er speist das kleine Kraftwerk Smyrlabjörg. Das Wasser des Sees strahlt mit dem Blau des Himmels um die Wette. Dahinter lugt zwischen grünen Hügeln und einer gezackten Bergkette ein dünner, ausgefranster weißer Strich hervor. Das muss die oberste Kante der Gletscherzunge Skálafellsjökull sein.

Es ist einfach wunderbar, dass uns der Wettergott heute so schönes Wetter schickt. Hoffentlich bleibt er weiterhin gut gelaunt. Zum Glück haben wir keine Zeit zum Grübeln, denn die Piste verlangt jetzt unsere Aufmerksamkeit. Sie wird mit jedem Kilometer löchriger und ruppiger, vor allem an den steilen Anstiegen. In Serpentinen gewinnen wir mehr und mehr an Höhe und bewundern die Lkw-Fahrer, denn für sie muss diese Strecke eine Herausforderung sein. Nach sieben Kilometer haben wir die ersten 300 Höhenmeter erklommen und halten kurz an einem weiteren Stausee, in dem sich die umliegenden Berge akkurat und fotogen spiegeln.

Dann führt uns der Streckenverlauf direkt auf eine Bergwand zu. Bevor es hinaufgeht, passieren wir die Brücke über einen milchig-grünen Gletscherbach. Gleich danach windet sich die Piste in Serpentinen steinig und holperig an der Bergflanke hinauf, bis oben am Sattel unvermittelt das lang gezogene Eisfeld des Skálafellsjökulls neben uns auftaucht. Wieder halten wir an. Rechts unter uns schiebt der Gletscher unmerklich sein schwarz-weiß marmoriertes Eis talwärts – breit, zerklüftet, von senkrechten Spalten durchzogen. Es erinnert ein wenig an das Viennetta-Eis, für das wir früher einmal schwärmten. Nur dass dieses hier im XXL-Format in keine Tiefkühltruhe passt und weder nach Vanille noch Schokolade schmeckt.

Nichts trübt den weiten Blick auf das Eis und noch einmal loben wir den Wettergott für den wolkenlos-blauen Himmel, die Windstille und die klare Sicht, die er uns bei sonnigen sieben Grad Celsius beschert. Das ist vielleicht ein Fehler.

Während wir den steinigen Hang durch tiefe Löcher weiter bergauf holpern, begleitet uns die Gletscherzunge wie ein eisiger Wegweiser. Die grünen Hügel haben wir unten zurückgelassen, inzwischen umgibt uns eine karge, steinige Berglandschaft, geformt von den steten Bewegungen des Gletschers. Wer Eis und Steine liebt, wer karge Landschaften mag, kommt hier auf seine Kosten.

Die Piste folgt dem Weg des geringsten Widerstands zwischen vegetationslosen Schutthügeln hindurch und über steinige Buckel hinweg. Wir bewegen uns mitten durch die seitlichen Endmoränen, die der Gletscher bei seinem Rückzug übrig gelassen hat.

Am grau-braunen Hang voraus taucht etwas Helles auf, das wie ein Fremdkörper auf dem nackten Schutt platziert ist: Es ist die Hütte Jöklasel, die weithin sichtbar auf einer Anhöhe in 811 Metern über dem Meer ihren aussichtsreichen Platz fand.

Nach eineinhalb Stunden Fahrt parken wir unseren Fennek direkt vor der Hütte. Dass wir für die 16 Kilometern so lange gebraucht haben, nun, daran ist nicht der Pistenzustand schuld, sondern wir selbst. Wegen des schönen Wetters und der immer grandioser werdenden Aussicht mussten wir unzählige viele Fotostopps einlegen. Wer nicht nach jeder Kurve dem Fahrer ein begeistertes „Stopp, Foto!“ zuruft, ist natürlich schneller oben.

Die Hütte mit ihrem markanten Tonnendach steht noch genauso da wie vor sieben Jahren, als wir das erste Mal hier oben waren. Der Superjeep ist nirgends zu sehen, er ist mit seinen Gästen wohl schon längst auf dem Gletscher unterwegs.

Jetzt Anfang Oktober ist hier oben nicht mehr viel los. Außer uns parken nur noch zwei Geländewagen. Doch halt, was ist das? Etwas unterhalb der Hütte steht schweres Baugerät, große Mengen an Baumaterial sind gestapelt, Bauarbeiter und Vermesser wuseln hin und her. Jetzt wird uns klar, warum die Lkws heute Nacht hinter uns eingeparkt wurden. Sie bringen Baumaterial und schweres Gerät nach oben, um eine weitere Hütte zu bauen.

Bevor wir zum Gletscherrand aufbrechen, blicken wir noch schnell hinauf zum Himmel. Was wir dort oben sehen, gefällt uns gar nicht. Von irgendwoher hat der Wettergott weiße Schlieren aufgetrieben und großzügig am Himmel verteilt, und vom Meer schickt er ein Wolkenband zu uns herauf. Das hätte er sich ruhig für später aufheben können. Dabei waren wir gerade noch voller Vorfreude, nach dem Spaziergang ein aussichtsreiches Mittagessen genießen zu können, schließlich beherbergt die Hütte Jöklasel das höchstgelegene Restaurant Islands mit fantastischem Ausblick aufs Meer und den Gletscher. Wenn, ja wenn der himmlische Wettermacher mitspielt. Vielleicht sollten wir mal ein ernstes Wort mit ihm reden, hat er doch heute Morgen gezeigt, dass er schönes Herbstwetter zustande bringt.

Da wir auf keinen Fall mit dem eigenen Auto auf den Gletscher fahren wollen (das sollte man tunlichst unterlassen, auch wenn von den Superjeeps eine Art „Fahrbahn“ geschaffen wurde), spazieren wir durch die steinige Moräne ein Stück den Berg hinauf, bis wir den Rand des Gletschers erreichen. Vorsichtig tasten wir uns auf dem rutschigen Eis ein paar Meter vorwärts. Um weiterzugehen, bräuchten wir eigentlich Steigeisen an den Schuhen. Und natürlich einen ortskundigen Führer. Beides haben wir nicht, deshalb belassen wir es bei den paar Metern, berühren nur ehrfürchtig die riesige Eismasse.

Aber was ist das? Immer rasanter zieht das Wolkenband vom Meer bergauf, in einer Geschwindigkeit, die uns nervös werden lässt. Der Wettergott meint wohl, dass wir genug gesehen haben und bläst den Nebel direkt auf uns zu.

Bevor uns die Nebelwand erreicht, schießen wir auf dem Eis stehend schnell noch ein Beweis-Selfie. Kaum ist der Fotoapparat verstaut, rückt uns der Nebel immer dichter auf die Pelle und nimmt uns schließlich die Sicht. Verunsichert machen wir uns umgehend an den Abstieg. Zum Glück sind es bis zur Hütte nur wenige Hundert Meter.

In der letzten Stunde ist die Temperatur um gut fünf Grad gesunken. Jetzt freuen wir uns auf ein warmes Mittagessen in der Hütte. Auch der Superjeep kommt gerade vom Gletscher zurück und entlässt seine Gäste ins Restaurant. Wir hoffen natürlich darauf, vom Mittagsbuffet etwas abzubekommen und stapfen gut gelaunt hinein. Es dauert keine zwei Minuten, dann saust unsere gute Laune in den Keller: Das Restaurant sei geschlossen, man könne uns leider nur eine Tasse Kaffee anbieten. Nein, Kaffee wollen wir nicht – wir wollen etwas zu essen, am Fenster sitzen und die nicht vorhandene Aussicht genießen. Frustriert verlassen wir die Hütte wieder.

Draußen parkt noch immer der Superjeep. Jetzt muss sofort eine Entschädigung her für den entgangenen kulinarischen Genuss! Demonstrativ und mit der Hand am Türgriff stellt sich Pia vors übergroße Fahrzeug, tut so, als sei das kraftstrotzende Gefährt ihres. Die riesigen Ballonreifen gehen ihr bis zur Taille. Klick! Breit grinsend schaut die stolze „Besitzerin" eines Superjeeps in die Kameralinse.

„Wäre das nicht ein neuer Zweitwagen für uns?" fantasiert sie laut.

„Träum' weiter", meint Klaus entschieden.

Notgedrungen bereiten wir im Fennek eine Brotzeit zu, während die Bauarbeiter gerade ihr Essen auf 4x4-Rädern geliefert bekommen. Sehnsüchtig blicken wir auf die Warmhalteboxen, da ist bestimmt etwas Leckeres drin.

Kurz darauf starten wir zur Talfahrt durch dichten Nebel hindurch, die Sicht beträgt kaum mehr als 100 Meter. Die steinigen Hügel neben uns, die Gletscherzunge unter uns und der Himmel über uns, alles ist dick in Nebelwatte verpackt.

Erst viel weiter unten fahren wir aus der Suppe wieder heraus, die nun als graue Wolke über uns schwebt. Gerade noch rechtzeitig hat sich der Schleier gelüftet, sodass wir das breite, zerfurchte Ende der Gletscherzunge wiedersehen, das wie ein dicker, schwarz-weiß gemusterter Teppich aus dem Nebel auftaucht. Weit voraus erkennen wir verschwommen die Küstenlinie.

Gegen 14 Uhr erreichen wir wieder den Parkplatz bei der Ringstraße und sind damit fast auf Meereshöhe angelangt. Zwischen den parkenden Lkws gönnen wir uns die heiß ersehnte Tasse Kaffee, die wir oben dankend abgelehnt haben.

Wie gut, dass wir gleich heute Morgen gestartet sind und viel zu viele Fotostopps eingelegt haben. Dadurch haben wir den Gletscher wenigstens kurzzeitig zu Gesicht bekommen.

Nur auf den Wettergott sind wir ziemlich sauer. Er hätte sich mit seiner fiesen Verschleierungstaktik ruhig etwas Zeit lassen können. Deshalb merke: Man sollte den Wettergott niemals vor dem Abend loben.

Der Fennek zickt – und zeigt die „Gelbe Karte“

(Klaus erzählt)

Gemütlich fahren wir die Ostfjorde entlang, als sich bei einer steilen Bergabfahrt plötzlich unser Fennek mit einem Warnton und dem Hinweis „Motor kontrollieren lassen“ meldet. Na prima, was ist denn jetzt los? Was will uns der IVECO sagen? Eigentlich hört sich der Motor so gut an wie immer. Kein fremdes Geräusch, kein Klingeln, kein Garnichts.

Da es unsere erste Reise mit dem Fennek ist und ich das Fahrzeug noch nicht in- und auswendig kenne, nehme ich die Meldung ernst.

Vorsorglich steuere ich den nächstmöglichen Parkplatz an, um einen kritischen und sehr strengen Blick unter die Motorhaube zu werfen. Das nützt aber rein gar nichts, beim erneuten Starten taucht die Fehlermeldung wieder auf. Ich kontrolliere den Ölstand, vielleicht will der Motor einfach ein wenig mehr Öl?

Obwohl der Füllstand eigentlich noch in Ordnung ist, kaufen wir an einer Tankstelle im nächsten Ort zwei Liter Motoröl und kippen etwas davon in den Motorblock. Und was sagt der IVECO dazu? – „Motor kontrollieren lassen“. Sehr witzig, was Besseres fällt ihm also nicht ein.

Am besten suchen wir in den Ostfjorden nach einer Autowerkstatt, vielleicht weiß ja ein Automechaniker die Meldung zu deuten. Bald entdecken wir auch eine, die wohl eine lange Tradition hat. Denn Werkstatt und Ausstattung müssen schon sehr alt sein, alles hat bestimmt 50 Jahre auf dem Buckel. In der Werkstatt werkeln echte isländische Originale – mindestens mit derselben Zahl an Arbeitsjahren auf dem Buckel wie das Werkstattinventar. Eines dieser Originale nimmt sich unseres IVECOs an, setzt sich hinters Steuer und lässt den Motor an. Die Fehlermeldung „Motor kontrollieren lassen“ blinkt ihm entgegen.

Er schenkt mir ein verschmitztes Lächeln und meint, dass wir vielleicht zu einer größeren Werkstatt fahren sollten, er selbst hätte kein Auslesegerät. Verdammte Elektronik. Okay, die nächste IVECO-Werkstatt ist in Kópavogur und damit viele Hundert Kilometer von uns entfernt. Das ist jetzt blöd.

Dann wird sein schelmisches Grinsen noch etwas breiter: Er selbst würde die Fehlermeldung sowieso nicht so ernst nehmen. Schließlich sei es nur ein gelbes Warnlicht, das aufleuchtet und kein rotes! Ein rotes Licht wäre schlecht, aber ein gelbes? Das sei harmlos. Eigentlich könnten wir unbesorgt weiterfahren.

Das tun wir schließlich auch. Ich starte den Motor, fahre ein paar Meter – und die Fehlermeldung verschwindet! Ach so, dann bedeutete diese wohl „nur“, dass Öl nachgefüllt werden muss? Schon wieder was gelernt. Aber warum sagt uns der IVECO „Motor kontrollieren lassen“, wenn er Öl nachgefüllt haben will? Und warum dauert es so lange, bis die gelbe Anzeige erlischt? Muss man den Motor für 15 Minuten ausschalten (unser Werkstattaufenthalt), damit der Fehler ausgelesen wird? Verstehe einer die Fahrzeuge.

Unser alter MAN machte nie solche Spielchen mit uns. Okay, er hatte auch nicht so viel Elektronik an Bord, die uns zwischendurch einfach mal die „Gelbe Karte“ zeigt.

Am Öxi – wer lacht denn da? ㊴

In den frühen Morgenstunden scheint draußen jemand zu lachen. Immer wieder mal. Dabei stehen wir eigentlich einsam und alleine neben dem Öxivegur. Wer mag das wohl sein? Außer uns ist doch keiner da. Haben wir vielleicht in der Nähe von Elfen oder Trollen übernachtet?

Es ist Anfang Oktober und in wenigen Tagen müssen wir in Seyðisfjörður sein, um mit der Fähre "Norröna" wieder zurück Richtung Heimat zu fahren. Wir kommen aus dem Süden Islands und haben uns aufgrund des miesen Wetters entschieden, den kürzesten Weg zum Hafen zu nehmen, und der führt über den Öxivegur. Diese knapp 20 Kilometer lange Bergpiste beginnt im Berufjörður und trifft an ihrem nördlichen Ende auf das Suðurdalur. Anstatt die Ostfjorde auszufahren, spart man sich auf dieser Route 55 Kilometer Kurbelei.

Wir folgen der Ringstraße bis ans hinterste Ende des Berufjörðurs und biegen dort links ab auf die Straße 939, den Öxivegur oder kurz Öxi. Am Fjordende hat sich auch eine Schafkolonne auf den Weg gemacht, um einen neuen Futterplatz zu suchen. Gemächlich trotten zwei schwarze und viele weiße Schafe in Reih' und Glied den sandigen Küstenstreifen entlang. Mit dem Fotoapparat bewaffnet schleicht Pia ihnen hinterher. Die Tiere geben ein fotogenes Motiv ab, wie sie im Gänsemarsch auf dem dunklen Sand durchs Bild wandern, vorbei an den blauschwarzen Bergen im Hintergrund und unter zusammengeballten grau-weißen Wolken. Leider bemerken sie die Fotografin in diesem offenen Gelände sofort. Umgehend beschleunigen sie ihren Schritt und entgehen damit einer weiteren Verfolgung. Fotoshootings sind bekanntermaßen bei Island-Schafen nicht so beliebt.

Regen setzt ein, als wir in den Öxivegur einbiegen, er begleitet uns seit Tagen, und auch der Wind nimmt an Stärke zu. Obwohl der Straßenbelag aus Schotter besteht, kann die Strecke auch mit normalem Pkw befahren werden. Uns gefällt diese Abkürzung, da sie durch ein einsames Hochtal führt. Wir haben sie sowohl sommers als auch winters schon oft genutzt. Eigentlich bei jedem Wetter, bei Nebel und Sturm, bei Regen, Schnee und Sonnenschein. Vorausgesetzt, sie war für den Verkehr freigegeben.

Die ersten Kilometer führen uns durch eine Ebene, die der Fluss Berufjarðará geschaffen hat. Die weite Fläche wird landwirtschaftlich genutzt. Kaum hat der Weg ein paar Höhenmeter erklommen, liegt links ein kleiner Parkplatz, von dem man zum 200 Meter entfernten Folaldafoss laufen könnte, wenn man wollte. Bei dem heutigen Schietwetter schenken wir uns das. Auch der Ausblick hinunter in den Berufjord ist nicht gerade aussichtsreich. Zudem könnte man sich noch darüber ärgern, dass der Regen den erdig-braunen Straßenbelag in einen schmutzigen Matsch verwandelt hat, der hervorragend am Fahrzeug klebt. Doch wir nehmen es gelassen, Island im Herbst ist halt so. Den Fennek zu waschen lohnt sich erst wieder in Seyðisfjörður, kurz bevor wir auf die Fähre fahren. Alles andere wäre eine reine Arbeitsbeschaffungsmaßnahme.

Ab da wird die Auffahrt immer steiler und kurvenreicher. Vom langgestreckten Kistufell rechts der Straße stürzen Dutzende kleine Wasserfälle herab. Doch ihre Chance, unten wieder festen Boden zu erreichen, tendiert gegen null. Das meiste Nass wird vom heftigen Wind nach oben weggeweht und zieht als feuchter Nebel fjordauswärts.

Gemächlich kurven wir bergauf, Eile haben wir keine und auch kein festes Ziel. Wir wollen einfach irgendwo neben der Strecke übernachten. Nach ungefähr acht Kilometern entdecken wir einen riesigen Kieshaufen, den wohl Straßenbauer aufgeschüttet haben. Hinter ihm finden wir einen halbwegs geschützten Platz. Zugegeben, es ist nicht gerade der schönste Standort, außerdem ist der Boden ziemlich aufgeweicht, mit Pfützen übersät und von Rinnsalen durchzogen. Was unseren Fennek aber nicht stört, er trägt gutes Schuhwerk. Und wir haben bei dem ungemütlichen Wetter sowieso nicht vor, draußen zu sitzen. Abends gesellt sich zum Regen noch leichter Schneefall. Doch im Wohnmobil bullert die Heizung und während der Nacht haben wir es warm und gemütlich.

In den frühen Morgenstunden hören wir dann das seltsame Gelächter. Wir haben keine Erklärung dafür, wer draußen vermeintliche Fröhlichkeit verbreitet. Um nachzuschauen, werfen wir einen verschlafenen Blick durch die Fenster. Doch allzu viel können wir nicht erkennen, Nebel hat zu dieser frühen Morgenstunde eine gespenstisch-mystische Stimmung geschaffen.

Da, schon wieder ein komisches Lachen. Nun wird es uns zu bunt und wir stehen auf. Während wir frühstücken, hört es sich erneut an, als ob in unserer Nähe jemand über einen Witz lacht, den wir nicht gehört haben. Wer um alles in der Welt unterhält sich frühmorgens am Öxi bei Nebel, Regen und zwei Plusgraden? Unsere Neugier siegt, vorsichtig steigen wir hinaus, denn wir wollen unbedingt herausfinden, wer draußen blöde Witze reißt oder sich über uns lustig macht.

Die Verursacher sind schnell entdeckt. In unmittelbarer Nachbarschaft hat sich während der Nacht eine fünfköpfige Schwanenfamilie niedergelassen. Genauer gesagt sind es die in Island weitverbreiteten Singschwäne. Sie sollen über ein großes Stimmrepertoire verfügen. Oh ja, das können wir bestätigen! Die fünf scheinen heftig miteinander zu diskutieren und das Gezeter hört sich tatsächlich so an, als ob jemand krächzend lacht.

Als tag- und nachtaktive Tiere war ihnen vergangene Nacht unser blechernes Ungetüm auf vier Rädern wohl ziemlich suspekt, normalerweise steht an dieser Stelle keine solch merkwürdige Kreatur ohne Federn und ohne langen Hals. Wahrscheinlich wollten sie sich einfach darüber beschweren und nutzten dazu ausgiebig ihr lautmalerisches Repertoire. Zumindest wissen wir jetzt, dass wir tatsächlich nicht allein waren. Für ein Beweisfoto reicht es aber leider nicht mehr. Kaum gehen wir draußen ein paar Schritte, fliegen die weißen Spaßvögel auf und davon. Beruhigt fahren wir auf dem Öxivegur bei Regen und Nebel weiter bergauf. Erst als wir die Einmündung ins Suðurdalur erreichen, können wir ein paar blaue Stellen am Himmel erahnen. Lärchen in gelb-brauner Herbstfärbung säumen die Straße und einem entfernt liegenden Gehöft entsteigt ein Regenbogen. Ringsum sind sämtliche Bergspitzen nachlässig überzuckert, als habe eine himmlische Hausfrau zu wenig Puderzucker verwendet. Dann kommt der lang gestreckte Lögurinn-See in Sicht und als wir Egilsstaðir erreichen, scheint sogar ein wenig die Sonne.

Vergessen ist die unruhige Nacht, in der wir uns einbildeten, vom verborgenen Volk der Elfen und Trolle gepiesackt zu werden. Dass es stattdessen real existierende Singschwäne waren, darauf wären wir nie gekommen.

Seyðisfjörður – das bunte Ende einer Reise

(40)

Wasser. Überall Wasser. Aus allen Himmelsrichtungen strömt es herbei. Gerade fahren wir an dem kleinen Stausee hoch oben auf der Fjarðarheiði vorbei, dessen Wasserfläche, aufgewühlt vom heftig wehenden Wind, weiße Schaumkrönchen trägt. Die Anzeigentafel kurz hinter Egilsstaðir wies für die Passstraße nach Seyðisfjörður eine Sturmwarnung der Stufe „red alert“ aus.

Unsere letzten Kilometer auf Island werden nochmals richtig turbulent. Eigentlich sind wir ja auf dem Weg zur Fähre, doch die Welt um uns herum scheint bereits jetzt nur noch aus Nässe und Feuchtigkeit zu bestehen. Auf der Hochebene ist jede Vertiefung mit Wasser gefüllt, die Landschaft vollgesogen mit triefendem Nass, ringsum von den Bergen suchen sich Rinnsale ihren Weg talwärts. In den letzten Tagen hat es unendlich viel geregnet. Und es regnet weiter.

Windböen attackieren uns, lassen unseren Fennek hin- und herschwanken. Die Scheibenwischer kämpfen erbittert gegen einen Regenschauer, der seine miese Laune an uns auslässt. Obwohl wir noch festen Boden unter den Rädern haben, fühlen wir uns schon jetzt wie auf einem Schiff in rauer See.

Als uns die Straße schließlich hinunter in den Seyðisfjörður bringt, tauchen wir in eine dicke Nebelsuppe ein, begleitet von strömendem Wasser beidseits der Straße. Auch der Fluss Fjarðará, sonst eher diszipliniert, fließt heute reißend schnell und gut gefüllt Richtung Ortschaft. Seine bezaubernden Wasserfälle toben ungestüm und gewaltig, wie wir sie noch nie gesehen haben.

Unten im Tal hat sich das viele Nass im breiten Flussbett gesammelt und den Wasserpegel der Fjarðará bedenklich anschwellen lassen. Energisch gurgelnd streben die braunen Wassermassen dem Meer zu. Kaum besser schaut die kleine Lagune im Ort aus, auch sie ist bis zum Rand mit schmutzig-braunem Wasser gefüllt.

Wie zur Beruhigung der Gemüter ragt dahinter der dicke weiße Bauch der Fähre „Norröna“ auf. Sie kam bereits um neun Uhr heute früh an und legt über Nacht eine Verschnaufpause ein. Erst morgen Nachmittag können wir an Bord. Deshalb wollen wir die letzten Stunden in Island nutzen, um nochmals durch Seyðisfjörður zu bummeln, auch wenn es beinahe pausenlos weiterregnet. Während wir beim Spazierengehen ausgiebig in den Genuss des schlechten Wetters kommen, darf sich unser Wohnmobil auf dem Campingplatz von den überstandenen Strapazen erholen und auf die himmelblaue Kirche sowie den nassen Ort schauen. Alles tropft und trieft, auf den Straßen reihen sich schmutzig-trübe Pfützen aneinander. Trotzdem ist Seyðisfjörðurs zauberhafter Charme unübersehbar.

In den letzten 20 Jahren wurde aus dem verträumten, eher verschlafenen Seyðisfjörður ein wirklich liebenswertes Örtchen mit hübsch hergerichteten bunten Häusern, wovon so manches die Handschrift eines Künstlers trägt. In historischen Gebäuden oder kleinen Fabrikhallen haben sich Künstler und Kunsthandwerker mit Ateliers, Werkstätten oder Läden niedergelassen. Der Ort hat sich buchstäblich zu einem Künstlerdorf gemausert. Oft wurden Haus und Garten liebevoll und kunstvoll dekoriert – mit Selbstgeschaffenem oder Selbstgesammeltem. Aus Treibholz und angeschwemmten Gegenständen entstanden Kunstobjekte – skurril und grotesk, witzig und originell. Manchmal wird gleich ein komplettes Haus als dreidimensionale Leinwand genutzt. Ausschau haltend nach farbenfrohen Fotomotiven durchstreifen wir mit Schirm und Kamera die Straßen und Gässchen. Überall entdecken wir eine fröhliche Buntheit, die sich dem tristen Wetter entgegenstemmt.

Seyðisfjörður wurde im Jahre 1848 gegründet und entwickelte sich rasch zu einem Handelszentrum im Osten der Insel. Auslöser war der Heringsboom, der einen gewissen Reichtum in den Ort brachte.

Gut beschützt von bis zu 1.000 Meter hohen Bergen leben heute um die 700 Menschen am Ende des 17 Kilometer langen Fjords. Gletscher der letzten Eiszeit haben ihn geschaffen, glücklicherweise so tief, dass ihn auch große Schiffe problemlos befahren können. Der Platz zwischen Meer und den steilen Bergen ist jedoch nicht allzu üppig. Das wurde den Einwohnern kurz vor Weihnachten 2020 zum Verhängnis.

Nach tagelangen äußerst heftigen Regenfällen schlitterten mehrere Erdrutsche und Schlammlawinen von den Bergen herab Richtung Ort. Drei Wohnhäuser wurden unter den Schlammmassen begraben, 13 mitgerissen und zerstört, andere unter Wasser gesetzt oder mit Schlamm gefüllt. Darunter war auch so manches historische Gebäude. Der Ort musste für kurze Zeit sogar komplett evakuiert werden.

Doch Isländer sind hart im Nehmen. Die vom Unglück Betroffenen lassen sich von den Naturgewalten nicht einschüchtern und wollen ihre Häuser an derselben Stelle wieder aufbauen.

Auch nach der Katastrophe dürfte Seyðisfjörður noch immer zu den malerischsten Städtchen Islands zählen. In keinem anderen Ort sind so viele alte Holzhäuser erhalten und wieder hergerichtet worden. Viele stammen aus dem 19. Jahrhundert und wurden in Einzelteilen aus Norwegen hierher gebracht. Der Baustil verrät unverkennbar die Herkunft.

Ein farbenprächtiger Hingucker ist auch der Regenbogenpfad mitten auf der Norðurgata. Beschwingt lotst er Passanten geradewegs zum Wahrzeichen und fröhlichsten Bauwerk von Seyðisfjörður, der himmelblauen Kirche. Supermarkt und Weinhandlung, Cafés und Restaurants, Technikmuseum und Festivals – der Ort bietet heutzutage seinen Bewohnern und Besuchern vieles, was es vor 30 Jahren schlichtweg nicht gab. Dass der Tourismus eine immer größere Rolle spielt, ist sicher auch der Fähre „Norröna“ geschuldet. Seit Jahrzehnten läuft sie einmal pro Woche das Städtchen an und entlässt jedes Mal Hunderte von Touristen mit ihren Autos.

Brachte die alte „Norröna 1“ noch bis zu 280 Fahrzeuge und gut 1.000 Passagiere wöchentlich nach Island, sind es mit der neuen „Norröna“ seit April 2003 bis zu 800 Fahrzeuge und knapp 1.500 Passagiere. Jedes Mal quillt der Ort kurzzeitig über, wenn Ankömmlinge und Abreisende aufeinandertreffen und erste oder letzte Dinge einkaufen. Da es bereits Oktober ist, hält sich heute der Ansturm freilich in Grenzen.

Auch die größte Island-Begeisterung verträgt nur eine bestimmte Menge an Regen. Irgendwann wollen wir zurück ins Warme, Trockene und stehen dabei vor der schwierigen Entscheidung, ob wir ins Kaffi Lára flüchten, das mit Bier aus eigener Brauerei ködert oder lieber ins Café des Hotels Aldan auf eine Tasse heiße Schokolade mit extra viel Sahne. Das Süße gewinnt, ein Bier können wir später immer noch trinken.

Am nächsten Tag, es ist der neunte Oktober, gehen wir spätnachmittags an Bord der Fähre, nur ein paar Dutzend weitere Fahrzeuge warten mit uns im Hafen. Später setzen wir uns im Heck des Schiffes an ein Fenster in der Cafeteria, um bei der Abfahrt des Schiffes ja nichts zu verpassen. Zwei Stück der üblichen Mini-Weinfläschchen leisten uns dabei Gesellschaft.

Für Landratten wie uns ist es immer wieder spannend mitzuerleben, wie sich der Schiffsbauch mit den letzten Fahrzeugen füllt. Wie die riesige Ladeklappe geschlossen wird und dabei ein jaulender Warnton ertönt. Wie die Fähre beim Hochfahren der vier Schiffsmotoren zittert und bebt. Und sich die "Norröna" schließlich langsam und gemütlich auf den Weg macht. Nach knapp vier Monaten auf Island kommt Wehmut auf.

Erst als wir Dalatangi passieren und die See rauer wird, verabschieden wir uns endgültig von Seyðisfjörður und von Island – mit einem weinenden und einem lachenden Auge, denn noch immer hat das Schietwetter alles fest im Griff. Bestimmt will uns Island nur den Abschied erleichtern.

Doch egal, was sich am isländischen Himmel gerade abspielt: Wir freuen uns schon wieder unbändig darauf, wenn wir das nächste Mal an Bord der „Norröna“ in den Seyðisfjörður hineintuckern. Weil uns beim Anblick des Fjordes jedes Mal das Herz aufgeht.

Idyllischer und bunter könnte der erste und letzte Kontakt mit Island nicht sein. Egal bei welchem Wetter.

Bestu kveðjur Ísland! Auf Wiedersehen Island!

„Weniges ist so erschreckend wie eine Welt,
die keine Geheimnisse mehr birgt.“
(Jón Kalman Stefánsson
in seinem Roman „Das Licht auf den Bergen“)

Ein paar (kritische) Worte zum Schluss

Wer das Buch bis hierher gelesen hat, versteht vielleicht, warum wir begeisterte Island-Fans sind. Aber in unsere Begeisterung mischen sich auch einige Wermutstropfen.

Islands Entwicklung von einer Fischereination zum Touristenmagneten nahm in den letzten zwei Jahrzehnten rasant an Fahrt auf. Hotels und Ferienhütten, Autovermietungen und riesige Parkplätze, Reiseveranstalter und Andenkenläden schossen wie Pilze aus dem Boden. Beinahe jede Sehenswürdigkeit bekam einen Souvenirshop und/oder Hot Dog-Stand an die Seite gestellt.

Denn inzwischen wird die Insel mit Touristen aus aller Herren Länder regelrecht überschwemmt. Wir meiden daher manche Sehenswürdigkeiten, wenn allzu viele Reisebusse davor stehen. Immer mehr Urlauber kommen aus Fernost und bereisen das Land im Eiltempo, haken ein Highlight nach dem anderen ab. Wie zum Beispiel jenes Pärchen aus Asien, das neben uns auf einem Campingplatz am Mývatn im gemieteten Minicamper übernachtete. Während wir am nächsten Morgen gemütlich beim Frühstück sitzen, verschlingen sie hastig und im Stehen das Frühstück, packen hinterher hektisch ihr Fahrzeug – und zack, schon sind sie weg.

Als wir kurz darauf nach draußen gehen, sehen wir dort, wo vorher noch der Camper stand, eine blaue Box. In der frischen Morgenluft steht einsam und verlassen ihre Kühltasche, die sie in der Eile des Gefechts völlig übersehen haben. Dumm gelaufen, Jetzt müssen die beiden neben all dem Stress auch noch hungern!

Island ist inzwischen nicht nur im Sommer ein äußerst beliebtes Reiseziel, sondern das ganze Jahr über, wie es unser Freund Sævar einmal bestätigte. Und er muss es wissen, denn er arbeitet im Tourismusbereich. Nur die Corona-Krise verpasste dem Land vorübergehend eine unfreiwillige Verschnaufpause.

Seit Jahren kämpft Island mit den Auswirkungen des Massentourismus. Die Urlauberströme müssen gelenkt, vieles muss reglementiert werden. Absperrungen wurden angebracht, große Schilder mit Warnhinweisen aufgestellt, weil sehr viele Besucher die Gefahren unterschätzen, die von Naturgewalten ausgehen können.

Als Individualtourist, der noch ein ganz anderes Island kannte, ein Land, das neben der einzigartigen Natur viel Freiheit, Einsamkeit und, ja, auch Abenteuer zu bieten hatte, für den ist es schlichtweg frustrierend, diese Entwicklung miterleben zu müssen. Heutzutage findet man Einsamkeit bestenfalls noch im Hochland an eher schwer zugänglichen Orten.

Apropos Hochland: Etwas passt im isländischen Naturschutz nicht zusammen. Es gibt zunehmend Beschränkungen und Verbote fürs Fahren und Wandern. Gleichzeitig werden an den Hot spots im Hochland aber immer mehr Hütten für immer noch mehr Übernachtungsgäste und Besucher gebaut. Bei Dreki haben wir sieben Hütten gezählt. Die achte Hütte war bei unserem Besuch in 2019 im Entstehen, ein riesiger Lkw hatte gerade neues Baumaterial gebracht.

Dass Offroad-Fahren komplett verboten wurde, ist angesichts der äußerst fragilen Natur absolut nachvollziehbar und richtig. Unverständlich ist jedoch, dass man nicht einen Zentimeter von der Piste abweichen darf. Wie man auf den größtenteils einspurigen Pisten aneinander vorbeikommen soll, wenn der Linienbus entgegenkommt oder gar ein großer Lastwagen mit Transportmaterial, ist uns immer wieder ein Rätsel. Denn Ausweichstellen gibt es so gut wie keine. Aber die Piste kurz verlassen (zumindest mit zwei Rädern) darf man offiziell auch nicht. Vielleicht sollten isländische Straßen- und Pistenplaner einfach mal Urlaub in den Alpen machen? Auf engen Straßen fänden sie dort in regelmäßigen Abständen Ausweichstellen vor. Liebe Pistenbauer, wäre das nicht auch etwas fürs isländische Hochland?

Geologisch gesehen ist Island ein junges Land, das jüngste der Erde. Verglichen mit unserer europäischen Landmasse hat die Insel noch nicht einmal das Teenageralter erreicht. Eventuell ein Grund, warum das Land (und ich zitiere wieder aus Kristof Magnussons „Gebrauchsanweisung für Island“) „... vom Erdbeben bis zur Bankenpleite keinen Unfug auslässt.“ Ganz zu schweigen von Vulkanausbrüchen, die sogar den Flugverkehr in der nördlichen Hemisphäre lahmlegen. Nun, wir möchten den Tourismus auf keinen Fall zum „Unfug“ zählen, wurde er doch für sehr viele Einwohner Islands eine wichtige Einnahmequelle. Und ja, auch wir gehören zur Gattung der Reisenden. Aber das Land wurde von dem gewaltigen Ansturm wohl ziemlich überrumpelt.

Daher haben wir am Ende dieses Buches zwei Wünsche: Dass sich Island noch ein paar Geheimnisse und einsame Ecken bewahrt. Dass das Land in seiner weiteren Entwicklung den Balanceakt schafft zwischen Massentourismus und Naturschutz, zwischen unberührter Natur und Würstchenbude.

Denn wir beide wollen unbedingt wiederkommen. Schließlich ist das jüngste Land der Erde so etwas wie unsere zweite Heimat geworden.

Bless, bless und Servus!

Pia und Klaus

Infobox „Durch Island mit dem Wohnmobil“

Island und Wohnmobil sind eine perfekte Kombination, um frei und unabhängig durchs Land zu reisen. Es gibt genügend Campingplätze mit den unterschiedlichsten Standards, wobei mancher Platz nur von Ende Mai bis Anfang September geöffnet hat.
Wild campen ist zwar noch nicht generell verboten, aber es gibt Regionen, in denen es inzwischen nicht mehr erlaubt ist. Dabei sollte es für jeden, der wild übernachtet, eine Selbstverständlichkeit sein, nichts zurückzulassen. In Nationalparks und Naturschutzgebieten darf nur auf ausgewiesenen Plätzen gecampt werden (kostenpflichtig).

Anreise:

Die Fähre „Norröna“ der Reederei Smyril Line verkehrt einmal pro Woche von Hirtshals (Dänemark) nach Seyðisfjörður (Island) mit einem Zwischenstopp auf den Färöer-Inseln. Achtung: mindestens sechs Monate vorher buchen!
Weitere Infos unter www.smyrilline.de

Camping:

Für Camper gibt es ein lukratives Angebot: die isländische Campingcard.
In 2022 beträgt der Preis 159 EUR für 28 Nächte (erlaubt sind maximal vier Nächte auf demselben Platz). Mit ihr kann man 28 Mal umsonst auf circa 35 ausgewählten Campingplätzen übernachten. Bezahlt werden muss nur die isländische Zeltplatzsteuer (333 ISK pro Nacht = ca. 2,25 EUR).
Der Erwerb der Karte hält ein zusätzliches Schmankerl bereit: eine Rabattkarte von ORKAN, die an fast allen ORKAN-Tankstellen gilt (der Rabatt beträgt 10 ISK oder 6,5 Euro-Cent pro Liter Sprit).
Man kann die Campingcard schon vor der Reise im Internet bestellen oder direkt im Land bei einem der vielen Händler kaufen.
Weitere Infos unter https://utilegukortid.is

Entsorgungsstationen:

Manche Orte oder Gemeinden bieten inzwischen kostenlose Entsorgungsstationen an, wie zum Beispiel Reykjavik oder Isafjörður. Bei der Einreise ist ein Faltblatt der isländischen Umweltagentur erhältlich, das sämtliche Entsorgungs-

stationen anhand einer Karte auflistet. Online-Faltblatt unter:
https://ust.is/library/Skrar/Einstaklingar/urgangur/losunFerdasalerna2015.pdf

Island-Wetter:

Internetseite für das isländische Wetter:
https://en.vedur.is/weather/forecasts/areas/

Straßenzustand:

Internetseite für die isländischen Straßenverhältnisse:
http://www.road.is/travel-info/road-conditions-and-weather/entire-iceland-road-conditions-map/

Gut zu wissen:

Es gibt in Island keine Gastankstellen.
Die Öffnung und Schließung der Hochlandpisten ist vom Wetter abhängig. Manche sind bereits ab Mitte Juni offen, manche erst ab Juli. Ab Anfang/Mitte September können Einzelne bereits wieder geschlossen sein.

Unsere Quellen

Bollason, Arthúr: Island, ein Reisebegleiter. Erste Auflage 2008. Ein Insel Taschenbuch. © Insel Verlag Frankfurt am Main und Leipzig

Handl, Gabriele und Christian: Wanderführer Island. 8. Auflage 2018. Bergverlag Rother GmbH, München

Hansen, Walter: Asgard, Entdeckungsfahrt in die germanische Götterwelt Islands. Juli 1991. © 1985 Gustav Lübbe Verlag GmbH Bergisch Gladbach

Hug-Fleck, Christof: Islands Geologie. CD-ROM. 2009

Magnusson, Kristof: Gebrauchsanweisung für Island. Zweite Auflage 2011. © 2011 Piper-Verlag München

Sturluson, Snorri: Prosa-Edda, altisländische Göttergeschichten. 1991. Herausgeber: Arthur Häny. © 1990 Manesse-Verlag Zürich

Titz, Jörg-Thomas: Reise-Know-how „Island". 8. Auflage 2018. © 1997–2014. Reise Know-how-Verlag Peter Rump GmbH, Bielefeld

sowie die Internet-Portale

www.icelandreview.com
www.insidethevolcano.com
www.just-iceland.com

Hinreißend: das geschützt liegende Gebiet Þorsmörk

Mitreißend: eine der letzten Furten kurz vor Þorsmörk

Abwechslungsreich: Unterwegs auf Islands berühmtesten Wanderweg Laugavegur

Alles überragend: Vulkan Eldfell auf der Insel Heimaey/Westmännerinseln

Alles zerstörend: der Lavastrom im Jahre 1973 (Foto: Helga Hjaltadóttir)

Skál! Isländer grillen für ihr Leben gern (Foto: Helga Hjaltadóttir)

Elefantös: Lavagebilde an Heimaeys Küste (Foto: Helga Hjaltadóttir)

Pferderitt: die Autorin auf der langsamen Björk

Pferdefilet: Helgas Kunst des langsamen Garens

Backstage: hinter der Bühne des Wasserfalls Seljalandsfoss

Bühnenreif: der Auftritt des Wasserfalls Skogafoss

Schauspiel: Der Wasserfall Svartifoss setzt sich gekonnt in Szene

Stürmisch: Bedrohliche Wolken über Neskaupstaður kündigen einen Orkan an

Phänomenal: Raumschiffwolken und Regenbogen

Abwechslungsreich: der Weg in die Þakgil

Behütet: Blick aus einem ungewöhnlichen Aufenthaltsraum auf den Campingplatz der Þakgil

Verwunschen: Die Piste zur Þakgil windet sich zwischen grotesken Tuffsteingebilden hindurch

Folgenschwer: 1783 spuckten die Laki-Krater gigantische Mengen an Lava und Asche

Tiefgründig: Der Tjarnargígur ist einer der knapp 130 Laki-Krater

Eisig: Die Gletscherzunge Skálafellsjökull kann nur mit 4x4-Fahrzeugen erreicht werden

Riesig: Der Skálafellsjökull ist Teil von Europas größtem Gletscher Vatnajökull

Bunt: In Seyðisfjörður lockt ein Regenbogenpfad zur Kirche

Verspielt: Das Fischerdorf Seyðisfjörður entwickelte sich zu einem Künstlerort

Farbenfroh: Trotz miesen Wetters verströmt Seyðisfjörður Fröhlichkeit

Melrakki: Er ist in Island heimisch

Fennek: Sein Zuhause ist die Welt

Wohnstube: So leben wir im Fennek

Bless, bless: Ein letzter Blick auf Seyðisfjörður von der "Norröna" aus

hey
ICELAND
ENTDECKE DAS
WAHRE ISLAND MIT UNS
Wir designen Dein
individuelles Islandabenteuer -
Mietwagenreisen, Farmholidays,
Ausflüge maßgeschneidert
heyiceland.is

Europcar
moving your way
Über 50 Jahre Erfahrung
Herzlich willkommen bei Europcar, der führenden Autovermietung in Island.
WEINSBERG
AX V90
BÍLALEIGA AKUREYRAR
Höldur
Tel. +(354) 461 6000
holdur@holdur.is
www.holdur.is

Fennek trifft Melrakki – Fragen und Antworten

Ähnlich wie beim Hausbau müssen bei einem mobilen Heim viele Komponenten und Gewerke berücksichtigt werden. Da sich dieses „Heim“ jedoch bewegt, ist bei der Planung ganz anders vorzugehen. Die Herausforderung besteht zum einen darin, auf engstem Raum eine kluge Technik, genügend Energiereserven und gleichzeitig Bewegungsfreiheit und ausreichenden Stauraum zu berücksichtigen.

Darüber hinaus aber auch die gesamte Inneneinrichtung so zu bauen, dass auch auf Rüttelpisten nichts beschädigt wird oder in seine Einzelteile zerfällt. Nur so ist ein autarkes und stressfreies Reisen mit einem Allradwohnmobil gewährleistet. Daher haben wir nachfolgend ein paar wichtige Fragen beantwortet, die bei der Konzeption eines geländegängigen mobilen Zuhauses unwillkürlich auftauchen beziehungsweise die uns immer wieder gestellt werden.

„Komfortabel und geländegängig: Ist das kein Widerspruch?“

Mein Lebensalter nimmt zu, die Lust am Schrauben ab. War beim Hanomag der Reparatur- und Instandhaltungsaufwand noch enorm, konnten wir diesen mit dem IVECO Daily nun deutlich reduzieren. Der Fahrspaß beschränkt sich nicht nur auf das „Auskosten“ übler Wellblechpisten. Steile Bergstrecken oder tiefe Furten bereiten dem Fennek ebenso viel Freude wie uns. Weichsandfelder verlieren ihren Schrecken, denn das Verhältnis von Fahrzeuggewicht zu Reifenbreite hat sich gegenüber seinen Vorgängern deutlich verbessert. Statt mit einem Wüstenschiff sind wir also mit einem Wüstenfuchs unterwegs. Kompakt, geländegängig und mit genügend Power ist unwegsames Gelände kein Thema mehr.

„Und wie steht es um den Wohnkomfort?“

Mit einer starken Dieselheizung, Warmwasserboiler, Gaskocher, Backofen und Duschbad fühlen wir uns wohl, egal wie das Wetter draußen tobt. Die Dieselheizung liefert Wärme in fünf Minuten sowie Warmwasser für Küche und Dusche.

„Habt ihr auch eine Waschmaschine dabei?"

Nö, da haben wir eine andere Lösung: Eine kleine Tonne mit Schraubdeckel wird zweckentfremdet. Naht eine üble Wellblechpiste, füllen wir den Behälter mit Wäsche, Wasser und Waschmittel. Und los geht's. Die Rüttelbewegung reinigt die Wäsche (fast) wie von selbst. Okay, ein paar Spülgänge müssen hinterher schon noch sein. Ganz ohne Handarbeit geht es eben doch nicht. Zu Pias Glück kommt diese Methode in Island aber nicht zum Einsatz. Auf größeren Campingplätzen gibt es Waschmaschinen und Wäschetrockner.

„Wie fährt sich der Fennek auf Pisten?"

Nun ist das Land im hohen Norden nicht eine Wüste schlechthin. Vielmehr bietet die Insel alles, was ein Geländefahrzeug liebt: raue Hochlandpisten, spannende Flussdurchfahrten, extreme Bergstrecken, staubige Weichsandpassagen und das alles inmitten einer Traumlandschaft.

Damit sich die Physiotherapeutin keine Sorgen um den Rücken von Klaus machen muss, gibt es einige Tricks, die ein Befahren von Schlechtwegstrecken entschärfen. Neben einer angepassten Geschwindigkeit ist hier der Reifendruck allesentscheidend. So haben wir schon mal Dünen im Oman mit 0,8 bar erklommen. In der Regel reicht es aber, je nach Zustand der Piste den Druck von vier auf minimal zwei bar zu reduzieren. Auch sorgen hydraulische Schwingsitze für ein entspanntes Fahren.

„Wie kontrolliert ihr den Reifendruck?"

Auskunft gibt die Reifendruckanzeige von TireMoni. Auf einem Display wird der Druck zeitgleich für alle vier Reifen in bar und exakt bis auf eine Stelle hinter dem Komma angezeigt. Die Übertragung erfolgt per Funk von vier Sendern, die als Ersatz der Ventilkappen aufgeschraubt werden. Als zusätzliches Schmankerl lässt sich sogar die Reifentemperatur abrufen. So informiert hat man alles im Blick. Ein zusätzlich im Fahrzeug eingebauter Luftkompressor mit neun bar sorgt gegebenenfalls für Nachschub.

„Wie wisst ihr immer genau, wo ihr seid?"

Dazu ist es gut, wenn man den Überblick behält. Das beruhigt die Nerven und hilft bei der Orientierung. Wir verwenden zwei Geräte: ein Straßennavigationsgerät Camper 770 von Garmin mit 44 europäischen Ländern – auch

Island ist enthalten. Solange man sich auf bekannten Pfaden bewegt, tut es brav seinen Dienst. Eine Rückfahrkamera signalisiert per Funk zudem, was hinter uns passiert. Und darüber hinaus ein GPS-Gerät von Garmin mit einer von Navitracks überarbeiteten OSM-Karte (OpenStreetMap). Die Vorteile: Man findet wirklich jeden Weg, und sei es nur ein Trampel- oder Wanderpfad im Hochland. Will man seine Reise später nachvollziehen, zeichnet dieses Gerät täglich den gefahrenen Track auf, der gleich oder später zuhause auf den PC übertragen werden kann. Wichtige Punkte wie Übernachtungsplätze, Sehenswürdigkeiten und vieles mehr kann man als Waypoint markieren. Eine Grafik zeigt ein Höhenprofil pro Track mit Kilometer- und Zeitangaben.

„Habt ihr auch immer genug Power?“

Ja, Strom braucht der Fennek beziehungsweise wir natürlich schon. Eine durchdachte Elektroinstallation macht das Reisen autark – und das ist uns äußerst wichtig. Solarzellen auf dem Dach, ausreichend Lithium-Ionen-Batterien und eine starke Lichtmaschine liefern selbst für den Haarföhn immer genug Strom, auch wenn die Sonne frei hat.

„Und was ist mit Gas und Wasser?“

Ein Gastank versorgt Kocher und Backofen, sodass dem kulinarischen Erlebnis nichts mehr im Wege steht. Wohl wissend, dass man den Tank in Island nicht befüllen kann (es gibt dort keine Gastankstellen), war uns anfangs schon etwas mulmig zumute. Mit jedem Tag auf Island wurden wir zuversichtlicher. Wieder zu Hause, war der Tank nach vier Monaten noch halb voll. Zwei Frischwassertanks sowie ein Abwassertank wurden frostsicher in der Wohnkabine untergebracht. Ein Dreifach-Filter reinigt das Wasser, egal ob man aus der Leitung oder einem Fluss zapft. Hochgerechnet können wir – selbst bei winterlichen Temperaturen und stehendem Fahrzeug – mehr als eine Woche ohne Nachschub auskommen. Das gilt gleichermaßen für die Elektrik wie auch für den Wasservorrat von 230 Litern.

„Und wie lautet euer Resümee nach der ersten Reise mit dem Fennek?“

Es fällt durchweg positiv aus – egal, ob on oder off the road. Egal, ob bei Sturm, Regen oder Schnee. Hab ich was vergessen? Ja, die Sonne! Natürlich gehört auch Sonnenschein zum isländischen Wetter. Das lässt die nächste Frage aufkommen:

„Wart ihr mit dem Fennek wirklich immer autark?“

Nun, was wir definitiv nicht brauchten, war der Landanschluss. Das sagt eigentlich schon alles. Es war immer genug Strom in der Bude, obwohl wir oft tagelang die Sonne vermissten. Zugegeben, wir waren im Durchschnitt fast jeden zweiten Tag auf Tour, so dass die Batterien durch die Lichtmaschine schnell wieder geladen wurden. Aber energetische Durststrecken gab es auch, wie die Schiffspassagen mit zwei oder drei Tagen im Bauch der Fähre.

„Geht dem Fennek da nicht die Luft aus?“

Es bleibt nicht aus, mit ein paar Zahlen dagegen zu halten: Volle Batterien zeigen 270 Ah an. Nach einer dreitägigen Schiffspassage und laufendem Kompressor-Kühlschrank hatten wir immer noch 200 Ah zur Verfügung. Das ist beruhigend, wenn man weiß, dass die Lithium-Ionen-Batterien bis auf zehn Prozent entladen werden dürfen, und das ohne Spannungsabfall. Also bis 30 Ah! So lebt es sich tatsächlich lange Zeit autark.

Jetzt sind wir natürlich sehr gespannt, wie sich der Fennek auf längeren Reisen außerhalb Europas bewährt.

Eine berechtigte Frage zum Schluss:

„Ist der Fennek tatsächlich einem Melrakki (Polarfuchs) begegnet?“

Tja, nicht wirklich. Das müssen wir leider zugeben. Zumindest lief uns keiner über den Weg. Wahrscheinlich sind die Tiere äußerst scheu, weil sie in Island immer noch gejagt werden dürfen. In Súðavik in den Westfjorden gibt es allerdings ein sehenswertes und informatives kleines Polarfuchs-Museum. Ein paar ausgestopfte Exemplare kann man dort in aller Ruhe anschauen und sogar vorsichtig streicheln. Aber unser Fennek muss natürlich draußen bleiben.

Infobox „Technische Daten zu den Fahrzeugen“

Für Interessierte haben wir die „Technischen Daten“ und Ausstattung der beiden Wohnmobile aufgelistet, mit denen wir in den letzten 20 Jahren durch Island reisten.

Basisfahrzeuge

Iveco Daily 4x4 55S17W	**VW-MAN 4x4, 9.136**
Baujahr 2010 Höchstgeschwindigkeit 120 km/h Permanentallrad Zuschaltbare Untersetzung 1:3 und 1:1,3 Zuschaltbare Sperren VA, HA, VA-HA	Baujahr 1987 Höchstgeschwindigkeit 95 km/h Permanentallrad Zuschaltbare Untersetzung 1:3 Zuschaltbare Sperren VA, HA, VA-HA
3,0-Liter Turbo-Diesel, Vierzylinder, 170 PS	5,7-Liter Saugdiesel, 6 Zylinder, 136 PS
Felgen: 8.25 x 19,5 Reifen: 305/70 R19,5“ M+S 2 Hydraulik-Schwingsitze im Fahrerhaus	Reifen: 375/80 R20“ 2 luftgefederte Schwingsitze
Ausstattung der Wohnkabine	
Durchstieg 60 x 100 cm (abschließbar) KCT-Fenster und -Dachluke, 3 Bullaugen	Durchstieg 60 x 80 cm, Rollo Happich-Glasdachluke, Mekuwa-Schiebefenster, 3 Bullaugen
Dieselheizung 6 kW m. Warmwasserbereitung 60-Liter-Gastank 95 Liter, zusätzlich 136 Liter Diesel Duschbad mit Waschbecken und Toilette (chemiefrei)	Gasheizung 4 kW, Gasboiler 90-Liter-Gastank 500 Liter Diesel Duschbad mit Klappwaschbecken und Toilette (chemiefrei)

Iveco Daily 4x4 55S17W	**VW-MAN 4x4, 9.136**
Corian-Duschwanne	Kunststoffduschtasse
Außendusche	- - -
Festbett 160 x 200 cm	Festbett 145 x 200 cm
Sitzgruppe für 4 Personen	Ecksitzgruppe für 3 Personen
230 Liter Frischwasser/ 100 Liter Abwasser	210 Liter Frischwasser/ 160 Liter Abwasser außen
Druckwasseranlage mit 3-fach-Filter	Druckwasseranlage mit Biolit-Filter
3 LiFePO4-Batterien mit insgesamt 270 Ah	220 Ah Gelbatterie
480 Ah-Solaranlage	170 Ah-Solaranlage
Sinuswechselrichter 1.600 Watt	Wandler 24/12 V, mobiler Wechselrichter
ACE-Lader 40 A (90-260 Volt Landanschluss)	Smart Charger 25 A
Steuerpanel mit 10 Stromkreisen	Steuerpanel mit 11 Stromkreisen
Gasbackofen und 3-Flamm-Gaskocher	2-Flammen-Gaskocher
Kompressor-Kühlschrank mit Kältespeicher, 92 Liter	Kompressor-Kühlschrank 90 Liter
Keramikspüle	Nirosta-Spüle
Nubert-Stereoanlage 160/240 W	- - -
Luftkompressor 9 bar	Druckluft-Bremsanlage mit externem Anschluss
4 Unterbau-Staukästen	- - -
Halterung für 8 Sandbleche	Halterung für 8 Sandbleche
Tropendach ca. 4 m^2 (Alu-Tränenblech)	Tropendach ca. 4 m^2 (Alu-Tränenblech)
großer Heckstauraum (ca. 2.400 Liter)	Heckstauraum (ca. 1.500 Liter)
großer Stauraum im Alkoven (ca. 510 Liter)	- - -
Leergewicht: 4.780 kg	Leergewicht: 7.000 kg
Gesamtgewicht reisefertig: 5.450 kg	Gesamtgewicht reisefertig: 7.500 kg

Takk! Danke!

Ein riesengroßes Dankeschön schicken wir über den Nordatlantik an unsere Freunde in Island.

Zu allererst an Helga und Kalli, die uns seit 2006 auf jeder Island-Reise eine unersetzliche Hilfe waren. Danke lieber Kalli, dass wir Deine beheizte Halle für Autoreparaturen nutzen und unseren MAN gleich ein halbes Jahr lang unterstellen durften. Danke, liebe Helga, für die vielen gekochten Mittag- und Abendessen sowie für die unzähligen Tassen Kaffee samt leckeren Waffeln. Und nicht zuletzt für die Nutzung von Waschmaschine, Trockenplatz und Dusche. Schön, dass Ihr uns stets in Eurer Familie aufnehmt. Ein ganz besonderes Danke für die Touren, die wir mit unseren zwei MANs quer durch Island gemeinsam unternommen haben. Ohne Euch hätten wir manche Ecke nie kennengelernt.

Danken möchten wir auch Kiddi und Kata für einen ungewöhnlichen sechsten Januar, denn das Feuerspektakel und Lichterfest zu þrettandinn war ein Erlebnis, das wir nie vergessen werden. Außerdem habt Ihr uns immer wieder mit typisch isländischen Geschmackserlebnissen überrascht wie zum Beispiel *Jólaöl*, karamellisierten Kartoffeln oder Hammelhoden in Aspik. Katta verdanken wir außerdem die Bekanntschaft mit den *Jólasveinar*, die seither jedes Jahr unser deutsches Weihnachtsfest bereichern.

Ein großes Danke schicken wir an Sævar, der uns bei den deutsch-isländischen Übersetzungen zur Seite stand und bei all unseren Anliegen stets behilflich war.

Wir freuen uns darauf, wenn Du, Brýndis und Euer Unimog mit uns zusammen mal auf große Tour gehen.